생태공동체 가비오타스 이야기

GAVIOTAS : A Village to Reinvent the World

생태공동체 가비오타스 이야기

앨런 와이즈먼 지음 | 황대권 옮김

RHK
알에이치코리아

파올로 루가리는 새로운 세상을 창조하는 사람이다!

가브리엘 가르시아 마르케스 (《백년 동안의 고독》 저자)

가비오타스는 지구를 구할 수 있다!

《비즈니스 2.0 매거진》

가비오타스는 인간의 상상력이 만개한 장소이다. 그곳은 거의 모든 오래된 문제들에 대하여 새로운 해결책이 발견되는 장소이며, 실용주의가 거의 낭만의 차원으로 끌어올려진 장소이다. 희망으로 가득 찬 이 책은 환경을 손상시킨 힘이 거꾸로 그것을 회복시키는 데도 사용될 수 있음을 상기시켜 준다.

《뉴욕타임스》

가비오타스, 책과 그 프로젝트가 모두 독자에게 더 나은 미래를 소개한다는 점에서 매우 매혹적이다……. 앨런 와이즈먼은 사건의 전 과정을 직접 관찰한 것이 아닌데도, 특유의 간결하고 생생한 문체로 마치 현장 목격담인 양 사건들을 자연스럽게 그려내고 있다.

《블룸즈버리 리뷰》

이미 연약하고 충분히 남용된 지구에서의 인간 생존을 걱정하는 모든 이가 반드시 읽어야 할 책! 독자들은 콜롬비아의 황량한 사바나 심장부에서 희망의 빛을 반짝이는, 용감하기 그지없는 새로운 세상에 대한 감동적인 이야기를 고마워 할 것이다.

《이콜로지스트》

사회·생태적 퇴락을 경고하는 말잔치가 잦아들 즈음, 불현듯 진솔한 희망이 우뚝 솟아나는 모습을 상상해 보라. 무언가 실질적인 것. 선전도, 이류 과학도, 전문가들만의 낙관주의도 아닌 달콤한 현실주의, 실제적인 진솔한 희망, 정말 기쁜 소식을 상상해 보라. 그게 너무 어렵다면, 픽션이라고 하기에는 너무나 사랑스런 이야기를 전하는 책을 상상해 보라. 1960년대를 겪은 좌절한 이상주의의 불운한 산물이 결코 아닌, '적정기술'을 구현하고자 하는 태양 민주주의(solar democracy)의 실험, 그리고 총과 코카인으로 갈가리 찢긴 콜롬비아 동부 초원지대의 이야기를 서정적으로 상세히 이야기해 주는 책을 상상해 보라. 만약 저 멀리 어딘가에 우리 관심을 끌 만한 자그마한 무엇이 있다면, 이 책이 바로 그것이다.

《더 네이션》

마치 마술적 사실주의 소설 안에 숨겨져 있는 꿈의 공화국처럼, 콜롬비아에서 잊혀진 대륙 '아틀란티스'를 찾는다고 상상해 보라. 앨런 와이즈먼은 그것을 찾아내기 위하여 열과 성을 다했음이 틀림없다. 이것은 그 이야기이다.

《더 네이션》에 실린 두 번째 서평

베테랑 저널리스트 앨런 와이즈먼은 엄청난 용기와 창의력으로 사회적이고 기술적인 실험의 논쟁적인 역사에 대한 주옥 같은 연구서를 썼다. 이 책을 절대 놓치지 말라!

《홀어스》

책을 내려놓기가 힘들다. 작가는 실제 인물들을 완벽하고 풍부하게 묘사하며, 경이로울 만큼 신선하고 긍정적인 콜롬비아의 초상을 제시한다. 《플래네타글로벌저널》

가비오타스는 오직 몽상가들만이 꿈꿀 수 있고, 문제아들만이 만들어낼 수 있는 공동체이다. 편협한 사고와 특정 분야의 전문가들이 지배하는 세상에서, 창조적 사고의 만능인으로서 가비오타스인들이 보여주는 성공, 그 위대한 성공에 박수를 보낸다.

《스파이크매거진닷컴》

자연과 조화를 이루며 살아가리라는 희망을 불러일으키기에 그만큼 부적절한 곳이 또 있을까. 가비오타스는 토양이 척박하기 짝이 없는 황폐한 사바나 한가운데 자리 잡고 있다……. 하지만 가비오타스인들의 장난기 넘치는 창조정신과 육감을 살려 재미있는 결과를 낳게 해줄 아이디어를 추구하는 성향은 결국 잊혀져 가던 공동체를 살려내었다.

《유튼 리더》

와이즈먼은 천부적인 이야기꾼이다. 그는 지프를 타고 군대 검문소를 거쳐 콜롬비아의 마약 밀매꾼의 저택을 지나, 그리고 마카레나의 깊은 숲을 관통하면서 우리를 멋진 여행길로 이끈다. 헨리 데이비드 소로의 《월든》처럼, 앨런 와이즈먼의 이 책은 읽고 또 읽을 만한 가치가 있다. 《크리스천 사이언스 모니터》

가비오타스의 단순하고 비싸지 않으며, 일부러 특허를 받지 않은 기술들이 제3세계로 널리 퍼지고 있다.

도넬라 H. 미도우즈 (달모스 컬리지 환경학 교수)

1994년, 일련의 독립 언론인들이 공공방송협회, 포드 재단, 존 앤드 캐서린 맥아더 재단의 지원을 받아 세계를 위협하는 환경 문제와 사회 문제를 해결하고자 애쓰는 사람들의 모습을 담은 시리즈를 제작해 미국 국립 공영 라디오를 통해 방송했다. 이 프로젝트에 참여한 앨런 와이즈먼은 콜롬비아를 탐구하게 되었다. 그곳은 전쟁으로 찢기고 마약으로 찌든, 그야말로 가장 변화하기 어려워 보였던 지역이었다. 그런데 25년 전, 콜롬비아의 이상주의자들이 지구상에서 가장 험악한 지역에서 스스로의 힘으로 평화와 번영을 일굴 수 있다면 세상 어디서든 그렇게 할 수 있으리라고 얘기했다는 것을 듣게 되었다. 와이즈먼은 그들을 만나기 위해 지프를 타고 험한 도로를 무려 16시간이 넘게 달렸다. 정부군, 우익 민병대, 좌익 게릴라들이 설치한 바리케이드를 지난 끝에 이들 이상주의자들이 건설한 마을에 다다를 수 있었다. 바로 '가비오타스'라고 불리는, 범상치 않은 공동체였다.

콜롬비아는 남미대륙 북서부에 위치하고 있으며 풍부한 삼림자원과 지하자원을 가진 자원 부국이다. 그러나 높은 실업률과 극심한 빈부격차로 고통받는 국민들과, 계속되는 정치·사회적 불안은 남미가 안고 있는 모순과 혼돈을 잘 보여준다. 20퍼센트에 불과한 유럽계 인종이 정치와 경제면에서 실질적인 결정권을 장악하고 있으며, 이에 반발한 게릴라 그룹들이 지난 50여 년간 농촌과 정글지역을 기반으로 무장투쟁을 전개하며 사실상 전 국토의 절반을 장악했다. 무장테러와 함께 강력한 마약밀매그룹의 준동, 게릴라와 불법 폭력조직에 의한 납치, 밀수와 위폐 제조 등이 범람하면서 사회 전반에 걸쳐 치안이 극도로 악화되었다. 그러나 콜롬비아의 수도 보고타는 '라틴 아메리카의 아테네'라고 불려왔을 정도로 문예와 학술이 발달하였다.《백년 동안의 고독》으로 노벨문학상을 수상한 가브리엘 가르시아 마르케스와 마술적 사실주의의 대표적 화가 알레한드로 오브레곤 등이 대

표적 인물이다. 콜롬비아의 교육제도 또한 중남미 지역에서 가장 우수하다는 평가를 받으며 다른 나라에 비해 낮은 문맹률을 자랑한다. 특히 혼혈도가 높은 콜롬비아는 중남미의 대표적인 다인종·다문화사회이다.

지리 남미에서 네 번째로 크며, 그 크기가 한반도의 다섯 배에 이르는 콜롬비아는 서쪽으로 태평양, 북쪽으로 카리브 해에 면하며 북서쪽으로 파나마, 동쪽으로 베네수엘라·브라질, 남쪽으로는 에콰도르·페루와 국경을 접한다. 안데스 산맥을 끼고 있는 콜롬비아의 지형은 크게 북서부 고지와 남동부 저지로 구분된다. 주요 하천은 마그달레나 강과 그 지류인 카우카 강으로 두 강의 길이는 2700킬로미터에 이르며, 예로부터 국내의 주요한 교통로로 이용되어 왔다. 동쪽지역은 목축지대인 야노스라는 평원이 펼쳐져 있고, 동남쪽은 열대우림지역인 아마존 강이 흐르고 있다.

기후와 생태계 국토의 대부분이 열대권에 위치하고 있으나, 지형적인 조건으로 고도에 따라 열대·온대·한대로 나뉜다. 해안 등 평야지대는 고온다습한 전형적 열대우림기후이고, 해발고도 1000~1500미터의 지역은 평균기온 20도 내외의 아열대성 기후, 2000미터를 넘으면 연중 평균기온 14~15도의 상춘(常春) 기후로 연강수량 1000밀리미터 내외의 쾌적한 기후를 이룬다.

이와 같은 기후의 수직적 변화는 다양한 생태계 분포를 가능하게 한다. 해안지방과 저지대는 맹그로브, 야노스는 사바나, 아마존 강 유역은 적도우림 등이 무성하다. 고도에 따라 활엽수림·혼합림·침엽수림이 차례로 분포하고, 해발고도 3000미터를 넘으면 나무가 잘 자라지 못하며, 4500미터는 설선(雪線)을 이룬다. 동물분포도 다양하여, 1500여 종의 조류를 비롯하여 원숭이·개미핥기·대형 쥐·페카리·사슴·곰·퓨마·맥·라쿤·거북·아나콘다·악어·전기뱀장어·메기 등의 동물이 서식한다.

인구와 종교 콜롬비아의 인구는 2014년을 기준으로 약 4600만 명으로 중남미 전체 국가 중 브라질과 멕시코에 이어 세 번째로 큰 규모이다. 인구밀도는 1제곱킬로미터당 38.3명으로 남미 국가들 중 에콰도르와 함께 인구밀도가 가장 높은 국가에 속한다. 대부분의 인구는 국토의 서부 지역을 관통하는 안데스 산맥을 따라 분포하고 있는데, 수도 보고타를 비롯하여, 메데인, 칼리 등이 큰 도시들이다. 전체 주민의 58퍼센트가 메스티소(백인과 인디언의 혼혈)이고, 20퍼센트가 스페인계 백인이며, 14퍼센트가 물라토(백인과 흑인의 혼혈)이다. 이 외에 흑인이 4퍼센트, 삼보(흑인과 인디언의 혼혈)가 3퍼센트, 순수 인디언이 1퍼센트를 차지한다. 공용어는 스페인어이며, 종교는 국교인 로마가톨릭교가 90퍼센트를 차지하고 있고 일부 인디언들은 아직도 토속신앙을 신봉한다.

발로 쓰는 저술가로 널리 알려진 앨런 와이즈먼이 이 책을 발표
한 해가 1998년이다. 제도권에서 잘 교육받은 한 엘리트 이상주의
자가 콜롬비아의 오지에 세운 자립마을이 세상에 알려진 지 17년
이나 흘렀다는 얘기다. 그사이 이 책은 대안세계를 안내하는 고전
으로 자리 잡았으며 가비오타스 생태마을을 흉내 낸 많은 공동체
들이 지구 곳곳에 만들어졌고 또 만들어지려 한다. 분명 놀라운 일
임에 틀림없다. 마약과 테러에 찌든 남미의 오지마을에서 벌어진
일이 전 세계에 이런 반향을 일으켰으니 말이다. 그래도 주류세계
는 눈 하나 꿈쩍하지 않는다. 앨런 와이즈먼은 지구의 변방에서 벌
어진 이 '작은 사건'이 결코 무시되어서는 안 된다는 것을 알리기
위해 이후 인류의 존재를 성찰하게 하는 두 권의 책을 더 발표했다.

이 책의 원래 제목은 《가비오타스: 세상을 다시 창조하는 마을》
이다. 가비오타스 마을은 문명의 흔적이라곤 없는 곳에서 어떤 간
섭도 받지 않고 건설된 이상향이기 때문에 온갖 규제로 묶여 있는
현실세계에서 흉내 내기가 쉽지 않지만 마을이 구성되는 원리와

철학, 방법은 동일하다. 가비오타스의 건설자들은 비록 문명세계에서 교육받았지만, 교육받은 대로 살면 틀림없이 이 세계가 결딴나고 말 것이란 것을 아는 사람들이다. 그들은 원시 그대로의 땅 위에 문명세계에서 가져온 지식과 재료를 가지고 그야말로 새로운 세상을 창조해내었다. 그들이 창조한 세상은 한 마디로 '땅에 근거한 생태적 공동체'라고 할 수 있다. 그곳은 문명세계와 너무도 멀리 떨어져 있어 필요한 에너지와 장비를 스스로 만들어 써야 했다. 오늘날 '적정기술'이라고 불리는 대안기술이다. 그들은 당시 선진국의 이상주의자들조차 성공한 사례가 거의 없는 '에너지 자립 마을'을 열악한 제3세계의 오지에 성공시켰다. 돈이 없어서, 혹은 기술적 사회적 지원이 없어서 안 된다는 변명을 할 수 없게 만든 것이다. 새로운 세상에 대한 열망과 의지만 있다면 누구든지 가능하다는 것을 보여주었다.

상상하기 힘든 오지에 건설되었지만 공동체의 유지와 확장을 위해 세계 시장에 물건을 내다파는 관계로 가비오타스는 어쩔 수 없이 일부 지속가능하지 않은 외부물자에 의존하기도 한다. 그러나 그것은 현실 세계에서 손해 보지 않고 교역을 하기 위한 최소한의 조치일 뿐이다. 초창기에 가비오타스는 석유 파동의 틈바구니에서 신재생에너지 관련 상품을 팔아 짭짤한 수입을 올렸으나 미국이 주도하는 저유가정책으로 인해 상품성이 떨어지자 지체 없이 산림농업으로 전환해 더욱 탄탄한 경제구조를 만들어냈다. 산림농업의 주된 상품은 소나무 수액을 굳힌 송진이지만 산림농업이 인간 사회와 생태계에 미치는 영향을 고려하면 송진을 판매하여 얻은 수익은 아무 것도 아니었다. 먼저, 버려진 사바나 지역에 열대우림이 되살아났는데, 이로 인한 파급효과는 일일이 열거하기 힘들 정도이다. 생물 종 다양성 증가, 수자원 확보 및 홍수 조절, 지력 향상, 식량자원 증가, 이산화탄소 배출 억제 등은 그 일부이다. 무엇보다도 산림에 둘러싸여 사는 마을 사람들의 문화적 감수성이 풍부해졌다는 점이 중요하다. 이 책의 마지막 장면이 숲 속의 음악회로 장식된 것은 시사하는 바가 크다. 인간은 풍요로운 자연 속에서야말로 진정한 행복을 느낄 수 있다는 것이다.

이런 살아있는 대안을 보면서도 인간사회는 막장에 가까운 착취경제에서 벗어날 줄을 모른다. 마치 지구의 생태계가 얼마나 견디는지 보자는 듯 쉬지 않고 옮죄고 있다. 망조가 들면 누가 뭐라 해도 망하는 길로 간다지만 더불어 사는 다른 생물들은 무슨 죄란 말인가? 가비오타스는 너도 살고 나도 사는 확실한 길을 보여준다. 지금이라도 늦지 않았다. 내가 발을 딛고 있는 그 자리에서 새로운 세상을 향한 '전환'을 선포하자. 그리하여 우리 모두 새로운 세상을 일구는 참일꾼으로 거듭나자.

2015년 2월

바우 황대권

프
롤
로
그

"당신이 쓰고 있는 역사는 마치 시와 같군요.
이제 음악으로 작곡하면 되겠소."
현관에서 베탕쿠르가 루가리를 껴안으면서 말했다.
"첫 연주회에 오시면 영광이겠습니다." 루가리가 대답했다.
"이것이 바로 세계가 필요로 하는 것입니다."

벨리사리오 베탕쿠르는 콜롬비아의 대통령이 되자마자 그 당시 정부보다 더 많은 영토를 지배하고 있던 마르크스주의자 반군세력과 평화협정을 맺는 모험을 감행하여 내전으로 분열된 조국에 놀라움을 안겨주었다. 그리고 국립 예술관에서 콜롬비아의 가장 위대한 화가, 음악가, 시인들의 전시회와 연주회를 열어 대중들로 하여금 감상하게 했다. 또한 가비오타스의 태양열 집열기를 대통령 관저에 설치하여 잔뜩 찌푸린 보고타 하늘에서 풍부한 태양 에너지를 끌어들였다. 그런데 이 모든 일이 일어나기 오래전, 그는 영원히 잊지 못할 이야기를 들은 적이 있다.

35년이 지난 후 베탕쿠르는 가비오타스의 설립자인 파올로 루가리를 마주하고, 지난 세월 일어난 모든 일들에 마치 어떤 방향성이 있기라도 한 것 같다고 말했다. "그것은 아직도 그렇소. 한번 들어보시오."

"알겠습니다, 각하. 그러고 나서 제 이야기도 하나 들려드리겠습니다."

1996년 3월의 일이었다. 그들은 보고타 북동쪽에 있는 베탕쿠르의 아파트에서 카밀레 차를 마시고 있었다. 창밖으로 펼쳐진, 2700미터나 되는 안데스 산맥 자락에는 차가운 비가 내리고 있었다. 이제 73세가 된 은발의 전직 대통령은, 짙푸른 스웨터를 입고 붉은 모직 스카프를 두른 채 가죽 의자에 앉아 있었다. 루가리는 으스스한 날씨에 어울리지 않게 평상시 입던 가벼운 여름옷 차림을 하고 있었다. 그의 손에 들려 있는 찻잔과 접시는 마치 달걀 껍데기처럼 약해 보여서, 그 우람한 손으로 꽉 쥐면 금방이라도 깨질 것 같았다.

"1962년 그해에 나는 상원의원이었지요." 베탕쿠르가 말을 시작했다.

상원의원! 그때에는 그 말 자체가 기적 같았다. 벨리사리오 베탕쿠르는 문맹에 가까운 농부의 아들로 형제자매가 자그마치 24명이었다. 여덟 살 때 그는 마을 학교의 서가에서 고대사에 관한 그림책을 발견했다. 그는 그 기묘한 그림에 마음이 끌려 글읽기를 배웠다. 이윽고 펠로폰네소스 전쟁과 카르타고, 로마 황제 하드리아누스 등이 나오는 그리스나 로마에 대해 더 알고 싶어 백과사전을 샅샅이 뒤졌다.

베탕쿠르를 가르치던 교사의 설득에 못 이겨, 부모는 결국 그를 메데인에 있는 신학교에 보내는 데 동의했다. 거기서 공부한 5년 내내 그는 라틴어로만 말하며 생활했다. 주말에는 특별히 스페인어가 허용되었지만, 수도원의 예법을 잘 지키지 않은 벌로 줄곧 라틴어만 사용해야 했기 때문이다. 마침내 교사들은 그가 아주 명석하기는 해도 사제가 되기에는 너무 충동적이고 성급하다고 결론 짓고는 그를 대학교로 보냈다. 거기서 법학과 건축학을 공부했지만, 결국은 기자가 되었다.

어수선한 시절이었다. 1948년부터 10년 동안 콜롬비아는 수십만 명의 사상자를 내는 끔찍한 내전에 휩싸이게 되는데, 역사적으로 이 시기는 오늘날 '라 비올렌시아(La Violencia, 폭력)'라는 특별한 용어로 불리고 있다. 베탕쿠르는 그러한 사건들을 보도하면서 절망감에 사로잡혀 있었다. 하지만 그런 소용돌이 속에서도 귀중한 희망의 씨앗을 발견했는데 동료들은 이에 대해 거의 인식하지 못한 것 같았다. 콜롬비아를 거대한 대각선으로 양분하는 안데스의 동쪽에 사실상 국토의 반이 방치되어 있었다. 거기에는 유랑하는 인디언만이 여기저기 흩어져 살 뿐이었다.

운명의 여신은 어떤 비행사의 모습을 하고 나타나 언론에서 거의 언급된 적이 없는 안데스 너머의 이국적인 장소로 그를 데려갔다. 그리하여 베탕쿠르는 그곳에 처음 발을 들여놓게 되었고, 그 후로도 기회만 되면 자주 방문했다. 야노스! 그곳은 콜롬비아의 아마존 숲과 더불어 더 북쪽에 있는 오리노코 강으로 물이 흘러드는 광활한 초원으로 베네수엘라까지 뻗어 있었다. 그 강과 초원은 너무나 광대하고 사람의 손길이 미치지 않는 곳이었기 때문에, 베탕쿠르는 어떤 식으로든 거기에 나라의 미래가 있을 거라고 확신하게 되었다. 여러 해가 지난 1982년, 그는 대통령 후보로서 비행기를 타고 이 초원 지대로 유세를 가곤 했는데, 가비오타스라 알려진 공동체를 방문해보고는 자신이 옳았다는 결론을 내리게 되었다.

1953년, 콜롬비아는 사상 처음으로 군사독재의 치하에 놓이게 되었다. 군사정권은 그로부터 4년을 존속하면서 마침내 1948년부터 시작된 '라 비올렌시아'를 종식시켰다. 벨리사리오 베탕쿠르는 그 여파로 상처받은 세대에 속했고, 어떻게 하면 국가를 바로잡을 수 있을까 고심하다가 정계에 투신하게 되었다.

"어느 날 나는 국가 재건을 위해 애쓰는 콜롬비아의 상원의원으로서, 워싱턴 D.C.의 미주개발은행(Inter‑American Development Bank)에서 만찬을 하고 있었소."

미주개발은행은 1962년에 세계은행(World Bank)에서 새로 설립한 지부로, 제2차 세계대전의 파편더미에서 거대한 잡초처럼 자라나 그 씨앗을 도처에 뿌리기 시작했다. 그 다국적 금융기관의 지도자들은, 그전까지는 자신들이 돈이 필요한지조차도 의식하지 못하고 있던 외딴 지역들에까지 자금을 지원해줌으로써, 전쟁으로 상처받은 지구를 회복시킨다는 책임을 지고 있었다. 베탕쿠르는 곧바로 콜롬비아의 아마존 숲과 야노스 같은 지역도 지원받을 수 있다는 사실을 알게 되었다. 그는 자기 조국이 개발되어야 한다고 생각했다. 하지만 누가, 어떤 형태로 개발할 것인지를 결정하겠는가? 그가 그 직전 야노스를 방문했을 때의 일이다. 한 과이보 인디언 무당이 의식용 담배 연기를 들여다보고는 베탕쿠르의 비행기가 도착할 시간을 정확히 점쳐냈다. 그것이 연착할 것까지도 말이다. 국제대부기관에 있는 은행가들이 그러한 사람들과 땅에 대해 무엇을 이해할 수 있을까?

그날 저녁 만찬 때, 칠레의 경제학자이자 은행장인 펠리페 에레라는 볼리비아의 티티카카 호수 근처의 고원 지대에 자리 잡고 있는 작은 인디언 마을을 방문한 이야기를 꺼냈다. 그는 수력 발전소를 세울 가능성이 있는지 알아보기 위하여 거기에 간 것이었다. 방문이 끝날 무렵, 방문 팀은 여행경비로 쓰라고 할당된 예산이 남았다는 것을 알게 되었다. 그들은 모든 것이 부족한 마을의 형편을 보고 인디언 원로들을 모아놓고 돈이 남았다고 설명했다. 그들이 기쁘게 맞아주고 협조해준 데 감사하는 마음으로, 남은 돈을 그 공동체에 선물로 주고 싶었던 것이다. "은행의 이름으로 여기에 뭔가를 하고 싶은데 어떤 게 좋겠습니까?"

인디언 원로들은 실례를 구하고 나서 이 제안에 대해 상의하기 위해 잠시 자리를 떴다. 그들은 약 5분 후에 돌아와서 "그 돈으로 무엇을 할 것인지 알아냈습니다." 하고 말했다.

"좋습니다, 뭐든지 말씀하십시오."

"우리 악단에 새 악기가 필요합니다."

은행 팀의 대변인이 말했다. "저희가 무슨 말을 하는지 이해하지 못하신 것 같군요. 제가 보기에 여러분은 생활을 개선시킬 수 있는 전기, 상수도, 하수도, 재봉틀, 전화, 전보 따위가 필요한 것 같은데요."

하지만 인디언들은 그들의 의도를 정확히 이해하고 있었다. 가장 나이 든 사람이 나서서 설명했다. "우리 마을에서는 모든 사람들이 악기를 연주합니다. 주일 미사 후에 우리는 성당 마당에 모여 음악회를 엽니다. 우리는 함께 음악을 연주하고 나서 공동체의 문제를 상의합니다. 그런데 우리가 가지고 있는 악기들이 오래되어서 다 망가져갑니다. 음악이 없으면 우리도 그렇게 될 겁니다."

"자, 이제 당신 말을 들어봅시다." 베탕쿠르가 루가리에게 튀긴 바나나 조각이 담긴 은 접시를 건네면서 말했다.

"대통령 각하." 파올로 루가리가 머리를 좌우로 저으며 말했다.

"아마도 이 이야기는 믿어지지 않으실 겁니다."

후아니타 에슬라바 역시 그것을 믿어야 할지 잘 몰랐다. 보고타의 일류 대학인 안데스 대학교의 음악대학 학장 구스타보 예페스 박사가 말해주었듯이, 이곳의 숲은 정말 매력적이었다. 후아니타는 콜롬비아의 유명한 시인 루이스 카를로스 곤살레스의 큰 조카이자 유명한 가수의 손녀로서, 소프라노 가수가 되기 위하여 안데스 대학교에서 공부하고 있었다. 그녀는 1996년 유럽 순회 합창공연의 리허설에 가는 중에, 한 광고를 보았다. 가비오타스라는 곳에서 대범한 음악가 몇 명을 찾고 있다는 것이었다.

열대의 낙원에 오케스트라를 창단하려고 하는데 그것을 돕는 일이라고 예페스 박사가 설명하자, 그녀가 말했다.

"글쎄요, 저는 유럽에 가고 싶거든요."

"유럽에는 다음에 가도 되잖아. 유럽이 없어지지는 않아. 언제 또 이런 일을 할 기회가 생기겠어?"

대답하기 쉬운 일이 아니었다. 왜냐하면 후아니타는 어디에서도 이런 얘기를 들어본 적이 없었던 것이다. 다른 사람인들 들어보았겠는가? 솔직히 야노스보다 유럽이 더 가깝게 느껴졌다.

가비오타스에 대해 들어본 적은 있었다. 안데스 대학교의 학생이라면 듣지 않을 수 없는 이름이었다. 왜냐하면 산자락을 지나 캠퍼스로 올라가는 길에 가비오타스의 보고타 사무실이 있기 때문이다. 유칼립투스 나무 위로 솟아 있는 벽돌과 유리 입방체, 기묘하고 우아한 색깔의 기구들로 둘러싸인 그곳을 누가 그냥 지나칠 수 있겠는가! 거기에는 노란색의 지주대 위에 달려 있는 높이가 다른 풍차도 여러 개 있었다. 풍차 날개는 흔히 보는 좁은 삼각

형이 아니라 알루미늄 꼬챙이에 비행기 날개의 단면처럼 생긴 판이 붙어 있었다. 그 곁에는 크기가 다른 여러 가지 붉은색 양철통과 잡다한 파란색 파이프들 그리고 은빛 나는 직사각형 모양들이 줄지어 있었다. 지나가면서 보면 그것은 마치 저 아래 아수라장 같은 도시 너머에서 멋진 미래를 향해 손짓하는, 보기에도 유쾌한 과학기술적 조각품같이 보였다.

안데스 대학교의 공과대 학생들은 은빛 직사각형에 대하여 알고 있었다. 그것은 벨리사리오 베탕쿠르가 대통령으로 재임하던 시기인 1980년 중반부터 보고타 주변에 나타나기 시작했다. 일반적으로 태양열 패널은 흐린 날씨가 반년 이상 계속되는 도시에서는 부적합하다고 알려져 있지만, 가비오타스는 희미한 태양 빛 아래서도 에너지를 그러모을 수 있게 코팅하는 데 성공했다. 이제 그들의 태양열 집열기는 베탕쿠르가 거주하던 대통령 관저뿐 아니라, 콘도미니엄, 아파트, 수도원, 고아원 등지에도 설치되어 있다. 보고타 시민 3만 명이 살고 있는 세계에서 가장 큰 주택단지인 시우다드 투날의 벽돌건물에도 태양열로 물을 데우는 장치가 마련되어 있다. 그런가 하면 이 나라에서 가장 큰 병원도 온수 시스템을 개조했을 뿐 아니라, 음료수와 도구 살균용으로 물을 정화시키기 위해 태양열 주전자를 설치했다. 그 주전자 역시 가비오타스 기술자들이 고안해낸 것으로 그렇게 희미한 보고타의 태양 빛으로도 물을 끓일 수 있게 만들어졌다.

그런데 예페스 박사는 후아니타에게 이런 기구에 대해서는 언급도 하지 않은 채 오로지 음악 그리고 나무에 대해서만 말하고 있었다.

가비오타스는 새로운 기계장치를 구상하는 기술연구소만은 아니다. 사실 가비오타스는 지명이다. 그 지역은 콜롬비아 동부의 나무 하나 없는 열대 평원 가운데 있었으나, 지금은 숲 한가운데 있다. 믿을 수 없겠지만 숲이 생겨난 것이다. 이제 가비오타스는 음악도 만들려고 한다.

"무시카 야네라(Música llanera, 원주민 음악)?" 후아니타가 물었다. 그렇다면, 이것이 나와 무슨 상관이란 말인가? 하프와 현이 네 개인 콰트로 그리고 역시 현악기인 반돌라로 이루어진 콜롬비아 야노스의 전통적인 민속음악은, 그녀가 부르는 이탈리아 아리아와는 아주 거리가 멀었다.

구스타보 예페스가 이야기를 시작했다. 여러 해 전 어느 날 저녁, 그는 바흐의 성음악 합창을 연주한 후 파올로 루가리를 소개받았다. 그때 루가리는 예페스의 손을 덥석 잡으며 깊은 저음으로 우렁차게 말했다. "구스타보, 말해주시오. 충동적이고 무질서한 감성에서 나오는 음악가의 창조적 열정이 어떻게 수학적이고 규칙적인 음악 구조를 만들어낼 수 있는지요?"

낯설고 놀라운 질문이었다. 하지만 예페스는 이 사람이 기이하고 놀라운 사람이라는 소리를 들은 적이 있다. "가비오타스에서 일어난 일과 똑같은 원리입니다. 감히 유토피아를 건설하려고 하는 사람들은, 누구라도 구할 수 있는 재료를 가지고 놀라운 방법으로 독창적인 것을 만들어내지요. 작곡가들 역시 누구라도 두드릴 수 있는 열두 건반으로 독창적인 음악을 만들어냅니다. 당신처럼 그들도 몽상가입니다. 꿈속에서는 그것이 가능한 것인지, 허용되는 것인지 하는 생각으로 제한받지 않죠."

"가비오타스는 유토피아가 아닙니다." 루가리가 끼어들었다. "유토피아의 어원은 'u(없다)+topia(장소)'입니다. 그리스어에서 'u'란 접두어는 '없다'를 의미합니다. 우리는 가비오타스를 토피아라고 부릅니다. 왜냐하면 그것은 현실이기 때문이지요. 우리는 환상에서 현실로, 유토피아에서 토피아로 옮겨갔습니다. 언젠가 당신은 그것을 보러 오게 될 겁니다."

그 언젠가가 예기치 않게 다가왔다. 1995년 10월이었다. 파올로 루가리가 예페스에게, 독일 기자들이 전세 비행기로 가비오타스를 방문할 예정인데 자리가 하나 남으니 함께 오면 어떻겠냐고 제안한 것이다.

"왜 하필 납니까?"

"아시게 될 겁니다."

루가리의 말과는 달리 가비오타스는 유토피아였다. 가비오타스는 지상에 유토피아가 가능하다는 것을 보여주었을 뿐 아니라, 지금까지 실행된 그 어떤 유토피아보다 훨씬 더 실천가능성이 있어 보였다. 날이 갈수록 끔찍해지는 도시로부터 500킬로미터 정도 떨어진 곳에서, 예페스는 아주 조용한 도시를 발견했다. 그곳에는 오리노코 강의 지류를 따라 늘어선 수풀이 그늘을 드리우고, 만발한 꽃들과 흥겹게 지저귀는 새들로 가득했다. 가비오타스인들은 너무나 독창적인 능력을 집단적으로 발휘했기 때문에, 예페스로선 도저히 믿기지 않아 그럴 리가 없다고 의심할 정도였다. 그런데 막상 만나고 보니 틀림없는 사실이었다. 가비오타스인들은 행복했다. 그들은 동트기 전에 일어나, 열심히 생산적으로 일하고, 소박한 식사나마 배불리 잘 먹고 또 평화롭게 살았다. 그들이 사용하는 기계는, 주인인 사람을 지배하거나 자연 경관을 해치지 않았다. 그들 스스로 구상하거나 개조한 것으로 소음도 별로 없었다.

"은퇴하고 여기에 와도 되겠습니까?" 물 펌프 겸용 시소 위에 앉아 놀고 있는 아이들을 바라보면서 예페스가 물었다. 그 펌프는 아이가 툭툭 치기만 해도 학교의 물탱크에 물을 공급해줄 수 있는 동력이 되었다.

"은퇴할 때까지 기다리지 말고 당장 오십시오. 우리는 당신이 꼭 필요합니다."

그들은 붉은 진흙길을 걸어 망고나무 과수원, 옥외 농구장, 다각형 조립식 숙소 그리고 마을회관을 지나갔다. 솟아오른 포물선 모양의 마을회관 지붕은 번쩍이는 금속판으로 덮여 적도의 열을 반사시키고 있었다. 그 좁은 길은 마을의 바로 남쪽에서 키다리 소나무 숲이 양편으로 펼쳐져 있는 도로로 연결되었다. 여섯 명의 남녀가 두꺼운 타이어를 단 자전거를 타고 달려가면서 자신들을 향해 손을 흔들자 그들 역시 손을 흔들어 화답해주었다. 모자를 쓰고 티셔츠를 입은 그들은, 목에는 색깔 있는 목도리를, 허리에는 연장 벨트를 두르고 있었다. 루가리는 예페스를 숲으로 데리고 가면서 설명하기 시작했다. "가비오타스가 시작된 지 25년이 됩니다. 그동안 나는 유토피아 공동체들의 역사와 문헌을 연구해왔습니다."

"당신은 이곳이 유토피아가 아니라고 말한 것 같은데요."

"그곳들도 유토피아는 아니었죠. 시도에 지나지 않았습니다." 최근에 루가리는, 17세기에 복음을 전하러 신세계에 도착했던 예수회 사제들이 파라과이에서 행한 유명한 시도에 대하여 읽게 되었다. 그때까지 아메리카 전역에 있던 대부분의 식민주의자들은, 원주민들을 언제든지 쓰고 버릴 수 있는 야만인이나 착취할 수 있는 노예로만 여겼었다. 그런데 무역 항로에서 멀리 떨어진 곳에 도착한 예수회원들은, 현재의 브라질, 아르헨티나, 파라과이 접경 지역에서 마주친 과이보 인디언들을 완전해질 가능성이 있는, 자연 그대로의 때 묻지 않은 호모 사피엔스로 보았다. 물론 그들은 선교사이기 때문에, 완전에 대해서 어떤 선입견을 가지고 있었다. 얼마 지나지 않아 그들은 원주민들의 언어, 신, 생계수단 등을 자신들이 가져온 것으로 대체하기 시작했다. 그 선교지역을 '리덕션스'라고 했는데, 신부들에 의한 부성애적 보호주의가 철저했다. 하지만 자애로운 자급자족적 공동체로서, 예수회원들이 스페인과 포르투갈의 미움을 사서 라틴아메리카에서 쫓겨날 때까지 100년 이상 계속 번영했다.

파올로 루가리는 복음 전파에는 관심이 없었다. 가비오타스에는 교회도 없었다. 그 역사적인 파라과이 실험에서 그의 마음을 사로잡은 것은 음악이었다. 그가 예페스에게 말했다. "사람들은 누구나 노래를 부르거나 악기를 다룰 수 있었습니다. 음악은 공동체를 짜는 베틀이지요. 학교나 식당, 심지어 일터에도 음악이 있었습니다. 옥수수 밭이나 마테 밭에는 음악가들이 늘 일꾼들과 함께 있었습니다. 그들은 번갈아가며 연주도 하고 수확도 했습니다. 그것은 문자 그대로 지속적인 조화 안에서 사는 사회였습니다. 우리는 바로 이 숲에서 그 일을 해내고자 합니다. 그래서 내가 당신을 부른 겁니다."

그런데 예페스는 듣고 있지 않았다. 아니, 듣고 있기는 했지만, 루가리의 말을 듣고 있던 것은 아니었다. 그는 멈추어 서서 손바닥을 들어올렸다. "잠시 조용히 해주십시오." 그가 말했다. 딱따구리

가 나무를 쪼는 소리와 소나무 가지가 바람에 흔들리는 소리 외에
는 아무 소리도 들리지 않았다.

예페스가 속삭였다.

"계속 말하십시오."

"무엇을요?"

"들으셨습니까?"

"무엇을 말입니까?"

"계속 말씀하시라니까요."

그들은 12미터나 되는 카리브산 소나무와 낙엽송들이 가득한
수풀 속에 있었다. 적도의 한낮인데도 숲의 공기는 기분 좋게 서늘
했다. 그 아래 수북이 쌓인 낙엽 틈에서 소나무들이 가지런하게
줄지어 자라나고 있었는데, 눈여겨보기 전에는 잘 보이지 않았다.
13년 전 이 숲은 보잘것없는 작은 풀들 말고는 아무것도 없는 텅
빈 평원이었다. 하지만 지금은 콜롬비아에서 가장 큰 조림 지역으
로, 정부가 주도하는 조림 사업을 모두 합한 것보다도 넓었다.
1995년 가비오타스가 심은 나무의 수는 600만 그루에 달했다.

예페스는 흥분으로 긴장되었다.

"파올로, 무슨 말이든 해보십시오, 어서요."

루가리는 어깨를 으쓱하며, 자기 자신과 초기 가비오타스인들이
1970년대에 보고타에서 여기로 온 연유에 대해서 얘기하기 시작
했다. 수백 가지의 작물을 심어보았지만 이렇듯 심하게 산성화되
고 양분이 고갈된 적도의 흙, 알루미늄 성분의 수치가 독성에까지
이른 흙에서는 아무것도 경작할 수 없었다. 그때 카라카스에서 열
린 회의에서 옆자리에 앉았던 한 베네수엘라 농학자가 온두라스에

서 구할 수 있는 열대 소나무 묘목을 시험 재배해보라고 제안했다.

그래서 그 나무들이 자라났다. 가비오타스인들은 외래종을 기르는 것이 현명한 일인지에 대해 논란을 벌였다. 그것은 환경 문제가 아니라 정치적인 문제라고 주장하는 사람도 있었다. 왜냐하면 그와 같은 소나무가 한때 콜롬비아에 속했던 파나마에서도 자라나고 있기 때문이었다. 미국이 운하를 파기 위해 파나마 해협을 강탈해서 괴뢰정부를 세우지 않았더라면, 그것들은 콜롬비아의 토종 나무였을 것이다.

그 논란은, 식용이 아닌 소나무를 어디에 쓸 것인가 하는 문제와 함께, 연속적으로 일어난 예기치 않은 사건들로 인해 점차 가라앉게 되었다. 그것은 가비오타스인들이 현실을 개선하느라 이리저리 애쓰다 보니 어느덧 익숙해져버린 일종의 예측불가능성이었다.

카리브산 소나무가 야노스에서는 열매를 맺지 않기 때문에 지역의 식생에 결코 해를 끼치지 않는다는 사실을 누가 짐작이나 할 수 있었겠는가? 이 소나무들은 열대의 굶주린 곤충들로부터 자신을 보호하기 위해 나무껍질 진액을 분비하는데, 진액이 하도 풍성하게 흘러서 마치 메이플 시럽처럼, 아니 더 정확하게는 젖소에서 우유를 짜내듯이 나무를 해치는 일 없이 짙은 호박색 진액을 수확하여 생산고를 올릴 수 있으리란 것을 누가 알기나 했겠는가? 여기서는 소나무들이 임학 교과서에서 예측한 것보다 거의 10년이나 더 빨리 자랄 수 있다는 것도 말이다. 불과 몇 달 전까지만 해도, 즉 가비오타스가 나무를 베지 않고 보존하면서 임산물 가공 사업을 시작하기 전까지만 해도, 콜롬비아가 페인트, 니스, 테레핀유, 화장품, 향수, 약, 바이올린 활을 문지르는 송진가루 등을 만들기 위해 1년에 수백만 달러어치의 송진을 수입해왔다는 것을 그 누가 알았겠는가?

"그리고, 구스타보 씨, 무엇보다도 놀라운 것은, 누가……."

"쉿! 잠깐만요."

"지금 가장 중요한 말을 하려고 했는데요."

"당신, 바이올린 활이라고 말했습니까?"

"그렇습니다. 내가 당신을 여기 데려오고 싶어한 것은 바로 그 때문입니다. 송진 때문만이 아니에요. 우리는 숲을 솎아낼 때 남아도는 나무를 사용해서 악기 공장을 시작할 수 있다는 사실을 깨달았습니다. 그리고……."

"당신은 이곳이 음악을 하기에 얼마나 완벽한 장소인지 알고 있습니까?"

"그것 때문에 내가 당신을 여기에 모시고 싶어한 거 아닙니까?"

"아닙니다. 당신은 내가 무슨 말을 하는지 모르십니다. 들어보세요." 예페스가 들뜬 기세로 이야기했다. 루가리는 잠자코 있어야 했다.

그렇게 하여 3개월이 지난 어느 날, 후아니타 에슬라바는 프랑스의 파리가 아니라 가비오타스의 숲 한가운데, 그녀의 동료 대부분이 보기에는 '아무것도 아닌 곳의 한가운데'에서 휘영청 둥근 달 아래 서게 되었다. 바로 레스피기의 〈아리아〉를 부르기 위해서였다. 예페스가 말해준 바에 따르면, 가비오타스 숲에서는 음이 장엄하게 반향한다고 했다. 왜 그런지 설명할 수 없으므로 또 다른 행운의 손길이 뻗쳤다고밖에 볼 수 없다는 것이다. "우리는 숲 속에 서 있었지. 문득 멀리서 어떤 목소리가 들려오는 것 같았는데, 마치 점점 크게 울려퍼지는 것 같았지. 나는 손뼉을 쳤어. 그리고 소리도 질러보았지. 또 루가리더러 속삭여보라고도 했어. 그런데 놀랍게도 반향을 일으키는 거야. 왜 그런지 모르겠더군. 아마도 숲 자체가 진동했는지도 모르지. 아니면 불가사의한 공간의 물리학과 관련이 있는지도 모르고. 파올로는 공학도가 그 효과에 대해 연구해서 논문을 썼으면 좋겠다고 했지만, 나는 그 반향을 집중시킬 수 있는 음악당을 하나 짓고 싶었어." 하고 그는 회상했다.

들뜬 아이처럼, 예페스와 루가리는 바로 그 소나무 숲 속에 야외 원형극장을 짓기로 계획을 세웠다. 가비오타스 본관처럼 비에 대비해 개폐식 지붕도 갖추기로 했다. "어쩌면 그 모든 것을 모기장으로 덮어씌워야 할지도 모릅니다." 파올로가 덧붙였다. 그들은 클래식 교향악 연주회를 꿈꾸는가 하면, 오리노코 콰트로와 반돌라, 가비오타스 소나무로 만든 하프 등으로 구성된 야노스 주민들의 오케스트라도 꿈꾸었다.

후아니타는 이 야심찬 계획에 대해 확신이 없었다. 그녀는 40명의 반돌라 연주자가 베토벤의 제6번 교향곡을 연주하기보다는, 바이올린과 첼로 그리고 민속 악기가 한데 어울려 내는 새로운 화음이 낭랑하게 울려퍼지게 하고 싶었다. 그런데 후아니타는 가비오타스인들이 자신들의 음악적 미래에 대해 아주 진지한 태도를 가지고 있는 것을 보고 감동을 받았다. 1970년대에서 80년대, 가비오타스의 혁신적인 기술에 의해 많은 것이 발전하고 있을 때, 가비오타스는 후아니타가 다니는 대학교를 비롯한 여러 대학과 계약을 맺고 과학자와 공학도들을 초빙해 대학원 졸업 논문을 쓰게 했다. 최근에 가비오타스는 안데스 대학교와 협정을 맺어 화가, 조각가, 음악가들을 요청했다. "지속가능한 기술이나 경제 발전 같은 것은 그에 걸맞는 인간의 발전 없이는 아무런 소용이 없습니다. 우리는 25년 사이에 많은 것을 이루었지만 그것만으로는 부족하지요." 후아니타가 도착했을 때 루가리가 이렇게 말했다.

후아니타의 사명은 오케스트라를 만들기 위한 첫 단계로서 가비오타스 학교에 클래식 음악 프로그램을 만드는 것이었다. 그녀는 가비오타스에 거주하는 원주민 음악가들을 알게 되었고, 또 그들의 음악을 녹음할 수 있었다. 그러고는 자신의 목소리가 가장 잘 울려퍼질 수 있는 지점을 찾아내기 위해 숲 속 여기저기를 돌아다녔다. 극장을 세울 장소를 정확히 찾기 위해서였다. 그 음향적 특성과 관련된 얘기가 사실이고, 또 예페스의 상상이 단지 그곳의 장소적 마력에 이끌린 때문이 아니라면 말이다.

검은 머리를 길게 땋아내린 후아니타 에슬라바는, 예페스 교수가 마술적인 특성을 가졌음이 분명하다고 맹세한 숲에서, 가장 적절한 장소를 발견할 준비가 되어 있었다. 레몬빛 달이 환히 내려비치고 있었다. 몇 가지 이유로 그녀는 이 순간을 지금까지 미루어왔다. 아마도 이곳 가비오타스가 소란한 조국의 한가운데에 그토록 축복받은 고요함을 지니고 있는 섬이라는 사실을 그제야 알았기 때문일 것이다.

여기에 와서 머문 첫 한 달 동안, 그녀는 말발굽 소리를 반돌라로 재현하고 무역풍의 달콤함을 하프에 담아내는 그들의 음악을 들으면서 가르친 것만큼이나 많은 것을 배웠다. 매일 아침 창밖에서 풍금조, 코팅가 그리고 오로펜돌라(모두 열대에서 사는 새들) 등이 내는 흥겨운 교향악 소리에 잠이 깨었다. 그녀가 노래를 가르친 학생들은, 그동안 만난 사람들 중에 가장 건강한 인간이었다. 그들 머리 위로 이리저리 뛰어다니는 원숭이처럼 행복하고 천진난만했다. 모든 것이 너무나 숭고한 나머지, 그녀는 그렇지 않을지도 모른다고 의심하고 판단함으로써 오히려 분위기를 망칠까봐 두려워했다. 하지만 달이 휘영청 밝은 이 밤, 그녀의 새 친구들은 마침내 그녀가 나무들 사이에서 노래를 부르도록 끌어냈다. 그들은 후아니타가 서 있는 자리에서 10미터, 20미터, 50미터씩 간격을 두고 서서 기다렸다.

후아니타는 소리굽쇠를 무릎에 두드리면서 콧노래로 음을 맞추고, 눈을 감고는 숨을 깊이 들이쉬었다. 주위에는 그곳이 기적과 경이의 장소라는 징후가 청정하고 향기롭게 널려 있었다. 잘 보호되어 습기를 머금은 소나무 숲 아래에는 토종의 열대 수림이 다시 살아나고 있었다. 콜롬비아 국립대학에서 온 생물학자 팀이 하상(河床) 주위의 일부 지역만 빼고, 야노스에서 수천 년간 보지 못했던 나무 240종을 경이에 찬 눈으로 기록한 적이 있는데, 이제 그들은 야노스에 행운의 선물처럼 주어진 카리브산 소나무 숲을 조성하는 문제에 대해 관심 있게 다루게 되었다. 그것은 강기슭에 있는 사바나 숲의 가느다란 녹색 띠들이 강둑을 넘어 평원으로 퍼져나가는 것 같았다.

후아니타가 기대어 서 있는 후리후리한 자주색 자카란다 같은 나무들은, 소나무보다 훨씬 크게 자라나 있었다. 지난 수십 년간 가비오타스인들은 아직도 남아 있는 수천 헥타르의 공터에 토종 나무들이 자라도록 내버려두어 외래종인 카리브산 소나무의 성장을 서서히 억제했다. 그리하여 야노스를 많은 생태학자들이 원시 상태라고 여기는 상태, 즉 아마존의 연장으로 되살려놓았다. 이미

사슴, 개미핥기, 카피바라 등의 개체군이 살아나고 있었다.

후아니타가 눈을 뜨고 노래를 부르기 시작했다. 레스피기의 〈예수 탄생의 찬미가(Lauda Per La Natività Del Signore)〉에 나오는 천사의 아리아가 흘러나왔다.

눈을 들어 보라.
여기서 양들이 풀을 뜯고 있는 모습을
보고 있는 목동들이여,

부활절 바로 전이었지만, 후아니타는 레스피기의 크리스마스 축가를 부르기로 했다. 그녀의 목소리는 처음에는 좀 머뭇머뭇했지만, 은빛 안개처럼 이 나무에서 저 나무로 넘쳐흐르면서 숲 속으로 크게 굽이쳐나가기 시작했다. 그녀가 계속 노래를 부르는 동안 쪽독새, 부엉이, 댕기물떼새가 끼어들어 애조 띤 불협화음으로 그녀의 노래와 묘한 조화를 이루었다.

나는 영원한 왕궁에서 온 천사,
순수한 기쁨의 소식을 가져왔노라.

천상의 음악이 나뭇가지 위로 솟아올랐다. 숲 천장이 후아니타의 맑은 목소리를 모아 증폭시키면서 친구들에게 흩뿌려주었다. 부드럽게 떨어지는 솔잎처럼. 마침내 노래를 마치자 친구들이 주위로 모여들어 기뻐했다. 눈시울이 촉촉이 젖은 사람들도 있었다. 송진 공장의 품질 관리를 맡고 있는 박테리아 학자 루이사 페르난다 오스피나는 달을 향해 솟아 있는 나무들을 경이에 찬 눈빛으로 바라보았다. "이곳에 하느님이 계신다는 증거입니다." 그녀가 선포했다.

곤살로 베르날이 고개를 끄덕였다. 그는 1970년대부터 1980년대 초까지 가비오타스의 학교를 관리했고, 1990년대에는 공동체의 조정자였다. "우리는 천국에 살고 있는 게 확실합니다. 천사들의 목소리까지 듣게 되었으니까요." 그가 속삭였다.

"이제 가비오타스는 천사들의 합창대가 될 것입니다. 거기 처음 갔을 때, 나는 예언자들만 보았습니다. 그런데 나는 당신처럼 광야에서 외치는 예언자들을 못 견디게 좋아하지요. 마치 메시지를 들은 것 같았습니다. 나는 즉시 콜롬비아 전역을 가비오타스로 바꾸고 싶었습니다." 벨리사리오 베탕쿠르가 루가리에게 상기시켰다.

그는 의자 등에 기대고 건너편 회색 벨벳 카우치 위에 걸려 있는 두 개의 액자 그림을 바라보았다. 콜롬비아 안데스의 전경이었다. "상상해보십시오. 여기가 모두 가비오타스라면 얼마나 좋겠습니까?" 그가 한숨을 내쉬며 말했다.

그것은, 콜롬비아의 거장 알레한드로 오브레곤이 그려 사인하고 헌정한 유화 스케치였다. 이제 하나는 유엔 본부에, 다른 하나는 로마의 바티칸에 걸려 있다. 책장 위에 콜롬비아 예술가들의 작품들과 대통령 관저에 증정된 선물들이 놓여 있었는데, 베탕쿠르의 후임자들이 치운 것을 가져온 것이다. 그중에 가장 유명한 것은 그의 재임시의 상징이 된 그림으로 콜롬비아의 유명한 화가요, 조각가인 페르난도 보테로가 그린 것이다. 벽로 선반 위에 걸려 있는 그 그림에는 포동포동하게 살찐 흰 비둘기가 부리에 무화과 잎을 물고 있는 모습이 그려져 있다.

1980년대에 보고타, 칼리, 메데인, 카르타헤나 등의 거리시위에서 열광하는 군중들은 이 그림을 높이 쳐들고 행진했다. 보테로의 비둘기는 연주회의 포스터, 축제 공연의 깃발, 어린이들의 옷을 장식했는데, 그것은 베탕쿠르의 평화정책에 의해 생겨난 희망의 상징이 되었다. 그는 '라 비올렌시아'를 종식시킨 1957년의 휴전협정 직후 결성된 게릴라 부대에 몸담고 있던 수천 명의 마르크스주의자들에게 전례 없는 사면을 제안했다. 나라의 평화를 기원하면서였다. 수천 명의 사상자를 낸 이 폭동은 여전히 진행 중이었는데, 라틴아메리카에서 가장 긴 무장 폭동이 되고 있었다. 베탕쿠르의 제안에 따라 게릴라들은 무장투쟁 대신 자신의 정당을 만들어 시민사회 제도 안에서 합법적으로 싸울 수 있는 기회를 갖게 되었다. 최대 규모의 반군조직이 여기에 동의했고, 1984년 일단의 게릴라들이 무기를 내려놓았다. 그 결과, 게릴라들과 그 동조자들이 세운 애국연합당(Unión Patriótica)은 전국적으로 행해진 시장, 시의회, 국회의원 선거에서 승리했다.

그런데 10년도 채 지나기 전에 그 승리자들 대부분이, 즉 두 명의 대통령 후보를 포함하여 약 2000명이 암살되었다. 범인들은 우익 민병대의 암살단이었는데, 때때로 아주 기뻐하며 이 사실을 언론에 발표하기도 했다.

물론 게릴라들은 보복을 가했다. 곧 그들의 공격과 기습은 이전 수준을 능가하게 되었다. 이에 들어가는 자금을 조달하기 위해 엄청난 몸값을 요구하며 사람을 납치하기도 했다. 폭력의 시대가 재현된 것이다. 시민들은 어느 한 편에 가담할 수밖에 없었는데, 그에 대한 보복으로 거의 일주일에 한 번씩 대량 살상이 일어났다. 우익 국회나 좌익 게릴라 모두 비난받았지만 이러한 잔학 행위는 결코 수그러들 줄 몰랐다. 급기야 양쪽 모두 마약 밀매로 아주 부패하게 되면서, 얼마 후에는 누가 어디에 속했는지가 별로 중요하지 않게 되었다..

마약 농장주의 목장이 아마존 지역에 있는 코카 재배지의 확대 속도와 발맞추어 가비오타스의 소나무보다 더 빨리, 야노스를 거쳐 서쪽으로 번져나갔다. 1996년 현재의 행정부는 마약 밀매를 포함한 스캔들로 너무나 오염되어, 전 국방부 장관인 페르난도 보테로의 아들을 비롯하여 여당 의원과 선거위원 등 여러 저명인사들이 줄줄이 감옥에 갈 정도였다. 어느 일요일 메데인 공원에 있는 거대한 보테로의 평화 비둘기 조각상이 폭탄으로 파괴되었는데, 그로 인해 10여 명이 죽었다. 슬픔에 잠긴 예술가는 이성을 잃고 비틀거리는 조국에 대한 경종의 의미로, 파괴된 현장을 그대로 보존하도록 지시했다.

세기말이 다가오면서 콜롬비아인들은 자기네 조국이 정말 살아남을 수 있을지 크게 걱정했다. "시간이 걸리는 일입니다." 벨리사리오 베탕쿠르는 국민들에게 이렇게 상기시키곤 했다. "우리가 시작한 과정이 어느 한 대통령의 임기 내에 이루어질 거라고 생각한 적은 결코 없습니다. 이 땅에서 30~40년에 걸쳐 평화가 조직적으로 파괴되었습니다. 그것은 오랜 기간 노력해야 겨우 풀 수 있는 심하게 헝클어진 실타래와 같습니다. 그걸 4년 안에 도로 감을 수 있다고 하는 것은 환상입니다. 하지만 우리는 포기하지 말고 어디선가부터 다시 시작해야 합니다."

임기 중에 있을 때 베탕쿠르는 가비오타스에 자주 쉬러 왔는데, 그의 당 지도자들은 거기에는 투표인이 없다고 불평하곤 했다. 그때마다 그는 "투표인은 별로 없지만 아주 많은 콜롬비아가 거기 있습니다."라고 대답했다. 그는 그 끝없는 경관을 바라보며 원기를 회복했다. 가끔 그가 사전통보도 없이 비행기를 타고 오기도 하는 가비오타스는 다른 사람들처럼 식사를 하기 위해 기꺼이 줄을 설 수 있는 곳이었다. 그들은 정부 없이도 스스로 만족스럽게 살고 있었고, 따라서 베탕쿠르를 대통령이 아닌 한 사람으로 받아들였다.

"당신이 쓰고 있는 역사는 마치 시와 같군요. 이제 음악으로 작곡하면 되겠소." 현관에서 베탕쿠르가 루가리를 껴안으면서 말했다.

"첫 연주회에 오시면 영광이겠습니다." 루가리가 대답했다.

가비오타스로 돌아간다는 생각에 늙은 전직 대통령은 밝은 미소를 지었다.

"이것이 바로 콜롬비아가 필요로 하는 것입니다." 언젠가 베탕쿠르는 가브리엘 가르시아 마르케스를 가비오타스로 보내면서 말했다.

"이것이 바로 라틴아메리카가 필요로 하는 것입니다." 스페인 대통령 펠리페 곤살레스와 그의 가족이 가비오타스로 향하는 비행기에 오를 때도 그는 이렇게 말했다.

그리고 1984년 로마 클럽(The Club of Rome)에서 온 손님들이 가비오타스를 방문했을 때, 그 클럽의 창시자인 아우렐리오 페체이는 베탕쿠르에게 이렇게 말했다. "이것이 바로 세계가 필요로 하는 것입니다."

사
바
나

"발전이란" 마침내 르브레 신부가 입을 열었다.
"사람들을 행복하게 해주는 것입니다."
여러 눈동자가 일제히 그에게로 쏠렸다.
"길을 닦거나 공장을 세우는 데 자금을 쏟아붓기 전에,
국민들이 정말로 원하는 게 무언지 알아보아야 합니다."

아우렐리오 페체이가 '바로 세계가 필요로 하는 곳'이라고 말한 곳은 보고타에서 지프를 타고 동쪽으로 16시간을 달린 끝에 도착할 수 있었다. 이것도 진창길과 정부군 및 게릴라의 바리케이드를 얼마나 자주 만나느냐에 달려 있다. 도시 저 높은 데서 처음에는 지그재그로 달리는가 하면, 곡선을 그리듯 달리다가 안데스 산맥 위로 돌진한 후 베네수엘라와 콜롬비아의 경계를 이루는 오리노코 강 쪽으로 말 그대로 사라지곤 하는 아주 힘든 길을 달렸던 것이다.

1984년 터보 프로펠러 엔진을 단 수륙 양용 경비행기를 타고 가비오타스를 향할 때, 페체이는 거의 죽어가고 있었다. 그럼에도 불구하고 그는 가비오타스를 보기 위한 일념으로 야노스에서 뿜어나오는 뜨거운 상승 온난 기류와 산맥 위의 맹렬한 기류를 견뎌냈다. 페체이는 관절염으로 자꾸 무너져내리는 몸을 지탱하기 위해, 매일 아침 일어나자마자 1시간씩 마사지를 받아야 했다. 하지만 그는 고집스럽게 자전거에 올라타고는 가비오타스인들이 집과 식당, 수경재배 농장, 공장 사이를 자전거로 왕래하는 데 합류했다. 열흘이 지난 후 아우렐리오 페체이는 세상을 떠났다. 그는 진정한 희망, 수많은 사건들 속에서도 살아남은 희망, 일찍이 10년 전에 유명한 로마 클럽 보고서가 예견했던 그 희망이 놀라운 속도로 실현되고 있는 모습을 보고 죽게 되어 만족해하는 모습이었다.

〈성장의 한계(The Limits to Growth)〉라는 제목으로 1972년 로마 클럽에 의해 제출된 그 보고서는, 사업가·과학자·정치가로 이루어진 로마 클럽의 국제 회원들에게 "소비와 재생산의 문제에서 전 세계인이 집단적으로 자제하지 않으면, 인류는 한 세기도 못 가서 실제적인 생존이 불가능해질 것"이라고 경고했다. 그 보고서를 보고 환경주의자들은 박수를 보냈지만, 그 밖의 다른 그룹들은 맬서스주의적 공황론이라며 코웃음만 칠 뿐이었다.

그 보고서의 작성자들은 1992년에 엮은 《한계를 넘어서(Beyond the Limits)》라는 책에서 자신들이 틀렸다는 사실을 인정했다. 하지만 비방하는 사람들이 주장하듯 의미의 오류는 아니었다. 나중에 그들이 행한 계산과 컴퓨터상의 예측을 보면, 지난 20년 사이에 문명은 지탱할 수 있는 한계를 이미 넘어섰다는 사실을 알 수 있다. 특히 열대 지방에서는, 기근이 닥쳐오리라는 경고가 남아 있는 재화의 쟁탈전을 부추겼다는 증거가 있다. 이러한 부주의에서 생긴 결과가 1990년대에는 이미 전 세계적으로 퍼졌다. 농민들은 지력이 다한 땅을 버리고 대륙 전체에 점처럼 퍼지기 시작한 도시로 모여들기 시작했다.

20세기 중반 무렵, 페체이가 목도한 그런 희망을 발견할 가능성이 보이지 않을 정도로 고통을 겪은 국가인 콜롬비아는 인구의 3분의 2가 농촌에, 3분의 1은 도시에 있었다. 그런데 1990년대에는 세계적인 추세가 그렇듯 그 비율이 반대로 되었다. 한때 고고했던 수도 보고타는, 도시로 몰려드는 사람들이 산기슭에 기반을 잡을 때마다 마치 파도가 절벽을 때리듯이 안데스를 배경으로 솟아올랐다. 볼리바르 시의 인구가 200만 명이 되면서, 그곳은 세계에서 가장 큰 불법거주자 정착지로 선포되었다. 볼리바르 시는 보고타의 남쪽 옆구리쯤에 자리 잡은 옛 식민지인데, 스페인으로부터 남아메리카를 해방시킨 시몬 볼리바르의 이름을 따서 명명되었다.

상파울루와 리마, 멕시코시티, 마닐라, 라고스 등지의 대도시도 똑같은 황폐함을 드러냈다. 그러나 그렇다고 해서, 보고타만이 가지고 있는 문제가 간과되어서는 안 된다. 이제 폭력은 보고타 시를 수호하듯 내려다보는 두 개의 산인 과달루페와 몬세라트 정상까지 조금씩 밀고 올라왔다. 과달루페 정상에 있는 석고 성모상은, 마치 아래에서 올라오고 있는 위협에 절망하여 두 손바닥을 들고 있는 것처럼 보였다. 보고타 시민의 주된 사망 원인은 폭력이었다. 몬세라트의 채플 성지에서 순례자들을 수송하는 케이블카도 강도들의 습격을 받을 때가 많았다. 가비오타스 사람들조차 보고타 사무실 근처에서 거듭 공격을 받고 나서 어쩔 수 없이 대문의 빗장을 잠그고 무장 경비들을 배치시켰다. 하지만 그 경비들이 탄약을 지니고 있지는 않았다.

파올로 루가리가 산들을 가로질러 야노스를 처음으로 보았던 1966년에, 아직 보고타는 엄청난 액수의 마약 달러들을 세탁하기 위해 세워진 마천루로 막혀 있지 않았다. 그리고 사람들이 교통 체증으로 꼼짝도 못하는 차 안에서 핸드폰으로 사업을 할 정도로 값비싼 수입차들이 거리를 가득 메우지도 않았다. 이는 몇 년 후 콜롬비아 정부가 세계 자유무역을 포용한 데 따른 예기치 않은 결과였다. '새로운 세계질서(New World Order)' 아래 시장 개방이 본격화되기 전에, 그리고 마약 경제라고 알려진 콜롬비아 내부의 끔찍한 상처가 도지기 전에, 보고타는 27개의 대학교와 33개의 박물관이 있는 도시로 '아메리카의 아테네'라 불릴 정도였다. 청동색 안데스 산맥을 배경으로 펼쳐진 보고타는, 피커스 나무와 왁스 월계수가 줄지어 서 있는 동네에 박공 벽돌집들이 덩굴로 뒤덮인 품위 있는 지방 도시였다.

보고타 시의 바로 서쪽에는 보고타 강과 그 지류들이 퇴적시킨 기름진 충적토가 15만 헥타르나 펼쳐져 있었고, 그 위에는 채소밭과 목장이 있었다. 그런데 오늘날, 시 경계 밖에 있는 이 녹색의 고원 지대 거의 모든 곳에, 수천 개의 비닐 온상이 마치 흙 속에서 떠오른 거대한 수포처럼 자리 잡고 있다. 비닐 온상 안에는 플라스틱 화분에 담긴 관상용 화초가 자라고 있는데, 그것들은 상품성을 높이기 위해 끊임없이 뿌려대는 농약 속에서 자라나 근처에 있는 보고타 공항을 통해 매일같이 미국과 유럽, 일본 등지로 팔려나간다. 이제 보고타 강은 화학약품 폐수 웅덩이가 되어버려 2015년까지 수영이 금지되어 있다. 보고타 강은 화훼 단지의 일꾼들이 모여 사는 마을들을 뱀처럼 감싸며 흐르고 있는데, 수출용 국화와 장미에 물을 대느라 배수층이 깊숙이 줄아들어서 이 지역에 사는 사람들은 몇 주일씩 수돗물도 없이 지낼 때도 있다.

퇴락한 도시의 오래된 심장부에 아직도 남아 있는 붉은 기와지붕 너머 좋은 언덕길에서 내려다보면, 안개 속에 희미하게 반짝이는 몬세라트의 창백한 교회와 함께 보고타는 여전히 아름답다. 도시의 불빛들은 원래 정착지의 수백 배 넓이로 확장되어 고원지대 전체를 가득 채우는 성운처럼 보인다. 플라스틱 거품 같은 비닐하우스들은 도시의 서쪽 끝에서부터 질주하여 사라지는 성운처럼 반짝반짝 빛나고 있다. 그 아래에는 라틴아메리카에서 가장 기름진 흙이 묻혀 있다.

산맥 건너편의 반대쪽에는 어둠에 잠긴 야노스가 있다. 그곳은 4반세기 전에 가비오타스가 세상에 모습을 드러냈을 때보다는 사람의 손길이 미친 흔적이 다소 보이지만 여전히 사용할 수 있는 여지와 가능성이 있었다. 파올로 루가리가 거기에 가겠다고 놀라운 결심을 했을 때, 그는 그러한 가능성을 염두에 두고 있었다.

파올로 루가리는 1944년에 태어났다. 그는 포파얀이라고 하는 조용한 식민도시에서 자라났다. 그 도시는 남서 콜롬비아에 있는 눈 덮인 푸라세(Puracé) 화산 근처에 있었다. 그는 학교에 다니지 않고 집에서 아버지에게 공부를 배웠다. 아버지는 이탈리아의 변호사요, 엔지니어이자 지질학자였다. 그런데 콜롬비아를 방문했다가 열대가 너무나 마음에 든 나머지, 19세기 콜롬비아 대통령의 고종손녀와 결혼하여 아주 정착하게 되었다. 흰색의 건물들, 소용돌이무늬로 장식된 철 세공 그리고 자갈이 깔린 거리가 인상적인 포파얀은, 콜롬비아를 세운 여러 가문의 조상들이 살던 곳이었다. 루가리 가의 응접실은 정치가들과 외교관들로 가득 채워지곤 했다. 마리아노 루가리는 그들과의 만찬 자리에 어린 파올로도 함께 하도록 격려했고, 이따금씩 대화 중에 끼어들어 방금 들은 것을 루가리가 이해할 수 있도록 설명해주곤 했다.

파올로가 15세 무렵이던 어느 날 저녁, 루이 르브레 신부가 손님으로 초대되었다. 프랑스 해군 함장을 지낸 바 있는 그는 도미니카 수도회 소속 신부로서, 파리에 있는 경제·인문연구소에서 강의를 하고 있었다. 군사 독재가 끝난 직후, 르브레 신부에게 콜롬비아에 새로 들어선 민간 정부가 국가의 미래를 어떻게 인간적으로 개혁할 수 있을까 하는 문제에 대해 세미나를 해달라고 마리아노 루가리가 개인적으로 초청했던 것이다. 여러 나라 말을 하는 아빠가 통역해주는 동안, 파올로 루가리는 그 키 큰 사제가 디저트용 브랜디를 마시며 사람들에게 소크라테스식으로 질문하는 모습을 주의 깊게 바라보고 있었다. "발전이란 말을 어떻게 정의하시겠습니까?"

"1인당 포장도로가 얼마나 되느냐를 가지고 정의하겠습니다."라고 루가리의 삼촌이요, 그 당시 콜롬비아의 건설부 장관이었던 토마스 카스트리욘이 대답했다. 르브레 신부는 고개를 가로저었다.

"1인당 병상 수를 가지고 판단하겠습니다." 보건부 장관이 말했다. 르브레 신부는 다시 고개를 가로저었다.

재무장관이 국민 총생산량에 의해서라고 대답했을 때도, 국립은행장이 국가 재정을 기간 시설에 투자한 비율에 의해서라고 말했을 때도, 르브레 신부는 동의하지 않았다.

"발전이란" 마침내 르브레 신부가 입을 열었다. "사람들을 행복하게 해주는 것입니다." 여러 눈동자가 일제히 그에게로 쏠렸다. "길을 닦거나 공장을 세우는 데 자금을 쏟아붓기 전에, 국민들이 정말로 원하는 게 무언지 알아보아야 합니다."

파올로 루가리는 한 번도 학교에 다니지 않고 아버지에게서 공부를 배웠다. 그리고 대학교 입학시험들에 합격했다. 그는 탁월한 웅변가로 보고타의 국립대학교에서 열린 웅변대회에서 우승을 했고, 인터뷰를 잘한 덕분에 유엔 식량기구에서 극동지역의 발전상을 연구하기 위한 장학금을 받았다. 필리핀에 간 그는 공중보건시설과 하수처리장, 국제미곡연구소 등을 두루 둘러보았다. 그러고는 공식 일정에서 벗어나서, 사탕수수 폐기물로 동력을 일으키는 발전소에 머무는가 하면, 물소 목장에서 여러 주일을 보내기도 했다. 거기서 그는 짐수레, 트랙터, 비육우, 젖소, 황소 심지어 배로도 쓰일 수 있는 물소의 다양한 용도에 반했다. 그는 물소를 타고 철벅거리며 강을 건너면서 감탄해마지 않았다.

1965년 콜롬비아로 돌아온 루가리는 '초코'의 미래를 계획하는 위원회에 고용되었다. 초코란 콜롬비아 태평양 연안의 반 정도를 차지하는 열대 황무지이다. 언젠가는 초코 북부에 대서양과 태평양을 잇는 운하를 건설할 거라는 얘기가 있었다. 그 지역의 강들은 수심이 깊어서 해수면 높이의 운하 건설이 가능했는데, 이는 320킬로미터 북쪽에 있는 파나마 운하의 고질적으로 굼뜬 수문들에 비해 분명히 유리했다.

초코는 현재 세계에 남아 있는 가장 큰 열대우림 처녀지 중 하나이다. 거기에는 정글에 정착한 인디언 공동체가 여럿 있었고, 또 도망쳐 나온 흑인 노예의 후손들이 여러 세기 동안 살고 있었다. 루가리는 그들의 고향을 가로질러 초대형 유조선이 지나는 운하를 만드는 게 정말 훌륭한 생각인지 의문이 생기기 시작했다. 개발로 인해 정작 행복해지는 사람은 누구일까? 그리고 서로 분리되어 있던 대양의 물이 운하를 통해 흐르게 될 때 정글에는 어떤 영향을 미치게 될까? 루가리는 그가 작성한 보고서에서 다음과 같이 물었다. "두 대양을 연결하는 것과 우리 생태계를 보존하는 것 중 어느 것이 콜롬비아에 더 중요한가?"

루가리가 초코에서 일한 지 몇 개월이 지난 어느 날, 건설부 장관인 토마스 삼촌이 이 나라의 다른 편에 있는 황무지인 오리노코 야노스를 조사하는 여행에 함께 가자고 권유했다. 파올로는 비행기 타는 것을 싫어했지만 호기심이 생겼다. 10년 전인 1950년대 중반 무렵 군사정권은 그곳에 대한 계획을 세우기 시작했다. 거대한 대초원을 가로지르는 큰 길을 내려다가 중간에 그만둔 적이 있는데, 그것이 정부가 시도한 거의 유일한 사례였다. 그때 정부에서는 콜롬비아의 동부 지역인 그곳을, 10년 동안 계속된 두 정파 간의 살육전인 '라 비올렌시아'를 피해 온 난민들에게 개방하려 했던 것이다. '라 비올렌시아' 때문에 고지대의 풍요로운 커피 농장에서 서부로 쫓겨났던 많은 생존자들은 길도 없는 야노스를 떠돌게 되었다.

눈에 띄는 게 별로 없었다. 야생화와 커피 꽃으로 가득한 비옥한 안데스 경사지와는 달리, 태양빛에 검게 그은 평원에는 바싹 마른 작은 풀들과 차파로(Chaparro)라고 하는 납작한 나무 외에는 자라는 게 별로 없었다. 차파로는 대평원의 화재에 그을리는 것을 견디기 위해 스스로 두터운 나무껍질을 발달시켰다. 강변을 따라 형성된 야자 숲에는 말라리아 모기들이 들끓었으며, 8개월 동안 지속된 우기로 인해 여기저기 허물어진 잔디가 캐러멜색으로 부패되고 있었다.

거기에는 공사를 하다 만 채 내버려둔 오리노코 횡단 고속도로가 있었는데, 루가리의 삼촌은 그 공사를 재개할 의사가 없었다.

"볼 게 별로 없군." 삼촌은 광활한 목초지를 비행기에서 내려다보며 미안한 듯 말했다.

하지만 젊은 루가리의 생각은 달랐다. DC-3의 창문을 통해 내려다보이는 광활한 사바나는 어느 게 지평선이고 어느 게 초원인지 모를 정도로 황홀하게 맞닿아 있었다. 루가리는 거의 넋이 나갈 정도로 반해버렸다. 맥없이 흐르는 강의 지류들이 얼기설기 얽혀 있는, 네덜란드의 네 배나 되는 야노스는 그가 지금까지 다녀본 곳 중에 가장 인상적인 풍경이었다. 그는 꿈을 꾸기 시작했다.

오늘날 보고타에서 야노스로 향하는 길은, 안데스 산맥의 안개에서 빠져나와 산맥의 동쪽 경사지 아래에 있는 더위에 찌든 비야비센시오 농업센터를 통과하여 곧바로 뻗어가다가, 나른한 녹색 바다처럼 평평한 야노스로 빠진다. 그 좁은 아스팔트길은 아프리카산 오일 야자와 캐슈 나무 플랜테이션을 지나, 수척한 브라마 수소들과 이들 곁에 늘 붙어사는 해오라기들이 있는 목초지, 오렌지색 널빤지로 지붕을 올리고 흰 도료를 칠한 교외 간선도로변의 여관 그리고 작은 활주로들을 지나 좀 더 오래 계속된다. 파올로 루가리가 몇 달 전 비행기에서 본 것을 찾기 위해 남동생 파트리시오와 함께 녹색 랜드로버를 타고 출발한 지 30년이나 지난 후에도, DC-3들은 여전히 창백한 야노스의 하늘을 날며 화물과 기름을 정글의 전진기지에 수송하고, 또 지역의 야노스인들이 잘 알고 있듯이, 코카 가루를 가득 실은 채 돌아왔다.

그 길은 콜롬비아의 유명한 에메랄드 광산 주인들과 마약 밀매로 떼돈을 번 악명 높은 졸부들의 땅을 지나간다. 그 길은 논 속에 있는 거대한 은빛 민달팽이처럼 꿈틀대며 흐르는 메타 강(오리노코 강의 두 번째로 큰 지류) 위에 걸쳐진 긴 철교를 지난다. 몇 킬로미터 더 가서 무너져가는 포장도로가 끝나기 바로 직전, 오리노코 횡단로는 잠시 알토 데 메네구아(Alto de Menegua), 즉 기묘하게 아름다운, 침식된 석회암 지대를 닮은 붉은색의 작은 언덕을 따라 나 있다. 침식 때문에 드러난 노두의 꼭대기 근처에 있는 청동 토템은 지리적으로 콜롬비아 중심을 표시하고 있다. 이렇게 바퀴자국을 따라 야노스를 향하는 순례자들이 모두 그렇듯, 루가리도 여기서 잠시 차를 세우고 주위를 둘러보았다. 평원으로부터 겨우 30미터 높이에 있는데도, 거기에서는 가없는 사바나와 하늘의 절묘한 조화를 훤히 내려다볼 수 있었다.

여기에 서면, 안데스 연봉 가운데 하나인 거대한 암석이 오렌지빛 구름을 배경으로 남서쪽 지평선 위로 불쑥 솟아 있는 것이 보인다. 사실 그것은 적어도 열 배나 더 오래되었다. 120킬로미터가 넘는 길이에 1800미터 높이의 세라니아 데 라 마카레나(Serranía de la Macarena)는 선캄브리아기 가이아나 순상지의 일부가 섬처럼 남아 있는 곳으로, 50억 년도 훨씬 넘은 안정된 지각의 가장 서쪽 부분이다. 마카레나는 1942년에 있었던 식물군과 동물군에 대한 범아메리카회의의 조사 결과, 콜롬비아에서는 처음으로 생태학적 보존지역으로 채택되었다. 세계의 과학자들은 제2차 세계대전이 한창임에도 불구하고, 워싱턴 D.C.에 모여 그 지역을 보존할 수 있는 방법을 신중하게 논의했다. 그들은 1930년대 말 셸 석유회사의 탐사와 함께 시작된 일련의 현지조사 보고서를 보고 자극을 받았다. 그 보고서에 따르면, 야노스 풀밭에서 솟아올라 무성한 열대우림으로 띠를 두른 이 융기는 지구상에서 생물학적으로 가장 복합적인 장소일지도 모른다는 것이었다.

지질학자들은 남아메리카가 지구의 원래 땅덩어리에서 처음 떨어져 나온 대륙 조각이었을지도 모른다고 추측한다. 거의 9000만 년 전 지금의 아프리카에서 분리되었기 때문에, 그곳의 식물과 동물군은 지구상에서 가장 원시적인 형태일 거라는 예측이다. 그 후 북아메리카도 분리되어 나왔는데, 거의 500만 년 전 그것이 남아메리카와 합쳐진 지점에서 생태학적 교환이 활발히 진행되기 시작했다. 그 지점이 오늘날의 콜롬비아로서, 그 지형도는 이러한 만남을 이루는 데 아주 이상적이다. 콜롬비아는 적도에 걸쳐 있기 때문에 계절에 따른 온도 변화가 없다. 하지만 해수면으로부터 급격히 융기되어 있으므로 한 지역에서만도 열대에서 냉대에 이르기까지 기후대가 골고루 분포되어 있어, 거기에 발을 디딘 어떤 생물에게도 최적의 생태적 서식지를 제공한다.

그리하여 콜롬비아에는 전 세계에서 새의 종류가 가장 많으며, 식물류와 양서류는 두 번째로 많고, 파충류는 세 번째로 많다. 전체 종의 수로 보면 브라질이 더 많을 수도 있겠지만, 브라질은 콜롬비아보다 일곱 배나 넓다는 사실을 감안해야 한다. 그리고 아마존과 오리노코 강이 있는 콜롬비아에는 아프리카의 강을 모두 합친 것보다 강이 더 많고, 태평양과 카리브 해안 쪽에는 드넓은 해변이, 세 줄기로 분리된 안데스 산맥 사이에는 넓고 풍요로운 계곡이 있다. 이렇게 콜롬비아에 주어진 자연의 혜택은 세계의 부러움을 살 만도 하다. 이 나라의 정치적 혼란만 아니라면…….

남아메리카의 많은 지역이 침수되었던 지질시대 동안, 콜롬비아의 세라니아 데 라 마카레나는 고지를 찾아오는 생물 종들에게 자연스런 피난처를 제공해주면서 노아의 방주처럼 하나의 섬을 이루고 있었다. 시간이 지날수록 그곳은 안데스, 아마존, 가이아나 그리고 오리노코의 식물군과 동물군의 보고가 되었다. 그리하여 콜롬비아는 갖가지 생물들과 그 지방 고유의 종이 고도로 밀집되어, 단위면적당 세계에서 가장 다양한 생태계를 가지게 되었다. 맥, 안경곰, 하얀 입술에 목에 색띠를 두른 멧돼지, 거대한 아마딜로, 스라소니, 범고양이, 남미산 너구리, 큰 들쥐, 큰 수달, 민물 돌고래, 각종 악어, 여덟 가지 영장류, 전 세계 난초 종의 반 이상, 그리고 1780종이라고 알려진 콜롬비아 새 종류의 4분의 1 이상이 마카레나에 살고 있다.

루가리 형제는 덜컹거리는 랜드로버를 타고 마카레나를 지나가면서 야노스 전역에서 온갖 형태의 동물을 볼 수 있었다. 마자마 사슴이 광활한 사바나를 우아하게 달려가고, 커다란 털보 팜 개미핥기가 어기적어기적 기어가고 있었다. 강변에 서 있는 모리체 야자나무 사이에서 퓨마가 뛰어나와 드넓게 펼쳐져 있는 평원을 휙 지나, 다른 편 강변의 덤불로 사라져버리기도 했다. 어떤 때는 길에서 마주친 아마딜로, 가시털돼지 그리고 몇 종류의 육지 거북들을 피해 랜드로버를 활강 경기하듯 몰고 가기도 했다. 그 당시 메타 강에는 다리가 없었다. 그들이 강가에서 나룻배가 출발하기를 기다리는 동안 목격한 동물들을 크기순으로 정리하면 다음과 같다. 진흙투성이의 강둑을 따라 땅을 헤집고 있는 로덴트(남미산 설치류)의 행렬, 토끼 크기의 파커 두 마리, 스패니얼 개만한 아구티(남미산 들쥐) 그리고 세 마리의 카피바라(최대 크기의 남미산 설치류) 가족 등이다. 큰 카피바라는 무게가 40~50킬로그램은 족히 될 법했다. 저어새와 진홍빛의 따오기가 물줄기를 따라 위아래로 퍼덕거리며 날고, 악어들이 물에 빠진 마상이 위에서 졸고 있었다. 파올로는 자꾸 왱왱거리며 물어대는 모기와 발밑으로 스르르 미끄러져 내려가는 새끼 아나콘다에 질려, 결국 술 취한 사공을 설득하여 대신 나룻배를 젓겠다고 나섰다.

뱃사공은 '라 비올렌시아' 바로 직후에 야노스에 도착한 사람이었다. 그는 루가리 형제에게 방금 잡아 피투성이인 맥의 살덩이와 어린 재규어의 점박이 가죽을 사라고 내놓았지만, 형제는 거절했다. 강 건너에 내린 그들은 연못만한 웅덩이에 비친 구름을 밟아 흩트려가며 어둠 속을 헤쳐나갔다. 랜드로버는 온통 붉은색 황토로 얼룩져 있었고 유리창에는 벌레들이 덕지덕지 붙어서 바깥이 거의 내다보이지 않을 정도였다. 그들 주위의 평평해진 세상은 대략 서너 가지의 기본 색조들로 구분되었다. 붉은 황토색, 빗물에 씻긴 초원의 연두색, 작은 회오리바람처럼 야노스를 가로지르며 소용돌이치는 메뚜기 떼의 자주색 그리고 내내 그들을 쫓아다니던 벼슬 달린 카라카라(멕시코매)의 무딘 황금색 발톱……. 인디언들이 사는 말로카(짚으로 만든 인디언 집) 바깥의 나뭇가지에 걸려 있는 빨간 셔츠라든지, 밀짚모자를 쓴 채 구렁말을 타고 바삐 지나가는 야노스 주민의 펄럭이는 푸른 판초와 같이 언뜻 눈에 띄는 강렬한 원색이 주위와 묘한 대비를 이루었다.

'라 비올렌시아' 전에 이 지역의 주된 거주자는 유랑민인 과이보 인디언들이었다. 그들은 실처럼 가는 오리노코 강의 지류들을 돌아다니며 마치 암범처럼 작살로 물고기를 잡고, 독화살로 사냥하며, 야생 카사바와 기름기 많은 야자 콩을 채집하면서 살고 있었다. 그때 정부에서는 "사람이 살지 않는 땅을, 땅이 없는 사람에게 준다."는 슬로건을 내걸고, 난민들에게 산을 넘어 외딴 동부지역으로 이주하라고 격려하기 시작했다. 백인 정착자들이 가축을 몰고 여기저기 드문드문 들어오면서, 과이보들은 자기들 주위가 점점 울타리로 둘러쳐지는 것을 보게 되었다.

원래 과이보들에게는 토지의 소유라는 개념이 없었다. 한동안 그들은 반짝반짝 빛나는 철삿줄로 된 울타리를 무시했다. 그들에게는 그게 당연했던 것이다. 그러고는 활과 화살을 들고, 새로 이사온 백인들 소유의 유순하고 살진 송아지를 잡기 위해 돌아다녔다. 파올로 루가리가 50킬로미터를 지날 때마다 타이어를 갈아끼우며 처음으로 오리노코로 향하는 육로 여행을 감행하던 무렵, 아라우카 지역에 살고 있던 백인 거주자들은 인디언들의 이런 행동에 대해 더 이상 참을 수 없다고 생각하게 되었다. 그들은 60명 남짓 되는 인디언들을 연회에 초대해서는 구운 수송아지와 여러 가지 뿌리열매들을 대접했다. 식사 중에 그들은 느닷없이 피스톨과 정글 칼을 꺼내들고 인디언들을 죽여 시체를 태워버린 다음, 아무 일도 없었다는 듯 식사를 계속했다. 과이보들이 남의 울타리 안에 있는 송아지 잡아먹는 것을 아무렇지도 않게 생각하듯, 백인들도 인디언 죽이는 것을 아무렇지도 않게 생각했던 것이다.

랜드로버가 어느 말로카 근처에서 진창에 빠졌을 때, 그곳에 살고 있는 과이보 가족은 루가리 형제에게 메기와 카사바를 대접했다. 그들은 피의 연회 이후 다른 사람 소유의 소는 잡아먹지 않는 거라는 교훈을 확실하게 배우기는 했지만, 이제는 궁지에 몰린 짐 승들처럼 살고 있었다. 울타리들 때문에 조상 대대로 이어져왔던 사냥길이 이리저리 막히자 마치 물이 말라버린 오래된 저습지가 철새들에게 영향을 미치듯이, 주기적으로 이동하던 유목민들은 공 간 감각을 잃고 혼돈에 빠졌다. 과이보인들의 거주지가 가시 철망 으로 더욱 단단히 둘러싸이자 그에 따라 사냥감도 줄어들었다. 그 들에게는 농업 기술도 없고 정착지에서 머물러 사는 전통도 없었 기 때문에 시간이 지나면서 점점 더 영양실조와 기생충 감염으로 고생하게 되었다. 야노스의 가없는 하늘 아래 자유롭게 떠돌아다 닐 수 없게 된 그들에게는 두 가지 나쁜 선택밖에 남아 있지 않았 다. 강가에 말로카를 짓고 거기에 서식하고 있는 말라리아 모기를 참고 견디며 살든지, 아니면 척박하고 물도 없는 황량한 사바나에 서 살든지 하는 것이었다.

파올로는 "당신들에게는 우물이 없소?" 하고 물어보았다. 그러자 과이보들은 손으로 판 아주 얕은 구덩이를 보여주었다. 모리체 들 통으로 끌어올린 물에서는 고약한 냄새가 났다. 거기에 의사가 온 적은 한 번도 없었다. 그리고 가장 가까이 있는 학교라곤 오래전 부터 수녀들이 운영하던 수도원에 있는데 그나마도 남쪽으로 몇 시간을 걸어가야 했다. 더군다나 그들은 수녀들을 무서워했다. 이 렇게 찜통 같은 동부 평원은, 보고타나 메데인 같은 고지대 도시 혹은 칼리의 번성하는 서쪽 계곡에서 볼 때 너무 먼 데다 접근하 기도 힘들었다. 따라서 거기 살고 있는 인디언이나 개척자들에게 정부의 영향이나 통제는 거의 없는 것이나 마찬가지였다. 대신에

게릴라들이 점차 권력의 부재를 메워주고 질서도 어느 정도 유지시켜주었다.

루가리 형제가 처음 그곳을 여행할 때는 야노스를 반쯤 가로질러 달리면서도 게릴라들과 마주치지 않았다. 그런데 몇 년 후 여행자들이 그 길을 지날 때는 게릴라들의 방책과 검문소를 맞닥뜨릴 때가 많았다. 그 반란군들은 가비오타스에 있는 대나무 숲으로 둘러쳐진 공유지를 단기적으로 점유하곤 했다. 게릴라는 '라 비올렌시아' 동안에 분노한 농민들로 결성되었다. 그들은 서로 싸우고 있는 정당의 귀족 정치가들에게 자신들이 손쉬운 먹잇감밖에 되지 않는다는 것과 그 정당들, 즉 자유당과 보수당의 근본이 다를 게 별로 없다는 사실을 깨닫게 되었다. 1950년대 말 이들 지배자들이 30만 명이나 되는 사상자를 내면서 10년 동안 싸운 것은, 자신들의 권력과 토지를 위해서였을 따름이라는 사실이 명백해졌다. 지평선 너머 타오르는 쿠바 혁명의 열기에 힘입어, 그동안 미미했던 콜롬비아 공산당은 분노에 타오르는 지지자들을 갑자기 많이 얻게 되었고, 이로 인해 콜롬비아무장혁명군(FARC)이 탄생했다.

그 후 초기 게릴라의 자녀들(지금은 손자녀들)이 대를 이어 총대를 메고 있는 데다 도시 빈민과 원주민들 사이에서 또 다른 게릴라 부대들이 생겨났다. 주로 농촌 지역을 근거지로 하고 있는 콜롬비아무장혁명군은 전국적으로 1만에 이르는 부대가 퍼져 있다. 이들의 중심 사령부는 세라니아 데 라 마카레나 국립공원 가까이에 자리 잡고 있고, 동부 사단의 본부는 사실상 그 안에 있다.

여기에는 전략적인 이유가 있다. 사실상 침투가 불가능한 마카레나는, 보고타까지 차로 하루밤에 걸리지 않는다. 그곳은 동식물의 종이 놀라울 정도로 많을 뿐 아니라 수많은 사람의 피난처가 되고 있다. 이웃에 있는 야노스의 이주민들처럼, 그들도 인가된 테러를 피해 무상의 땅을 찾아 이곳에 왔다. 혹은 부유한 지주들에게서 몇백 헥타르를 빼앗는 모험을 하기보다는 무방비 상태의 자연보호구역을 침략하는 게 훨씬 쉽다고 여긴 토지개혁 관리들이 보내서 오기도 했다. 그들은 조직적으로 나무를 베고 태워서 길을 내며 들어갔다. 한두 번 수확한 후에 척박한 열대의 토양이 고갈되면, 점점 더 깊이 그리고 멀리 마카레나로 들어갔다.

이런 일은 서른두 개나 되는 콜롬비아의 거의 모든 국립공원에서 벌어지고 있었다. 하지만 정부가 불법 거주자들을 말리지도 않았고 또 그럴 생각도 없었기 때문에, 게릴라들이 정글의 법칙에 따라 사실상의 정부 역할을 하면서 그 상황을 이용했다. 콜롬비아무장혁명군은 자신들이 지역민들의 정서를 보호할 뿐 아니라, 이 진기한 자연의 보고를 지키고 있다고 주장하면서 국제 환경주의자들의 지원을 요청했다. 그리하여 처음으로 어류 생태학자들이 번식기 동안 메타 강 같은 데서 예인망 어획을 금지시키는 데 성공했다(설득력 있는 것으로 알려진 그들의 시행 방침에는, 만약 밀렵자가 발견되면 자신의 그물을 뒤집어씌워 강물에 내던지는 것도 포함되어 있다).

하지만 콜롬비아무장혁명군이 '에리트록실럼 코카(Erythroxylum coca)'라고 하는 키 큰 연녹색 관목을 키우기 위해 숲을 깎아내는 이주민들을 옹호했기 때문에, 환경보호와 관련하여 그들에 대한 신임은 약화되었다. 콜롬비아무장혁명군 측에 따르면, 거기에는 포장도로가 없기 때문에 카사바나 바나나 같은 작물은 시장에 도착할 무렵이면 상해버리지만, 코카는 가루로 만들어 포장하여 나귀에 싣고 가면 아무런 손상도 입지 않기 때문이라고 했다. 이러한 주장에도 일리는 있다. 하지만 스스로 부자가 된 데다가 자신들이 통제하는 지역에서 생산된 코카가 선적될 때마다 10퍼센트의 세금을 거둬들임으로써 콜롬비아무장혁명군이 타락했다는 정부의 주장에도 일리가 있다.

이제 야노스의 남쪽까지, 콜롬비아의 정글에는 불법 작물이 수만 헥타르 심어져 있다. 미국이 재정을 지원하는 마약 근절 프로그램으로 인해 이곳 열대수림은 곰보투성이가 되어가고 있다. 비행기들이 코카 재배지 위로 고엽제를 살포하는가 하면, 코카를 키우는 농부들이 계속 이동하면서 숲을 태우는 바람에 그리 된 것이다. 아메리카대륙의 교차지점에 자리 잡은 콜롬비아의 지리적 이점은 생태학적으로 볼 때 은총이기도 했지만, 이곳과 이웃인 페루와 볼리비아에서만 볼 수 있는 마약성 식물을 반출하기 위한 안성맞춤의 장소가 되기도 했다.

그런데 야노스에서는 흙이 너무나 척박해서 코카조차 키울 수가 없었다. 파올로 루가리는 세라니아 데 라 마카레나처럼 자원이 풍부한 장소에는 전혀 마음이 끌리지 않았다. 랜드로버가 콜롬비아의 거대한 동부 광야를 헤쳐나가는 동안, 그의 잠재의식 속에 하나의 비전이 점점 자라나고 있었다. 그 비전에는 언젠가 세계 인구가 넘쳐났을 때 지상의 가장 척박한 지역에서 사는 법을 배워야 할 거라는 육감도 포함되어 있었다.

그런데 어디에서? 초코에서의 경험으로 볼 때 열대우림과 과밀 인구는 어울리지 않는다는 생각이 들었다. 남아메리카만 하더라도 야노스같이 관개가 잘 되고 거의 비어 있는 사바나가 2억 5000만 헥타르나 되었다. 언젠가, 앞으로 폭발적으로 증가하는 인구를 수용할 수 있는 곳은 사바나밖에 없다고 그는 확신하게 되었다. 그는 야노스야말로 지구상에서 가장 빠르게 포화되는 곳인 열대 지역을 대신하여 이상적인 문명을 펼치는 데 가장 완벽한 환경이라고 결론지었다.

후에 루가리는 사람들에게 말하곤 했다. "사람들은 가장 편리하고 풍족한 곳에서 사회적 실험을 하곤 했습니다. 하지만 우리는 가장 힘든 곳을 원했지요. 여기서 무언가 이루어낼 수 있다면 세계 어느 곳에서도 해낼 수 있을 겁니다."

반대하는 사람은 아무도 없었다. 그렇다고 해서 희망을 가진 이도 없었다. 야노스는, 야노스 원주민 음악가들이 끝없는 광야에서의 삶이 얼마나 처절할 수 있는가를 노래하는 데 영감을 주는 것 외에는 별로 쓸모가 없었다. 생물학자들은 이 지역이 3만 년 전쯤에는 아마존에 이어진 열대우림 가운데 나 있는 빈터의 일부였다고 한다. 그 후 바람에 의한 기후 변화가 새로운 생태적 변화를 만들어냈고 북동쪽 바다 위에서 형성된 무역풍이 내륙으로 불면서, 번갯불에 의한 자연발화가 산림이 다시 생성되는 것보다 더 빠른 속도로 정글을 태웠던 것이다. 지역 민속에 자주 등장하는 주제이자, 화재로 단련된 외로운 차파로 나무인 '쿠라테야 아메리카나(Curatella americana)'를 비롯한 몇몇 나무들만 적응할 수 있었다. 다른 식물들은 척박한 열대 토양 아래 살아남기 위해 알뿌리를 발달시킨다든지 하는 다양한 전략을 취했다. 정글은 대부분 남쪽으로 물러나고, 그 자리에는 생육주기가 짧고 영양이 부족한 사바나 풀들이 바람에 의해 널리 퍼져갔다. "이곳은 거대한 젖은 사막에 지나지 않습니다." 루가리는 계속 이런 소리를 들었다.

훗날 그는 "사막이란 상상력이 고갈된 상태일 뿐입니다. 가비오타스는 상상력이 만발한 오아시스입니다."라고 대답하곤 했다.

❧

길 떠난 지 이틀 내내 루가리 형제는 300킬로미터 가까이 여행했다. 타이어도 네 개나 찢어졌다. 그렇게 오래 달리는 동안에도 길은 하나도 없었다. 이따금씩 앞서간 대담한 자동차들이 남긴 진흙 자국만 말라버린 채 남아 있을 뿐이었다. 그들은 항공사진과 태양으로 방향을 가늠했으며, 오후에 해가 회색빛 하늘 아래로 사라지면, 메타 강 경계에 있는 숲이 우거진 지평선을 따라 달렸다. 자칫 종려나무 늪에 랜드로버가 빠지기라도 하는 날엔 모기밥 신세를 면치 못하니 너무 가까이 가지 않으려 조심하면서……

언젠가 천으로 지붕을 씌운 2톤 트럭이 뒤에서 덜커덩거리며 달려와서는 사바나를 헤치고 나아갔다. 혜성 꼬리 같은 붉은 먼지가 앞을 가렸다. 모래먼지가 잦아들면서 그 트럭도 시야에서 사라져버렸다. 2시간 후에 그들은 또다시 트럭과 마주쳤는데, 트럭은 부서진 바퀴 덮개에 의지해 기울어져 있고, 바퀴 하나가 부러진 차축에서 떨어져 나와 있었다. 조금 더 가다 보니 그 트럭의 운전수가 있었다. 그는 베네수엘라인으로 보고타와 베네수엘라 경계선의 중간쯤에서 이렇게 불운을 당한 것이었다. 그는 푸에르토아리메나라고 하는 변경의 식민지에서, 자기들이 건너야 할 마지막 강가에 주저앉아 나룻배 사공과 아구아르디엔테(Aguardiente, 스페인산 막소주)를 마시고 있었다.

아리메나는 군사정권이 야노스에 세운 계획의 중심부였다. 연구자들은, 4월부터 10월까지 우기의 최고 정점에는 남쪽 인근의 땅이 범람해 그 물이 오리노코에서 아마존까지 흘러간다는 사실을 관찰했다. 분명 야노스를 개방코자 하는 정부의 계획은, 바로 여기에 남아메리카의 북쪽에서 가장 큰 두 강을 연결하는 운하를 건설하는 것이었다. 그렇게 되면 푸에르토 아리메나는 카리브 해와 남대서양을 잇는, 내지의 수로에 있는 무역항이 되는 것이다.

이 거대한 계획에 오리노코 횡단 고속도로 건설이 덧붙여졌다. 루가리 형제가 과거에 도로였을 것으로 보이는 희미한 흔적을 따라 아리메나를 덜커덩거리며 달리고 있을 때였다. 외로운 농장 노동자들의 숙소로 쓰이던 오두막집 여섯 채가 나타났다. 고속도로 건설공사에 소속되어 일하던 그들은 아마도 생전 처음으로 봉급을 받아가며 일했을 터인데 그것도 도중에 끝나고 말았다. 어느 날 공사 감독이 떠나서는 다시는 돌아오지 않았던 것이다. 남아 있는 것이라고는 도로가 곧 완성될 것이라고 쓰인 녹슨 표지판과 대나무 막대기에 축 처진 채 매달려 있는 너덜너덜한 콜롬비아 국기밖에 없었다.

루가리 형제는 줄줄 새는 208리터짜리 드럼통 위에 통나무를 깔고 못을 박아 고정시킨 나룻배를 타고 강을 건넜다. 타이어와 발목 주위로 물이 철퍼덕 튀겼다. 뱃사공은 뗏목 가에서 냄새를 맡고 있는 피라니아(짐승이나 사람을 습격하는 남미산 물고기)를 가리키며 차 안에 들어가 있으라고 했다. 일단 육지에 도착하자 그들은 오리노코로 향한 곳에 엘비차다(el Vichada)라고 알려진 1000만 헥타르 가량 되는 드넓은 공터로 들어섰다. 비차다는 파올로 루가리의 목적지였다. 특별한 것은 하나도 없었다. 하지만 높고 날카로운 소리를 내는 댕기물떼새 수백 마리 사이를 달리다 보니 점점 기분이 좋아졌다. 댕기물떼새는 요란한 깃털 장식을 한 새이며, 원주민들이 집 지키는 개처럼 가정에서 키우고 있었다. 여기선 더 이상 백인 정착민들이 보이지 않고, 모리체 야자 잎으로 사면 벽을 둘러싼 과이보 말로카들만 보였다.

그들은 새 떼 속을 헤치며 풀밭을 나아갔다. 새들의 광시곡이 아니었다면 단조롭기 짝이 없는 길이었다. 꼭대기에 장식을 한 노란 머리 카라카라, 휘파람을 부는 왜가리, 회색 매, 화려하게 장식한 매독수리, 사바나 독수리, 갈고리부리를 한 솔개 그리고 검고 노란 꾀꼬리들……. 꼬리 끝이 갈라진 딱새들이 길고 우아한 꽁지 깃털을 늘어뜨린 채 그들 얼굴에 바짝 붙어서 랜드로버와 나란히 날았다. 오후의 태양이 모든 새의 깃털과 풀잎의 넓적한 부분을 황금빛으로 물들여 마치 장식장의 돋을새김과 같은 연출을 보여주고 있었다. 멀리서 무언가가 나타났는데, 낮고 어둡다는 것만 알 수 있을 뿐 형체는 분명하지 않았다. 파올로가 그것을 향해 달렸다. 땅이 너무나 평평했기 때문에, 달리는 내내 눈앞에 두고도 1시간이나 지나서야 겨우 그 앞에 도착할 수 있었다.

그것은 두 채의 기다란 콘크리트 창고로 잡초가 가득했다. 도로 건설 캠프의 창고로 사용되다 방치된 건물이었다. 그것은 사산된 야노스 횡단 고속도로의 중간 지점인 듯했다.

"자, 여기다." 파올로가 동생에게 말했다.

"어디?" 파트리시오가 운전용 보안경을 닦고 얼굴에 덕지덕지 붙어 있는 먼지를 떼어내면서 물었다. 그는 당황하여 주위를 둘러보았다. 스물세 살의 파트리시오 루가리는 이미 무역업으로 돈을 벌고 있었다. 여동생은 법대 대학원에 다니고 있었다. 그런데 파올로는 이 황무지에서 무엇을 계획하고 있단 말인가? 창고의 슬레이트 지붕은 단지 몇 군데만이 손상되지 않은 채 남아 있었다. 대상림의 작은 풀숲을 제하고는 사방이 온통 풀로 둘러싸여 있었다.

그러는 동안 파올로는 활기가 넘쳤다. 이 건물들은, 그것들을 공중에서 본 이래 그의 마음에서 떠나지 않던 생각을 형상화할 뼈대가 되었다. 이렇게 척박하고 사람이 살 수 없을 것 같은 땅에서 번성하게 될 공동체의 첫 번째 구조물이 될 것이다.

그는 나중에 이렇게 생각한 것을 후회했는데, 낡은 건물을 개조하기보다는 새로운 건물을 짓는 게 비용이 덜 들 때가 많다는 것을 배웠기 때문이다. 어쨌든 지금 루가리는 그가 그리던 곳에 돌아왔다. 그들이 쌩쌩 불어오는 대초원의 바람을 음미하면서 랜드로버에 기대어 서 있을 때, 작은 노랑부리제비갈매기 세 마리가 날아왔다.

"저 나무들 너머에 틀림없이 물이 있어." 파올로가 말했다.

"어떻게 알지?"

그는 새들을 가리켰다. "강갈매기야, 가비오타스지."

❧

호르헤 삽은 보고타에 있는 안데스 대학교의 기계공학과 학과장이었다. 어느 금요일 오후, 그는 기본 설계에 관한 강의 시간에 학생들에게 실용성 있는 유원지 설계도를 월요일까지 제출하라는 과제를 내놓고, 자신도 책상에 기대어 서서 스케치북에 그 문제를 한가롭게 풀어가고 있었다. 바로 그 주일에 입학한 학생들은 이 과제를 받고 끙끙거리고 있었다. "교수님, 우리는 아직 설계법도 배우지 않았는데요?" 하고 한 여학생이 항의성 질문을 했다.

"좋아, 나는 자네들을 내가 옳다고 생각하는 방식으로 오염시키지 않았네. 뭐든지 자유롭게 생각해." 또 다른 불만의 소리가 터져 나오려 하자, 그는 손을 들어 진정시켰다. "덧붙여 말하자면, 바로 이것이 자네들이 이 시간에 배울 가장 중요한 학습이라네."

여기저기서 고민하는 눈길들이 교수에게 쏠렸다. 삽 박사는 학생들의 불안감을 가라앉히기 위해 예를 하나 들어 설명해준다. "믹서는 어떻게 작동하는가?" 그가 질문했다.

학생들이 전동자가 어떻게 전자기 극 사이에서 도는지 잠시 설명하자 교수가 끼어들었다. "그보다도, 정작 그것을 작동시키는 게 무엇인지 말해보게." 이렇게 설명이 시작되자, 그 시간이 끝날 무렵 칠판은 여러 가지 다이어그램으로 가득 차게 되었다. 빙글빙글 돌아가는 믹서 날에서 시작하여, 동 코일에 흐르고 있는 전기의 원천으로, 물을 응축시켜 수력 발전기를 돌리는 데 필요한 태양열 용량의 산출로, 그리고 빛을 방사하는 태양 표면의 핵융합 반응으로, 마침내는 태양과 별들의 기원에까지 거슬러 올라갔다.

호르헤가 1시간 동안 이 다이어그램에서 저 다이어그램으로 종횡무진 옮아가는 것을 보고 난 학생들은 이제 기진맥진해 보였다. 호르헤는 수업을 마치면서 "나무를 보지 말고 숲을 보게. 이해하려고 애쓸수록 가능성이 보일 걸세." 하고 충고해주었다.

보고타에서는 아주 드물게 날씨가 맑아, 연구실 창문을 통해 서쪽으로 300킬로미터쯤 떨어져 있는 네바도 데 루이스 화산을 하얗게 덮고 있는 부분이 어슴푸레 빛나는 게 보였다. 삽 박사가 잔디 언덕으로 산책하러 나가려고 할 때 누군가 연구실 문을 두드렸다. 대답하려고 입을 여는데, 키가 크고 건장한 젊은이가 옅은 카키색 재킷을 입고 연구실로 들어왔다. 그는 손을 내밀면서 의자에 앉았다. 그러고는 자기를 소개하는 대신 질문을 했다. "맞는지 틀리는지 대답해주십시오. 1미터 높이에서 물줄기를 떨어뜨려서 전기를 발생시킬 수 있는 터빈을 만들 수 있습니까?"

그 낯선 젊은이는 삽 박사의 책상에 팔꿈치를 세우더니 손으로 수염이 덥수룩한 턱을 받치고 앞으로 기대었다. 어디선가 본 얼굴이다. 거침없이 들어왔으면서도 비위를 맞추는 듯한 느낌이 들었다. 삽 박사는 턱수염을 문지르면서 잠시 생각한 후 "만들 수 있소." 하고 대답했다. "그런데 그걸 왜 묻습니까?"

그때 앞에 서 있는 이 사람이 누군지 생각났다. 파울로 루가리다. 신문에서 보았던 것이다. 필리핀에서 돌아오자마자 보고타 근처의 아주 멋지고 오래된 마을 과타비타가 연방 댐 계획으로 수몰되는 것을 막기 위해 전국적으로 대대적인 캠페인을 주도한 사람, 저명한 이탈리아인의 재주덩어리 아들이었던 것이다. 루가리가 그 일에 관여하기 시작할 때 그 전력회사는 이미 모든 집들, 심지어 성당까지 사들인 터였고, 한창 시멘트를 들이붓고 있었다. 언론이 지원사격하는 가운데 행한 격렬한 연설에서 루가리는 역사적인 장소를 사들였다고 해서 파괴할 권리는 없다고 선언했다. 마침내 정부는 물러섰고 이제 과타비타는 사람들이 많이 찾는 관광 명소가 되었다.

최근에 호르헤는 루가리가 초코에서 일을 마쳤다는 소리를 들은 적이 있다. 일전에 몇몇 미국 평화봉사단 단원들이 삽 박사의 집에서 식사를 함께 하면서, 이 말하기 좋아하고 유난히 활기찬 파올로 루가리가 자기들을 데리고 다니면서 콜롬비아의 여기저기를 관광시켜주었다고 이야기한 바 있었다.

"가비오타스로 오십시오. 보여드릴 게 있습니다." 루가리가 삽 박사에게 말했다. "내일 당장!"

"어디로 오라고요?"

"와보시면 압니다."

다음에 파올로는 콜롬비아 국립대학교 농화학부의 토양화학자인 스벤 제텔리우스 박사를 찾아갔다. 제텔리우스는 스웨덴 대사의 아들이었다. 대사는 루가리의 부친처럼 콜롬비아에서 외교 임무가 끝났는데도 비교적 권태로운 유럽으로 돌아가지 않고 있었다. 야노스를 처음 다녀온 지 얼마 되지 않아 루가리는 제텔리우스가 열대 지방에 대하여 도발적인 강의를 하고 있다는 소리를 들었다. 그는 국립대학이 시위로 문을 닫지 않는 날에는 매일 저녁 그 강의를 들으러 갔다.

나이 지긋한 그 화학자는 키가 크고 염소수염을 기르고 있었다. 그는 어렸을 때 스코틀랜드로 공부하러 갔다가 즉시 돌아왔다고 했다. "유럽은 너무 조직화되었다." 그는 학생들에게 말했다. "나는 화석화된 질서가 없는 곳을 원한다. 바로 정글이지. 이곳에는 모든 것을 이미 개발해버린 선진국에 비해 수백 배 이상의 자원이 있다. 콜롬비아는 자네들이 원한다면 무엇이든 될 수 있다네."

루가리는 그도 자기와 같은 이상주의자임을 알아차렸다. 어느 날 오후, 루가리는 제텔리우스 박사의 연구실로 찾아가, 자기는 야노스의 버려진 고속도로 캠프와 그 주변을 둘러싸고 있는 1만 헥타르의 땅을 발견했고, 또 그 땅에 대한 권리가 있다고 설명했다. "거기에 무얼 심으면 좋겠습니까?" 하고 루가리가 물었다.

제텔리우스 박사는 가비오타스 주위와 땅은 표토의 깊이가 2센티미터밖에 안 되고 아주 산성화되었으며 어떤 곳은 알루미늄 독성으로 가득하다고 설명하면서, "아무것도 심을 수 없을 걸세. 솔직히 말해 그 땅은 콜롬비아에서 가장 척박하다네. 사막과도 같지." 하고 대답했다.

"저도 그렇다고 들었습니다. 하지만 보십시오. 사막이란 상상력의 결핍에 지나지 않습니다. 그것을 다른 흙이라고 상상해보십시오. 언젠가 땅을 원하는 콜롬비아인들은 아마존 숲을 태워버리든지, 초코에 가서 똑같은 일을 저지르든지, 혹은 야노스로 이주해오든지 셋 중의 하나를 선택하게 될 겁니다. 만약 우리가 이 나라에서 가장 자원이 고갈된 지역에서도 살아남을 수 있다는 것을 보여준다면, 국민들은 어디에서든 살 수 있을 겁니다." 하고 파올로가 주장했다.

"우리라고 했나?"

"생각해보십시오. 가비오타스는 살아 있는 실험실이 될 수 있습니다. 평화봉사단이 구미의 환경에서 개발하여 모두에게 가르치려드는 모델이나 기술에 의지하지 않고, 근본적으로 열대의 풍토에 맞는 우리 나름의 문명을 세울 수 있는 기회가 될 것입니다."

제텔리우스는 고개를 끄덕이기 시작했다.

"제3세계에 의해, 제3세계를 위한 것이 만들어지는 겁니다. 무슨

소린지 아시죠? 미국이나 유럽에서 해결책을 들여온다면 그들의
문제점까지 들여오게 마련입니다."

제텔리우스는 바깥을 응시했다. 시위대가 콘크리트 광장에 다시
모여들고 있었다. 메가폰 소리가 들리더니 곧이어 최루탄이 날아
다녔다. 그는 창문을 닫았다. "맞아. 그러잖아도 콜롬비아에는 차
고 넘칠 정도로 문제가 많아."

✿

가비오타스를 처음으로 둘러본 호르헤 삽은, 오리노코의 지류들
이 너무나 완만하게 흐르는 나머지 거의 흐르지 않는 것처럼 보이
는 게 문제라는 사실을 발견했다. 그런데 그것은 틀림없이 지하수
면이 비교적 표면 가까이 있다는 것을 의미하기도 했다.

"사바나 전체가 신선한 물의 바다 위에 떠 있습니다." 루가리가
힘주어 말했다. "우리는 그것에 도달할 수 있는 방법만 찾으면 됩
니다."

"알았네." 삽이 말했다. "나는 우선 여기서 1킬로와트짜리 소형
터빈을 만들어 작동시킬 수 있다고 생각하네. 두 개가 될 수도 있
겠지. 당장은, 적어도 우기 동안 불을 켜는 데는 그것으로 충분하
지. 여름에 수위가 너무 낮아진다면 디젤 발전기가 필요할 거야."

"가능하다면 바깥에서 연료를 끌어들이고 싶지 않습니다. 그래
서 박사님을 찾아온 겁니다. 되도록 자급자족할 수 있으면 좋겠습
니다."

"그것이 우리 목표지. 하지만 지금 당장은 불가능해. 그리고 어

찌되었건 간에 식수와 관개에 쓰일 물을 끌어올리기 위해서는 1킬로와트 이상의 동력이 필요하지. 펌프에 대해서는 내게 아이디어가 있기는 하네만⋯⋯."

한꺼번에 쏟아져 들어오는 생각들 때문에 호르헤의 말끝이 흐려졌다. 무심코 모기를 찰싹 때리면서 그는 우리미카 강가에 서 있었다. 우리미카 강은 파올로가 최근에 세운 재단인 '가비오타스 센터(El Centro Las Gaviotas)'의 이름으로 소유하게 된 땅을 지나고 있었다. 열대 대상림 아래의 공기가 박하처럼 시원했다. 위를 올려다보니 발가락이 둘인 나무늘보가 자카란다 나뭇가지 아래 하는 일 없이 늘어져 있고, 한 무리의 카푸친 원숭이 가족이 이 나무 저 나무 그네를 타며 옮겨다니고 있었다. 샵 박사는 학생들에게 펌프 설계를 과제물로 내어주면 아주 완벽한 기획이 되리라 생각했다. 터빈도 마찬가지였다. 사실 가능성이 아주 많았다. 그의 실험실 실장인 루이스 로블레스는 여기에 대해 열광할 것이다. 그제야 생각나는 게 있었다. "젠장, 내가 필요한데 도대체 루이스는 어디 있는 거지?"

1967년부터 1970년까지 파올로 루가리는 초코에서 일하는 동안 시간이 날 때마다 야노스를 찾아갔다. 10여 개의 타이어가 펑크 나고 길도 여러 번 잃고 나룻배를 타기 위해 며칠씩이나 기다리는가 하면, 과이보 인디언 무당과 함께 약초를 채집하기도 하고 거북이들이 한창 짝짓기를 하는 강의 모래톱에서 캠프도 쳤다. 그런가 하면 진드기들의 공격으로 녹초가 되고 두 번이나 말라리아에 걸렸을 때는 친절한 야네로의 움막에서 휴식을 취했다("증상이 가벼웠습니다. 몸이 으스스 떨렸을 뿐이지요." 그는 샵을 안심시켰다. "지금은 방충제를 가지고 다닙니다.").

어느 날 밤인가 그는 혼자 여행을 하다가 보고타와 비야비센시오 사이에 있는 길에서 산사태를 만나 안데스 산중에 갇히는 바람에 길이 뚫릴 때까지 사흘 밤을 차 안에서 자기도 했다. 하지만 보통 때는 도움이 될 만한 사람과 동행하곤 했다. 그들 중에는 식물학자나 건축가도 있었다. 전에 만났던 과이보 가족들에게 주기 위해 랜드로버에 음식을 가득 싣고 동생과 함께 오기도 했고, 변호사인 여동생 마리아를 설득해서 그 험난한 여행에 데려가기도 했다. 또 언젠가는 콜롬비아의 천문학자 클레멘테 가라비토도 데리고 갔는데, 할아버지뻘 되는 분으로, 자기 이름의 달 분화구를 가지고 있었다. 가라비토는 단언하건대 가비오타스의 하늘은 콜롬비아에서 가장 맑기 때문에 천문대가 들어설 자리로서 아주 이상적이라고 했다.

"여기서는 연중 여덟 달 동안 비가 내립니다."

루가리가 그에게 상기시켜주자 그는 대답했다.

"그렇다면 기상관측소로 만들면 되겠군요."

다음에는 포파얀 출신의 안데스 콘도르(남미산 큰독수리) 전문가인 카를로스 레만 발렌시아가 왔는데, 그는 루가리에게 자연사 박물관을 시작하라고 재촉했다. 레만은 안토니오 올리바레스에게 루가리를 소개했다. 그는 프란체스코회 원로 수사로, 콜롬비아 국립대학에서 조류학을 가르치고 있으며, 세라니아 데 라 마카레나의 새들에 대해 아주 중요한 책을 쓴 사람이기도 했다. "콜롬비아에 있는 종의 반 이상이 야노스에 살고 있습니다." 올리바레스는 이틀 동안 쌍안경으로 가비오타스를 관찰한 후 장엄한 목소리로 이렇게 선포했다. 그는 돌아가서 오리노코의 새에 관한 책을 쓰겠다고 맹세했다. "내게는 잠자코 타이프 칠 수 있는 방만 있으면 됩니다."

루가리는 집을 하나 짓고 있었다. 사실 올리바레스는 언젠가 그곳으로 돌아올 것이고, 가비오타스는 그의 생애의 마지막 작품을 출판할 것이다. 초코에서의 임무가 서서히 끝나면서 루가리는 콜롬비아 - 베네수엘라 경계선위원회의 업무를 맡았다. 덕분에 그는 가비오타스에서 많은 시간을 보낼 수 있었다. 파올로는 야네로 친구와 함께 무코 강 근처에 머물렀는데 그 친구는 벼, 감귤, 파파야, 망고, 구아바 그리고 캐슈 열매를 키우고 있었다. 하지만 루가리는, 많은 사람이 여기서 살기 위해서는 강둑을 따라 길고 가느다랗게 나 있는 땅만이 아니라 야노스 자체를 경작할 필요가 있다는 것을 깨달았다.

스벤 제텔리우스의 제안에 따라 과일나무와 옥수수를 심어보았지만 별로 성공하지 못했다. 그는 대학에서 토양화학을 전공하는 학생 두 명을 설득하여, 건물을 짓는 데 사용할 모래와 진흙 그리고 비옥해질 가능성이 있는 자투리땅을 찾아보라고 했다. 그는 과이보와 야네로 노동자들을 고용하여 낡은 고속도로 캠프를 수선하고 초가지붕 숙소를 만들기 시작했다. 루가리와 연구자들은 잠은 모기장이 달려 있는 해먹에서 자고, 식사는 인디언에게서 산 세헤 야자 열매에서 짜낸 기름으로 민물고기를 요리하여 먹었다. 그리고 순회 교사가 방문하는 모습을 보고는, 보고타의 부랑 소년들을 야노스의 학교에 데려오는 생각도 해보았다. 그렇게 하면 그들은 도시에서 멀리 떨어진, 순수하고 건강한 공동체에서 자랄 수 있을 것이다.

하지만 도시의 부랑아들을 가비오타스로 이주시키는 계획은 너무 엄청나서 현실성이 없다는 것을 알게 되었다. 특히 아직은 그런 형태의 공동체가 아무 데도 없었기 때문이다. 하지만 그 지역에 흩어져 살고 있는 가족들은 학교를 열자는 제안을 환영했고, 그 순회 교사는 곧 열 명의 야네로 어린이들을 가르치게 되었다. 메타강의 지류에 있는 작은 항구 도시인 푸에르토가이탄 출신의 간호사 또한 한 달에 한 번씩 오겠다고 제안했다. 그런데 학생들이 점점 더 많이 모여들면서 1년도 안 되어 그 간호사는 한 번 오면 일주일 동안 머물게 되었다.

"정확히 당신이 여기서 얻고 싶은 게 뭐요?" 스벤 제텔리우스가 루가리에게 물었다. 그들은 노천의 말로카 아래 매달려 있는 해먹에 누워 있었다. 과이보가 만든 그 말로카는 모리체 야자나무로 네 기둥을 세우고 그 위에 야자나무 잎을 얹어 지붕을 만든 것이었다. 노란색 콜맨 램프 불빛 곁에서, 그들은 얇은 모기장을 향해 기를 쓰고 달려드는 모기떼와 이를 포식하고 있는 한 무리의 검은 박쥐들을 바라보았다.

"정확하게요? 솔직히 잘 모르겠습니다." 파올로가 고백했다. 그는 사람들이 야노스로 와서 생산적인 조화를 이루며 함께 산다는, 미처 다듬어지지 않은 막연한 이상만 가지고 있을 뿐이었다. 그들이 누구일지, 정확히 무엇을 할 것인지 아직 분명하지 않았다.

"알게 되면 말씀드리지요. 아니면 박사님이 무엇을 할 수 있을지 말씀해주십시오."

밤마다 그들은 해먹에서 이야기를 주고받다 곯아떨어지곤 했다. 그들은 둘 다 어렸을 때 쥘 베른의 모험 소설《멋진 오리노코(The Superb Orinoco)》를 읽고 반한 적이 있었다. 두 권으로 된 그 책은,

잃어버린 아버지를 찾아서 오리노코의 강들을 위아래로 샅샅이 찾아다니는 소녀에 관한 이야기였다. 이제 그들은 자신들이 그 소설과 똑같은 상황에 처했음을 알게 되었다. 배를 빌려서 비차다 강에 띄웠다. 사흘 후 그들은 드넓은 오리노코에 도달했다. 푸에르토카레뇨같이 외딴 곳에서는 금세기 초 이후로 제텔리우스 박사같이 저명한 사람을 본 적이 없었다. 그때만 해도 야노스는 콜롬비아의 다른 지역보다 유럽과 가까운 것 같았다. 실크에서 그랜드 피아노에 이르기까지 그야말로 모든 것을 실은 상선이 짐승 모피와 재목을 사기 위해 오리노코 강의 지류를 통해 드나들었던 것이다. 제텔리우스가 푸에르토카레뇨의 학교에서 야노스의 미래에 대해 이야기한 즉흥 강연은 너무나 감동적인 나머지, 국경선의 군인들조차 그들 진지를 떠나 귀 기울일 정도였다.

제텔리우스는 루가리에게 온실 효과와 지구에 살고 있는 생물의 종이 현격하게 줄어들고 있다는 사실을 알려주었다. 이러한 정보들은 1970년만 해도 아주 낯선 이야기로, 루가리와 그의 동료들은 놀라움으로 받아들였다. 만일 야노스에 사람들이 살게 된다면, 그들은 새롭고 대안적이며 거주 가능한 생태공동체를 목표로 삼아야 한다고 제텔리우스는 주장했다. 아마도 그들은 전 세계인들을 초대하여 가비오타스를 문화의 합류점, 새로운 지구사회의 시발점으로 삼아야 할지도 모르는 것이다.

"우리가 여기서 전 세계를 구원할 생각까지 해야 하는 건지 모르겠습니다."

제텔리우스는 우~ 하고 외쳤다. "당신이 읽고 있는 책을 보았소." 그 당시 파올로는 유토피아에 관한 문학서들을 정신없이 읽어대고 있는 중이었다. 토마스 모어 경, 프란시스 베이컨, 소로, 에머슨, 칼 포퍼, 에드워드 벨라미, B. F. 스키너, 버트런드 러셀, 심지어는 플라톤의《공화국》까지 다시 읽었던 것이다.

"당신은 여기서 그저 살아남기만 원하는 게 아니오." 제텔리우스가 모기장 너머에서 말했다. "당신은 유토피아를 창조하려고 하고 있소. 야노스에서 말이오. 확실하오."

파올로는 이 연로한 박사의 눈을 쳐다보기 위해 해먹에서 똑바로 일어나 앉으려 했다. 잠시 애쓰다 포기하고 다시 누운 그가 말했다. "나는 가비오타스가 현실이 되기를 바랍니다. 나는 그렇게 완벽해 보이면서도 현실로 옮기지 못한 내용들을 책으로 읽는 데 싫증이 났어요. 단 한 번이라도, 인간이 환상에서 현실로 옮아가는 모습을 보고 싶습니다. 유토피아에서 토피아로 말입니다."

그런데 어떻게? 루가리는 논문 학기에 있는 다양한 전공의 학생들을 가비오타스로 보내어 야노스의 땅 일부에서 이상적인 사회를 만들어내는 데 따르는 문제점을 확인하고, 어떤 해결책을 모색해보도록 하자고 전국의 대학교를 설득하는 것에서부터 시작했다. 우수하지만 몹시 소란한 콜롬비아 국립대학교는 시위와 파업으로 폐강될 때가 많아, 학생들은 4년이면 끝낼 교과과정을 7년이나 걸려서 마칠 때가 많았다. 일부 학생들은 야노스처럼 멀리 떨어진 곳이라 할지라도, 캠퍼스 밖에서 평화롭게 공부를 마칠 수 있는 기회를 뿌리치기 힘들었다. 그리고 공학을 공부하는 대학원생들에게는 실제 연구를 지원해줄 수 있는 회사가 필요했다. 그런데 많은 기업들이 국립대학은 공산주의자들의 보금자리라고 의심하며 가까이

하지 않는 상태였다.

가비오타스에서 자신의 아이디어를 테스트해보고 싶은 모험심 있는 일꾼들을 찾고 있다는 공지가 간결하면서도 멋들어지게 학부 게시판에 내걸렸고, 그 소식은 곧 학생들 사이에 퍼져나갔다. 텅 빈 사바나를 개척하여 과밀한 도시 인구를 유입하는 데 도움이 되는 연구를 하면 학위를 주겠다는 것이었다. 후보자들은 두 달에 한 번 정도 보고타의 카라카스 거리에 세낸 작은 집에서 파올로 루가리를 만날 수 있었다. 루가리는 책상에서 벌떡 일어나 그들 손을 덥석 잡고 악수를 하고는, 그들의 말에 귀 기울이고 고개를 끄덕이면서 그들이 공학이나 축산학, 인류학 혹은 지질학에서 차세대의 중심적인 물결이 될 수 있다고 격려했다. "광활한 열대 미개척지의 선구적인 기술자들!"이라고 말이다. 그리고 해당 대학교들과 이미 계약을 맺었으며, 가비오타스에서 행복할 수 있다고 생각한다면 가비오타스는 그들의 후원자가 돼줄 것이라고 말했다.

가비오타스가 후원해준다는 말은 해먹, 모기장, 식량 그리고 식사 당번을 맡는 것 등을 의미했다. 후보자들은 길도 없는 야노스가 고향과 자신을 500킬로미터나 떨어뜨려놓은 후에야 이 사실을 알게 되는 게 보통이었다. 루가리는 고속도로 건설자들이 가비오타스에서 몇 달 동안이나 진흙구덩이에 갇혀 지낸 끝에 폭동을 일으킨 일이 있었다는 사실을 알고 있던 터라, 곧 번성하게 될 미지의 센터에 일주일에 한 번씩만 단발 엔진 항공기를 운항해달라고 국립항공사 아비앙카를 설득했다. 그리하여 연구자들은 목초지 활주로에서 이착륙을 하게 되었는데, 열대의 폭우가 엄청나게 쏟아질 때가 많았다. 400미터쯤 떨어진 곳에 모리체 야자 잎으로 지붕을 얹은 목재 오두막집이 모여 있었는데, 다행히도 거기에는 비가 새지 않았다.

아마 이런 연유에서였는지, 후보자들은 처음에는 토착종 모리체 야자의 특성을 연구하는 데 집중했다. 그들은 모리체 야자 잎의 잎맥을 적셔 그것으로 그물이나 해먹 같은 유용한 도구를 짤 수 있다는 사실을 인디언들로부터 듣게 되었다. 과이보들은 부풀어오른 대추같이 생긴 적갈색 모리체 열매에서 기름기 있는 즙을 짜냈다. 그리고 그 열매를 발효시켜 구아라포라고 하는, 신선하고 도수가 낮은 알코올 음료를 만들어냈다. 국립대학 출신의 두 화공학자들이 누군가의 어머니에게서 빌려온 곡물 분쇄기로 몇 킬로그램의 야자열매를 간 다음, 아연 도금한 쓰레기통으로 급히 조립한 장작불 증류기에서 순수한 모리체 오일을 추출해냈다.

모리체 오일을 분석해보니 그 영양가와 향기가 올리브 오일에 못지않다는 사실이 밝혀졌다. 그들은 뜻밖의 사실에 아주 기뻐했다. 그 특성은 세헤 야자에서 나오는 오일의 특성을 능가했다. 그뿐 아니라 모리체의 씨앗은 열대 아메리카 전역의 플랜테이션에 알려져 있는, 아프리카 야자의 씨앗보다 열 배나 컸다. 세헤 야자는 그 지역의 또 다른 토종 야자로, 하버드 대학에서 박사 과정을 밟고 있는 학생이 연구하고 있었다. 그는 루가리가 재빨리 손을 써서 데리고 온 학생이었다.

이는 아직도 1970년대 초의 일이었다. 토착종의 지속가능한 이용에 대해 전 세계적으로 일어났던 요란한 주장이 아직은 속삭임에 지나지 않을 때였다. 지금 막 태어나고 있는 가비오타스의 상주인구는 약 20명이었는데, 모든 개념은 좀 더 실제적인 차원에서 이해되었다. 즉 그들에게 식용 기름이 필요했는데 그것이 이미 여기서 자라고 있었던 것이다. 모리체 오일을 상업적으로도 활용할 수 있다는 사실을 발견했다는 기쁨에 들떠, 초기 가비오타스인들은 저녁에 캠프파이어 주위에 모여 기타와 야네라를 연주하며 구아라포로 축배를 나누었다.

그런데 얼마 지나지 않아 모리체가 자랄 수 있는 곳을 마련하고 또 그것을 먹는 게 꽤 까다롭다는 사실을 알게 되었다. 첫째, 아프리카 야자열매의 기름 산출량은 30퍼센트인 데 비해 커다란 모리체 씨앗의 기름 산출량은 6퍼센트밖에 안 된다는 것이다. 그리고 모리체가 충분히 성장하는 데 35년이 걸린다는 사실도 발견했다. 그것은 수입종이 3년 반 걸리는 데 비해 너무나 긴 세월이었다. 그러자 전혀 예상치 않은 상황이 벌어졌다. 낮은 곳에 자라고 있는 열매를 모두 채취한 과이보들은 연구자들의 늘어만 가는 요구를 충족시키기 위해, 아주 높이 달려 있는 열매를 따기 위해 나무들을 베어 넘기기 시작했던 것이다.

그리하여 우리미카 강가의 주된 대상림을 베어 넘기지 않도록 토종 야자에서 나오는 기름은 공동체 안에서만 사용하기로 했다. 이는 카피바라를 길들이고자 했던 짧은 시도에 비하면 비교적 온건한 재난에 속했다. 카피바라는 지역에서 '치구이로스'라고 부르는 설치류 동물이다. 무게는 최대 40~50킬로그램이나 나가며 발가락에는 물갈퀴가 달려 있고, 그 육질은 쇠고기의 안심과 비교될 정도로 기름기가 없고 부드러웠다. 식민지의 주교가 카피바라는 물고기와 같아 금요일에도 먹을 수 있다고 선포한 이래(로마 가톨릭 교회에는 사순기간 동안 육식을 금하는 종교적 금기가 있음 - 옮긴이), 말을 탄

카우보이들이 브라질과 베네수엘라의 습지에서 이 동물을 사육해 왔던 것이다. 그런데 야노스에는 큰 늪지가 없고 물가에 가늘고 길게 이어진 습지만 있을 뿐이었다. 결국 카피바라는 가두어서 키우는 것이 치명적이라는 사실, 즉 그 이빨 달린 포유동물은 밖으로 나갈 길을 찾아 여기저기 갉아대다 제풀에 죽어버린다는 사실이 입증되었다.

"여기에 실패라는 것은 없소." 하고 항상 낙천적인 루가리가 연구자들을 격려했다. "사실 모든 장애는 가장을 하고 나타난 기회입니다." 그가 모든 사람에게 계속해서 상기시키는 아이디어는, 그야말로 가능한 모든 것을 시도하는 것, 야노스를 사람이 살 만한 곳으로 만들기 위해서 어떻게 하는 것이 좋은지 살펴보는 것이다.

젊은 남녀들이 속속 모여들었다. 보고타에서 트럭이나 비행기로 실려오는 쌀과 통조림 정어리나 감자로 연명하면서, 그들은 안료 생산을 위해 철분을 다량 함유하고 있는 사바나 토양을 실험하고, 야노스의 풀로 섬유판을 만들어보고, 무공해 가죽 공장을 짓고, 지역의 흙과 시멘트를 혼합하여 도로와 비행기 활주로를 닦고, 야자잎을 이용하여 개스킷(틈을 메우는 판)을 만들고, 염분이 많은 기후에서 전기 없이 식품을 저장하는 방법을 터득하고, 야자기름을 추출하고 남은 찌꺼기로 여물을 만들고, 망고 열매의 용도를 가장 널리 알려진 것 말고도 열두 가지나 개발해냈다.

그러는 동안 호르헤 삽은 안데스 대학교에서 공학도들을 가비오타스로 데려오느라 설득할 필요가 없었다. 그는 여전히 전 실험실장 루이스 로블레스가 이런 일들을 위해 와주기만을 바라고 있었다. 하지만 로블레스는 가비오타스보다 훨씬 오지인 초코 정글로 사라져버린 지 오래였다. 그 호리호리하고 멋진 로블레스가 삽의 사무실로 뛰어든 지 3년이 지났을 때이다. 그의 당황한 눈빛은 알 수 없는 내적인 고뇌로 보통 때보다 훨씬 더 괴로움을 겪는 것같이 보였다. 그는 호르헤에게 대학생활이 지루하기 짝이 없다고 털어놓았다. "지겨워요!"

루이스는 언젠가는 이렇게 되고 말 것임을 예고한 바 있었다. 주로 독학으로 공부한 그는 몇 년 전에 캠퍼스 주위를 어슬렁거리다가 즉시 고용되었다. 그러나 그는 학문적 자만심에 가득 찬 대학 내 환경에 결코 적응할 수가 없었다. 삽이 루이스의 특별한 재능에 맞춰 마련한 자리인 안데스 대학교의 기계공학 실험실 수석 연구원으로서 전 세계에서 온 박사들을 만났는데, 그 누구도 그가 대학을 다닌 일이 없다는 사실을 눈치 채지 못할 정도로 실력이 뛰어났다. 그럼에도 불구하고 이번에 그는 정말로 떠나려 했다. 그는 소형 트럭에 가스 깡통, 용접 도구, 통나무 절단용 큰 틀톱, 2톤이나 되는 고철 부스러기, 장기판 그리고 아내와 아이들을 싣고 태평양 쪽으로 떠났다. 그가 어디에 정착했는지 아는 사람은 아무도 없었다. 초코는 야노스보다 더 미지의 땅이었다.

할 수 없이 호르헤 삽은 그의 제자들 중 똑똑한 이들을 선발하여 각자에게 과제를 주었다. "복잡하게 생각할 것 없다. 풀과 태양과 물로 문명의 미래를 건설할 수 있는 방안을 알아내는 것이다."

열한 살짜리 엔리 모야의 유연한 몸이 물속에서 불쑥 튀어나와 우리미카 강가의 작은 댐 위에 올라앉았다. 그 댐은 가비오네스 블란도스, 즉 흙과 시멘트를 14대 1로 혼합해서 채운 삼베로 된 주머니로 만들어졌는데, 그로 인해 아이들이 수영할 수 있는 공간이 생겼다(몇 년 후 값싼 합성소재가 나타나 삼베주머니가 사라지자, 가비오타스는 미생물에 의해 분해되는 플라스틱으로 바꾸었다). 가비오네스는 물을 섞으면 돌같이 딱딱해지는데, 겉을 싸고 있는 삼베가 삭아 없어지고 난 후에도 오랫동안 남아 있다. 그것들을 삼베주머니에 넣어 엇갈리게 쌓아 물을 뿌려주면, 고대 잉카의 빈틈없이 맞물려 있는 돌담 구조물처럼 삼베주머니 층들이 서로 단단하게 맞물린 채 굳어진다.

"야 바모스(쉿)!" 엔리가 친구 호르헤 엘리에세르 란다에타와 마리아노 보테요를 조심시켰다. 그들은 첨벙거리며 놀고 있는 급우들을 뒤로 하고, 진동하고 있는 '아리에테(수력자동펌프)'에 연결된 관 주위를 따라 천천히 강 하류로 내려갔다. 아리에테는 실린더 안에서 압축된 공기가 피스톤을 다시 내려놓을 때까지 피스톤을 들어올리기 위해 강의 흐름을 이용했다. 호르헤 삽의 엔지니어가 200년 전 영국에서 개발된 모델을 채택하여 만든 60센티미터 높이의 이 특별한 시제품은 1킬로미터 떨어져 있는 카사바 밭에 물을 대는 데 성공했다. 소년들은 아리에테가 툭탁툭탁 하고 부드럽게 내는 소리를 흉내 내느라 혀를 탁탁 차면서 잠시 꾸물거리다가 가오리와 전기뱀장어를 경계하며 계속 나아갔다.

그들은 가비오타스 건물들에서 북쪽으로 500미터 떨어진 곳에 있는 비야시엔시아(과학마을)로 이르는 길에 있는 작은 다리 아래를 지났다. 비야시엔시아에는 흙벽돌 위에 흰 도료를 입힌 방 두 개짜리 집들이 지붕을 얹은 파티오(스페인식 안뜰 - 옮긴이) 주위에 모여 있었는데, 집집마다 들보를 밖으로 내놓아 해먹을 걸 수 있게 했다. 이것들은 최근에 완성되었지만 벌써 더 지을 필요가 생겼다.

4년 전인 1975년 엔리가 가비오타스에 도착했을 때는 겨우 열 가구 정도가 말끔하게 늘어선 초가집에 살고 있었다. 그 무렵 가비오타스에는 야노스의 메뚜기들처럼 가비오타스와 보고타 사이를 바쁘게 왔다갔다했던 삽과 그의 제자들을 제외하고 두 명의 교사, 간호사, 상점 주인, 라디오 오퍼레이터, 기상학자와 그의 아내 그리고 건축노동자들이 살고 있었다. 파올로 루가리는 비차다에 가끔씩만 머물렀다. 엔리는 그가 보고타에 주로 있거나 해외에 가 있다는 소리를 듣곤 했다. 때때로 루가리는 이국적인 억양의 외국인들과 함께 나타나곤 했다.

엔리 모야는 가비오타스에서 여러 시간 걸리는 작은 목장에서 살고 있는 야네로 가족의 여섯 아들 중의 하나였다. 형들은 모두 집에서 멀리 떨어진 미션 스쿨에 다녔다. 그런데 부모는 주위에서 게릴라 활동이 늘어나고 있는 것을 걱정하여 막내아들을 가비오타스에서 공부시키기로 결심했다. 엔리도 좋아했다. 학교, 책, 종이, 음식, 방 모두가 무료였다. 옷과 해먹만 가져오면 되었다. 노동자들은 적절한 임금을 받았고 숙소와 식사를 무료로 제공받았다. 기상학자는 엔리에게 기상측정용 풍선 띄우는 일을 돕도록 했다. 엔리가 보기에 가비오타스는 모두 친절한 사람들로 이루어진 잘 조직된 작은 공동체였다. 딱 한 사람만 빼놓고.

"쉿, 조용히!" 강바닥을 따라 난 숲이 개활지에 이르자 엔리는 친구들을 조심시켰다. "저 사람한테 들키면 안 돼." 100미터쯤 떨어진 곳에, 이렇게 외진 사바나에서는 본 적이 없는 대형 공사가 진행되고 있었다. 반경 3시간 거리 내에서 모을 수 있는 노동자는 모조리 고용한 데다가 보고타에서도 30명 정도가 더 와서 일하고 있었다. 루가리는 새로운 가비오타스 공장이 완성되면 350명이 여기서 살며 일하게 될 거라고 말했다.

건축 재료는 야노스 그 자체였다. 가까이 있는 흙구덩이에서 아브람 벨트란이라고 하는 어깨가 넓은 한 야네로가 흙시멘트로 된 벽돌을 척척 찍어내는데, 그 속도를 보고 모든 사람이 입을 딱 벌렸다. 그가 사용하고 있는 도구는 신바람(Cinva-Ram)이라는 이름인데, 그것을 발명한 콜롬비아 국립대학 연구소의 머리글자를 따서 지은 것이다. 가비오타스에서 사용하는 것은 10센티미터 깊이의 직사각형 틀을 덮고 있는 판에 1미터짜리 레버가 붙어 있다. 한 사람이 14대 1로 혼합한 흙시멘트를 사각 틀 안에 부어놓으면 레버를 쥐고 있는 사람은 그것을 벽돌 형태로 이겨넣는다. 그런 다음 레버를 잡아 빼면 틀에서 갓 만들어진 벽돌이 빠져나오고, 다음 차례의 흙 한 삽이 부어지기 전에 재빨리 치워진다. 벽돌을 견고하게 하기 위한 밀짚이나 이음새는 따로 필요하지 않았다. 야노스 흙만으로도 시멘트를 양생할 수 있을 정도로 촉촉했다. 여러 주일 동안 벨트란을 비롯한 노동자들은 2800제곱미터 넓이에 12미터 높이의 공장 건물을 짓기 위해 매일 오전 3시에 일어나서 하루 생산 할당량인 500개의 벽돌을 만들어냈다. 그 공장은 세계에서 가장 큰 흙시멘트 구조물로서 20만 장의 벽돌이 필요했다.

소년들은 벨트란이 부드러운 벽돌을 완벽하게 찍어낼 때마다 만족스러운 듯 중얼거리면서 일하는 모습을 바라보길 좋아했다. 벨트란은 맨발에 웃통을 벗고 일했는데, 청동색으로 그은 그의 두터운 몸통은 거의 황토빛이었다. 아이들은 그가 일하는 모습을 멀리서 훔쳐볼 수밖에 없었다. 성깔 있는 새 공장장 루이스 로블레스가 노동자나 엔지니어 외에는 아무도 공장에 들어오지 못하게 했기 때문이다. 특히 아이들은.

그때 루이스는 송수관을 놓느라 여념이 없었다. 덕분에 아이들은 삽질하는 그의 모습을 볼 수 있었다. 반으로 자른 청바지를 입고 있는 그는 40대 후반의 키다리에 머리 색깔은 밝고 높은 이마에는 햇볕에 그은 주근깨가 가득했다. 그는 소년들이 있는 곳을 냄새라도 맡은 듯 문득 한 바퀴 빙 돈 다음, 곁눈으로 흘겨보았다. 아이들은 나무 수풀 속으로 얼른 뛰어 들어갔다. 그러자 로블레스는 삽을 옆으로 내동댕이치고는 개활지를 가로질러 전속력으로 달려갔다.

그러고는 큰소리를 지르며 얕은 개울 가운데로 냅다 쫓아갔다. 아이들은 비명을 지르면서 강 상류로 첨벙거리며 달아났다. 로블레스가 건축 현장으로 돌아오니 그 광포한 모습을 보고 엔지니어들이 배를 움켜쥐고 웃고 있었다. 아브람 벨트란까지 함께 웃느라 그 전설적인 속도를 잃고 있었다.

1975년 이른 아침, 호르헤 삽은 보고타에 있는 로블레스의 집을 방문했다. 문을 열자 로블레스가 문설주에 몸을 간신히 기대고 섰다. 그때 삽은 그가 신경이 몹시 곤두서 있는 상태라고 판단했다.

문병 가는 길에 호르헤는 지난 6년 동안 루이스가 태평양 연안의 한 후미진 어귀에 살았다는 사실을 알게 되었다. 거기서 그를 문명과 연결시켜준 유일한 것은 2주일에 한 번씩 들르는 고기잡이 배였다. 때때로 그 배에서 식량을 조달하기도 했다. 콜롬비아에서 유행하는 세 종류의 말라리아에 동시에 감염된 그는 보고타로 돌아왔다. 몸무게가 36킬로그램으로 줄어버린 채……

열을 내리기 위해 정맥주사 치료를 받으면서, 로블레스는 자신이 초코 정글에서 기술적으로 이루어놓은 일에 대해 이야기했다. 그는 수로를 놓고, 수동 펌프를 장치하고, 200그루의 코코 야자나무를 심었으며, 제재소를 만들었다. 전기를 얻기 위해 앞바다에 조력 발전기를 세우고 또 근처 강에 10킬로와트급 터빈을 설치했다.

로블레스가 어느 정도 회복되자, 삽은 파올로 루가리에게 로블레스를 소개해주었다. "가비오타스로 오시오." 파올로가 말했다.

로블레스는 2.5톤의 파넬 트럭에 초코에서 가지고 온 기계, 자기가 구상해서 만든 여러 도구들, 수백 킬로그램의 고철, 딸과 어린 두 아들 그리고 화가 잔뜩 난 아내를 싣고 도착했다. 아내는 로블레스가 자기들을 데리고 모기가 득실득실한 오지에서 또 다른 오지로 왔다는 사실을 받아들일 수 없었다. 이번에 그녀는 6년이 아니라 6개월만 머물다 떠나버렸다. 루이스는 그대로 남았다. 루가리, 삽 등 다른 사람들이 시작해놓은 기술자들의 천국에 대한 매력을 떨칠 수가 없었던 것이다.

전에 안데스 대학교에서 루이스로부터 어떻게 용접을 하고 선반을 돌리는지를 배운 학부생들이, 이제는 가비오타스에서 석사 학위 논문을 쓰기 위해 직원으로, 혹은 그저 놀기 위해 와 있었다. 그들에게 주어진 일은 풍력 발전기, 태양열 온열기, 태양열 모터 등을 만드는 것으로, 그러한 일은 엔지니어들이 보통 일요일에 장난 삼아 하는 것이었다. 통풍이 잘 되는 그들의 작업장은 전에 고속도로 노동자들의 중장비를 보관하던 창고를 개조하여 만든 것이다. 그들은 거기서 도시에서 운반해 온 잡동사니를 재활용하여 풍차, 태양열 온수 패널, 소형 수력 발전기, 생물가스 발전기를 비롯하여 '아리에테' 자동 펌프와 부유 드럼통 위에 설치한 수차 등 온갖 형태의 펌프를 만들어냈다.

루이스 로블레스는 고철더미와 중고 PVC 조각들을 보고 반색을 하더니 그것들을 가지고 각종 기계를 만들어냈다. 그에게는 적성에 딱 맞는 분위기였다. "라야도라는 없나?" 그가 물었다.

"라야도라가 무엇이죠?"

"초코에서 필요했던 거야. 그래서 내가 만들었지." 로블레스는 거기서 가져온 라야도라를 보여주었다. 그것은 페달로 운전하는 카사바 분쇄기로서, 그 동력전달 라인은 아들의 자전거를 해체해 얻은 것이다. 한때 그의 제자였던 사람들이 빙 둘러서서 보고 감탄을 하고는, 즉시 페달의 원리를 응용할 수 있는 일거리들을 생각하기 시작했다. 가비오타스에서 그것은 아주 자연스러운 일이었다. 왜냐하면 여기서는 모든 사람이 자전거를 타라는 권고를 받았기 때문이다. 그러나 루이스는 그것을 대수롭지 않게 여겼다. 자신은 모터사이클을 가져왔던 것이다.

이 모터사이클은 결국 루이스가 공동체에서 인간관계를 맺는데, 특히 도시에서 이주해온 사람들과 관계를 맺는 데 걸림돌이 되었다. 그들은 야노스의 정적에 반한 나머지 지나친 모터엔진 소리는 평화를 깨는 공해로 여겼던 것이다. 루가리가 가비오타스에 오면 그것을 숲에 감추어야 했는데, 그렇다고 해서 그의 성향이 달라지는 것은 아니었다. 하지만 갈등이 아무리 심해도 보고타로 가고 싶은 생각은 들지 않았다. 가비오타스는 기적의 사업을 향해 모험을 감행하고 있었고, 그 첫 번째 기적은 꿈을 실현하기 위한 연구 예산을 얻어낸 것이었다.

어떻게 해서 그런 기적이 생겨났을까? 그것은 석유 파동 때문에 지구 자원이 무한하다는 사람들의 환상이 깨져버렸기 때문이다. 루이스 로블레스는 거기에 대해 하나도 모르고 있었다. 그가 초코의 원시림에서 나오던 1975년은 전 세계적으로 에너지 위기가 있은 지 2년이 지난 후였는데도 그는 거기에 대해 전혀 듣지 못했던 것이다.

삽이 루이스에게 설명해주었다. 아랍에서 석유 수출이 금지되기 전까지 가비오타스는 실용성이 거의 없는 흥미로운 실험을 하는 곳으로만 여겨졌다. 그런데 주유기 앞에 줄을 서서 기다리던 사람들은 재생가능한 에너지라는 새로운 개념에 관심을 갖게 되었고, 그때부터 가비오타스는 주목을 받기 시작했다. 신문기자들이 나타났고, 콜롬비아국립과학학회가 연례모임을 위해 비차다로 오려고 애썼다. 재생가능한 에너지를 동력으로 하는 기계들을 고안하여 에너지 위기를 '해결'한 남아메리카의 공동체 이야기가 〈월스트리트저널〉의 1면 기사로 실리자, 유엔개발계획(UNDP)에서 대표단이 왔다.

유엔개발계획의 관리들은 값싼 재활용품으로 만들어낸 도구들을 긍정적인 시선으로 바라보았다. 그들은 배수관을 설치하는 가비오타스인들의 모습을 신기하다는 눈빛으로 바라보았다. 혹은 그런 식으로 해서는 될 리가 없다는 눈치였다. 그들은 흙시멘트를 5센티미터 두께로 쏟아 부어 기반을 만든 도랑에 길이 6미터 넓이 1미터의, 쓰레기 수거용 봉투로 주로 쓰이는 값싸고 가벼운 비닐 튜브를 놓았다. 그들이 튜브에 물을 가득 채운 후 한쪽 끝을 묶자 그것은 커다란 투명 소시지처럼 보였다.

"거대한 콘돔 같군." 유엔 시찰자가 호르헤 삽에게 속삭였다.

"정말 그렇군요."

그런 다음 양쪽을 열어둔 채 흙시멘트로 덮고 밤새 시멘트가 굳도록 내버려두었다. 다음 날 아침 튜브의 매듭을 풀고 물을 모두 흘려보낸 다음, 재활용 가능한 쭈그러진 비닐 튜브를 잡아 뺐다. 그러고는 오후에 굳어 있는 흙시멘트 배수관 위로 군대의 호송 트럭을 지나가게 했더니, 그 무게를 끄덕도 없이 견뎌냈다.

"정말 놀랍습니다." 유엔 시찰자가 말했다. "어떻게 이걸 생각해 냈습니까?"

"그저 생각났을 따름입니다." 삽이 대답했다. 사실 그 아이디어는 말 그대로 꿈속에서 떠오른 것이었다. 소형 수력발전기에 연결할 시멘트 파이프를 구상하던 어느 날 밤에 꿈을 꾸었는데, 아침에 일어나 꿈속에서 본 대로 시도해보았더니 실제로 작동이 되었다. 그야말로 '유레카(eureka)!'였던 것이다. 하지만 유엔 대표단에게 말하기에는 너무 기이해서 입을 다물었다.

그들은 삽에게 또 다른 질문을 했다. "이러한 것들은 가비오타스의 문제를 해결하느라 나온 것인데 어떻게 하면 세계의 다른 지역에도 적용시킬 수 있겠습니까?"

몇 년이 지난 뒤 호르헤 삽은 유엔을 위해 전 세계를 돌아다니게 되었다. 그렇게 10년 이상을 돌아다닌 후에도 그는 그 질문의 중요한 의미에 대해 곰곰 생각해보곤 했다. 그것은 가비오타스에만 국한된 문제가 아니었다.

"그때 나는 바야흐로 '제3세계의 기술 개발'이라는 개념이 태어났다는 것을 깨달았습니다. 그때까지 우리는 몇몇 서방 선진국에서 나온 것이 아니면 개발이라는 말조차 쓰지 않았지요. 그런데 이제 우리가 처음으로 '개발자'라 불리게 되었습니다."

1976년 유엔개발계획은 가비오타스를 공동체 모델로 선정했다. 그리하여 적지 않은 연구보조금이 주어졌다. 시간이 지나면서 거듭 성공을 거두었고, 따라서 지원금도 늘어났다. 거기에는 여행 경비도 포함되어 있었다. 그 예산은 가비오타스인들이 세계를 돌아다니면서 자신들의 공동체에 적용할 수 있는 아이디어를 찾아내고 또 그들이 개발해낸 방법이 어디에서든 적용될 수 있다는 것을 보여주기 위해 쓰였다. 파올로 루가리는 1970년대 중반에 그런 목적으로 여행을 하던 중 이 두 가지 문제를 동시에 해결할 수 있는 방법을 찾아냈다.

리우데자네이루에서 회의에 참석하고 돌아오는 길이었다. 그가 탄 비행기가 연료의 재공급을 위해 브라질 정글 속의 항구도시인 마나우스에 착륙했다. 활주로에서 2시간을 기다리는 동안 승객들은 아마존의 습한 날씨에 기진맥진해 있었다. 그런데 비행기 수리를 위해 거기서 하룻밤 머물러야 한다는 안내방송이 나왔다. 최근 들어 여행이 잦아짐에 따라 늘어만 가는 비행에 대한 루가리의 불안을 가라앉히는 데 이 방송이 별 도움이 되지 못했다. 두 달 전 비행기가 폭풍 속에 추락한 사건이 있었는데, 그 직후 콜롬비아 항공사 아비앙카는 루가리가 애써 설득하여 개설한 보고타에서 가비오타스로 가는 주간 노선을 취소해버리고 말았다. 그때 루가리는 운명의 그 비행기를 간발의 차로 놓쳤던 것이다.

이 경우에 파올로는 비행기가 늦게 출발하는 것에 순순히 따랐는데, 그것은 이론적으로 비행기가 그냥 떠나는 것보다는 안전할 거라는 사실과, 특히 항공사에서 그들을 마나우스 강변에 있는 왕궁같이 멋진 트로피칼 호텔에 투숙시켰기 때문이다. 그날 저녁, 파올로 루가리는 네오콜로니얼 양식의 호텔 건물보다 식탁에 올라온 채소를 보고 더 깊은 인상을 받았다.

루가리는 호텔 지배인을 불렀다. 그러고는 "어떻게 정글 한가운데서 이렇게 신선한 상추와 토마토를 구할 수 있소?" 하고 물었다. 루가리는 이 열대우림도 야노스의 척박한 땅과 크게 다르지 않다는 것을 알고 있었다. 가비오타스에서는 스벤 제텔리우스가 무언가를 길러보려고 아주 애쓰고 있는데도 별다른 성과가 없어 참담한 시간을 보내는 중이었다.

"정말 맛있지요?" 호텔 지배인이 대답했다. "신부들이 깊은 숲속의 경작지에서 재배한 것입니다."

"정확히 그게 어디에 있습니까?"

루가리는 비행기 탑승을 취소한 뒤 보트를 빌려 타고 그 경작지를 찾아 나섰다. 안내를 받아 상류로 몇 시간 거슬러 올라가자, 그 지역의 가톨릭 선교사들이 채소를 재배하는 곳이 나왔다. 매끈매끈한 정글의 진흙 바닥 위에 블록을 깔고, 그 위에 야자나무로 만든 묘상을 설치해서 그것들을 키우고 있었다.

그 브라질 사제들은 흙을 분석하여 어떤 무기질이 부족한지 알아보았다. 그런 다음 그들은 상자 안에 정글의 부식토와 흙을 혼합하여 넣고, 부족한 영양소를 보완하기 위하여 코발트와 망간을 추가하고 극소량의 마그네슘, 아연, 구리 등을 첨가했다. 그 결과 양파, 근대, 상추 등의 채소를 풍성하게 수확할 수 있게 되었다.

설레는 마음으로 가비오타스로 돌아온 루가리는 삽과 제텔리우스에게 그 사실을 말했다. 그런데 걱정되는 게 있었다. 비료를 사용하면 가비오타스의 순수주의자들이 반대할 게 뻔했다. "그 선교사들이 말하기를 무기질을 첨가하기만 하면 된다고 했소." 파올로가 말했다.

"그게 그 말이지요."

"무기질에 뭐 잘못된 게 있소?"

"막아놓은 묘상에 사용하면 문제없을 겁니다." 스벤은 그렇게 추측했다. "아마존 강으로 흘려보내면 괜찮을 겁니다. 문제는 너무 많은 비료를 쓸 경우 강물에 씻겨 들어가 조류(藻類)의 번성을 가져오고, 그것이 강의 흐름을 막고 물속의 모든 산소를 소비해버릴 때 시작되지요."

"누군가 가서 그 체계를 연구해야 할 겁니다." 루가리가 말했다. "누가 갑니까?"

루가리와 삽에게 그 '누군가'가 떠올랐다. 그 두 사람은 가비오타스를 시작하기 전에 미국 평화봉사단과 관련이 있었다. 파올로는 그때 새로 도착한 평화봉사단 단원들을 안내해주었다. 초현실주의자요 미래의 노벨 문학상 수상자인 소설가 가브리엘 가르시아 마르케스가 자신은 단순히 일상의 사건을 기록하는 저널리스트일 뿐이라고 주장하는 나라에서 영어를 할 줄 아는 호르헤는 열정적인 젊은 외국인들, 특히 미국 사람이 충격을 느낄 때마다 그들의 향수병을 달래주곤 했었다. 평화봉사단 단원들은 늘 가비오타스를 방문하고 싶어했다. 그들 중 몇몇은 야노스에 미국식 방법을 도입해서 가축이나 채소를 키워보자고 제안하기도 했다.

루가리는 그들의 제안을 받아들였다. 루가리는 양계에 대해 호기심이 생겼고, 그 평화봉사단원들은 닭과 토끼를 키워보았다. 그것들은 아주 잘 자랐다. 하지만 모이를 줄 때뿐이었다. 야노스 땅에서는 닭 사료로 쓸 알곡이나 토끼가 먹는 콩과 같은 식물이 자라지 않았기 때문에, 문제가 원점으로 돌아갈 수밖에 없었다. 보고타에서 가축 사료를 사들여 온다는 것은 비경제적이었다. 그러던 차에 실제적인 효과가 있을 것 같은 방안이 제시되었다. 가비오타스는 자체의 비용으로 미국 평화봉사단 두 명을 브라질로 파견하여 남아메리카인들로부터 열대 지방에서 채소 기르는 방법을 배워오도록 했다. 보통은 북쪽에서 남쪽으로 흐르던 전문기술이 역류한 것이다.

9개월이 지난 후 파올로 루가리, 스벤 제텔리우스 그리고 호르헤 삽은 비닐 지붕을 씌운 울타리 아래, 흙시멘트 블록 위에 놓여 있는 두 개의 15미터짜리 묘대 사이의 좁은 통로에 서 있었다. 묘대는 흙이 얇게 깔린 모판으로 덮여 있는데, 각기 1제곱미터인 모판에는 토마토, 가지, 오이, 상추 등이 심어져 있었다. 아직 마나우스 선교사들이 하고 있는 것과 비교할 수는 없지만 첫 수확은 희망적이었다. 땅속의 알루미늄 성분이 지표로 침투한 가비오타스의 흙은, 빗물에 양분이 모두 씻겨 내려간 아마존 열대우림의 흙보다 훨씬 척박하다는 사실을 제텔리우스는 확인했다. 그는 브라질에서

보다 더 많은 영양분을 첨가해야 한다고 설명했다.

"그게 무슨 소리지요?" 루가리가 물었다.

"비료가 더 필요하다는 거죠. 선교사들이 보충해야 했던 무기질 이외에 우리에게는 칼륨, 인, 붕소도 모자랍니다. 하지만 가장 심각한 문제는 그게 아닙니다. 비료는 비교적 싼 편이지요. 2ppm짜리 코발트 몇 그램만 있어도 몇 년은 버틸 수 있을 겁니다."

"그렇다면 뭐가 문제라는 겁니까?"

문제는 뿌리에 생기는 병이었다. 당근, 오이, 상추 같은 수입종들은 이 지역의 곤충, 곰팡이 박테리아에 대해 저항력이 없었다. 식사 시간에 평화봉사단원들이 농약을 치자고 하는 바람에 논쟁이 벌어졌다. 어떤 사람이 물었다. "채소를 키우기 위해 땅에 독을 뿌린 다음 거기서 나오는 것을 먹자구요? 그걸 먹고 우리도 중독될 위험에 처하자는 말입니까?"

자줏빛 가지를 들여다보던 호르헤 삽은 그렇게 법석을 떨던 일이 생각나서 킥킥 웃음이 나왔다. 또 다른 문제는 야네로들은 가지가 무언지도 모르고, 그들의 전통적인 식단에는 오디도 없다는 데 있었다. 그런데 미국인들이 이러한 채소를 많이 심었기 때문에 돼지들만 신선한 채소를 포식하게 되었다.

삽이 제텔리우스에게 물었다. "농약 말고 토양을 소독할 수 있는 방법을 생각해봅시다." 제텔리우스가 대답하기도 전에 삽에게서는 어떤 생각이 떠오르기 시작했다. 그는 그 생각이 완성되어 풀려나올 때까지 가만 있으라는 듯 손을 들고 서 있었다. 초록색 꿀먹이 새 한 쌍이 토마토 밭에 앉아 잠시 짹짹하고 울더니 날아가버렸다. "생각이 났습니다." 그가 미소를 지으며 말했다. "브라질 사제들이 하고 있는 것처럼, 필요한 무기질은 뭐든지 첨가해주는 것입니다. 우리 식으로요."

"무엇으로요?" 루가리가 물었다.

"무엇으로든요. 그 채소들이 넘어지지 않도록 조처를 취하기만 하면 됩니다. 강둑에서 모래를 가져오고 쌀겨도 가져오세요."

4년 후인 1979년 유엔개발계획의 평가자가 가비오타스를 방문했다. 그는 가비오타스가 35만 달러의 보조금을 가지고 만들어낸 '적정기술(appropriate technology)'을 보고, 또 두 번째로 보조금을 내줄 만한 자격이 있는지 결정하러 온 것이었다. 기계로 이루어진 발명품을 예상했던 그는 33만 제곱미터 크기의 비닐 온상을 보고는 깜짝 놀랐다. 거기에는 스페인 양파, 토마토, 근대, 상추, 고추, 콩, 후추, 파슬리, 마늘, 양배추, 박하, 무 등이 가득 심어져 있었다.

"수경재배입니다." 삽이 말했다. 이 방법은 그들이 채택한 브라질 시스템을 발전시킨 것이다. 배양액으로는 메타 강변의 벼 재배 농가에서 나오는 폐기물을 이용했다. 이제 이 방법은 전국적으로 퍼지고 있었다. 화훼 농장에서도 톱밥과 잘게 부순 나무 조각이 들어 있는 작은 상자 안에서 화초를 싹틔우는 수경재배법이 사용되고 있었다. "이제 어디서든 식량을 생산해낼 수 있습니다. 오늘 아침 마신 박하 찻잎도 우리가 재배한 겁니다."

유엔 평가자는 깊은 생각에 잠겼다. 그러고는 "가난한 사람들에게는 어떻습니까?" 하고 물었다.

"우리 같은 사람들이요?"

"먹을 게 없는 사람들 말입니다. 이 방법을 도시 주변의 빈민가에서도 사용할 수 있습니까?"

"여기서 가능하다면 세계 어디서든 가능합니다."

"우리가 여러분에게 기술 전파를 위한 예산도 드렸지요."

"네. 3만 달러 주셨지요. 가비오타스의 기술을 전파할 국제 세미나를 열라고요."

"자선은 고향에서부터 시작됩니다. 그 돈은 빈민가에서 뭔가 재배할 수 있는 방법을 모색하는 데 사용하십시오. 가비오타스의 기술을 전 세계에 전파하는 데 필요한 자금은 또 마련해보겠습니다."

알론소 구티에레스는 식량 걱정을 전혀 하지 않았다. 먹을 것은 도처에 널려 있었다. 삽 박사의 제자로 처음 야노스에 도착했을 때, 그는 군사독재 시절 숲가에 심어놓은 망고와 구아바를 아주 맛있게 씹어먹고, 토종 캐슈 열매에서 나오는 맑은 즙으로 티셔츠를 시커멓게(염료의 색깔과 전혀 다른 결과가 나옴 - 옮긴이) 물들이곤 했던 것이다. 가비오타스에서는 사냥이 금지되었는데, 거기에 일리가 있다고 여겼다. 우리미카 강기슭의 동물 서식지가 너무 소규모였기 때문이다. 하지만 낚시를 반대하는 사람은 없었다. 그는 어렸을 때 커피 농사를 짓던 아버지와 함께 1년에 한 번 정도 오리노코로 낚시 여행을 가곤 했다. 그가 가비오타스에 온 지 일주일도 되지 않았을 때 무코 강으로 가서 황금빛 카차마와 베도라치를 한 양동이 잡아오자 요리사들은 그걸 보고 아주 좋아했다.

넉 달 동안의 '여름' 혹은 건기가 끝나던 5월, 그는 흰개미들이 나타나길 기다리고 있었다. 구더기, 유충, 개미, 나비 등 닥치는 대로 먹어치우던 그는 흰개미도 먹기는 했지만 그다지 좋아하지는 않았다. 가비오타스에 오자 평평한 야노스 초원에 짧은 원추형의 붉은색 흙기둥이 아주 많이 눈에 띄었다. 이 작은 화산들은 모두 개미집이었다.

언젠가는 이 개미군락이 비가 올 때 어떻게 홍수를 피하는지 너무나 알고 싶은 나머지, 120센티미터 정도 높이의 위용 당당한 개미집 하나를 쪼개본 적이 있었다. 거기에는 물을 우회시켜 뽑아내는 U자형의 수관들이 연속적으로 나 있었다. 그는 그것을 잘 기억해두었다가 앞으로 설계에 이용하기로 마음먹고는 5월까지 기다렸다. 마침내 5월 11일에 기다리던 일이 일어났다. 그가 가비오타스 학교의 정원에서 야네로 어린이들과 함께 아이들을 위해 차파로 뿌리로 만들어준 팽이를 돌리면서 놀고 있을 때였다. 어떤 아이가 하늘 가득 떠 있는 흰개미 떼를 가리키며 소리쳤다. 이미 아이들에게 흰개미 떼가 나타나면 즉시 얘기하라고 말해둔 터였다.

"코네헤네스(흰개미다)!"

여왕개미들이 연례적인 혼례비행을 하기 전날 밤이면, 여왕개미의 먼 친척쯤 되는 이 작고 검은 개미들이 커다란 날개를 달고 어김없이 나타났는데, 왜 그런지 그 이유를 아는 사람은 아무도 없었다. "내일은 흰개미다!" 아이들이 노래를 불렀다. 알론소는 비가 충분히 내린 다음 강렬한 태양이 떠오를 때만 나타날 거라고 상기시켜주었다.

과연 그 다음 날 그런 일이 일어났다. 야노스가 밤새 내린 비로 흠뻑 젖어 있었다. 새벽녘이 되어 구름이 마치 회색 지판처럼 하늘 주위를 미끄러지면서 사라지자, 아침 무지개가 서쪽 하늘에 우아한 자태를 드러냈다. 그리고 처음 것과 나란히 희미한 무지개가 하나 더 나타났다. 그러자 모두 중얼거렸다. "여자와 남자가 결혼하는구나!" 녹색 잉꼬들이 총천연색 쌍무지개 사이로 날아다니는 가운데, 땅벌들은 향기로운 붉은색 부용꽃으로 달려들고, 흥분한 아이들은 알론소 구티에레스 주위로 떼 지어 몰려들었다.

"물새와 독수리를 잘 보아라." 그는 아이들에게 말해주었다. 다행히도 그날은 토요일이었다. 10시 무렵 하늘은 카리브 해안처럼 푸르렀지만, 습기가 너무 강해서 태양은 돋보기를 들이댄 것처럼 활활 타올랐다. 그들은 그것을 '해비(Rain sun, 비같이 내리는 햇빛)'라고 불렀다. 만일 습기가 다시 개미들이 나타나기 전에 응축된다면……

"물새다! 독수리도 있다!"

꼬리가 두 갈래로 갈라진 딱새와 카라카라 떼가 활주로 가까이에서 선회하는 모습이 보였다. 알론소와 아이들이 도착할 무렵, 지나치게 큰 머리에 붉은 눈을 한 병정개미들이 여왕개미의 길을 닦기 위해 원추형 집에서 나왔다. 그러자 새들이 기다렸다는 듯 수천 마리의 병정개미들 위로 급강하하면서 공격을 시작했다. 여왕개미처럼 병정개미도 피가 튈 정도로 꽉 물어뜯을 수 있기 때문에 아이들은 손에 비닐봉지를 끼고 고무장화를 신고는 조심스럽게 움직여 갔다. 갑자기 털이 많은 작은 수벌들이 나타나자, 그들은 소리를 지르기 시작했다. 수벌들이 나타나는 즉시 수백 개의 원추형 기둥에서 여왕개미들이 한 마리씩 나올 거라는 사실을 알고 있었기 때문이다. 머리 위로 날아다니는 굶주린 새들과 신이 나서 껑충 껑충 뛰어다니는 털북숭이 개미핥기와 함께 사람들도 개미 떼를 덮쳤다. 2~3센티미터 남짓한 길이의 여왕개미들이 망사 같은 날개를 펼치기 위해 구멍 가에 멈춰 서자, 아이들은 그 살진 복부를 잡아 비닐봉지에 집어넣었다.

그날 오후 알론소는 화덕 가에서 아이들에게 어떻게 손톱으로 개미머리를 잡아떼는지 가르쳐주고 나서, 포동포동한 가슴과 배를 튀겼다. "버터와 소금을 치는 사람도 있단다. 산탄데르 지방에서는 개미기름으로 요리를 하기도 하지."

"맛이 어때요?" 아이들이 물었다. 그는 빙긋이 웃으며 개미를 들어 보여주었다.

"에이, 아저씨, 그걸 날로 드실 생각은 아니지요?"

알론소 구티에레스는 콜롬비아 북서부의 커피 농장에서 태어났다. 집안의 작업장에는 도구들이 가득 차 있었기 때문에, 그는 터빈과 같은 갖가지 도구에 대해 일찍부터 잘 알고 있었다. 심지어 자기 나름대로 만든 수동식 사탕수수 분쇄기도 있었는데, 나중에 가비오타스에서 그것을 발전시켜 상업용 모델로 내놓기도 했다. 1970년에 알론소가 안데스 대학교에 입학했을 때는 루이스 로블레스는 이미 정글로 사라진 뒤였고, 기계공학 실험실은 방치된 채 있었다. 알론소는 실험실에서 살다시피 하는 학생 그룹을 이끌어 갔다.

가비오타스에서 사용하고 있는 도구들은 알론소의 논문 주제가 되지 못했다. 그에게 펌프와 풍차 정도는 기분전환 삼아 만드는 것들에 불과했다. 그는 기체역학, 특히 비행기 날개와 직접 닿는 공기의 열전도성에 대해 연구하고 있었는데, 그것은 초음속 제트기를 설계하는 데 필수적인 요소였다. 가비오타스가 유엔에서 처음 연구 보조금을 받자 알론소는 주말마다 비행기를 타고 비차다로 가서 삽과 자신의 학급동료들의 일을 도와주었다. 땅딸막한 알론소 구티에레스를 보면 불독 새끼가 연상된다. 다정하면서도 아주 강했고, 심지어 약간 기괴한 면마저 있었다. 그런데 손에 연장만 쥐었다 하면 아주 정교한 솜씨를 발휘했다. 가비오타스에 아직 전기가 들어오지 않았을 때, 그는 수동 선반을 사용해 가비오타스 최초의 수력 터빈의 마지막 부품을 만들어냈던 것이다.

대학 동창들은 그가 무엇이든 설계할 수 있다고 믿었다. 하지만 그는 글로 쓰는 것은 하려 들지 않았고, 또 할 수도 없었다. 여러 해 동안 그는 자기 연구를 문서화하기 싫어했기 때문에 졸업을 하지 못할 것처럼 보였다. 그의 이 특이한 기질은 그림 그리기 싫어하는 것과 짝을 이루어서 가비오타스에서는 이롭게 작용했다. 거기서는 항상 이론보다는 실천을 가치 있게 여겼기 때문이다. "무언가 만들기 위해 청사진을 그리는 것은 비효율적인 방법입니다." 알론소는 화를 내는 교수들에게 대답하곤 했다. "종이에 적혀 있다고 해서 그대로 작동되는 건 아닙니다. 어쨌든 작동되는지 알아보기 위해 만들어야 한다면, 왜 먼저 시도해보지 않는 겁니까?"

그는 초음속 비행기까지는 아니더라도 모든 것을 만들어봄으로써 자신의 아이디어들을 향상시켜나갔다. 가비오타스에 필요한 도구들을 만들어내는 한편, 인간의 기운(aura)을 찍을 수 있는 카메라를 만들기 위해 5년 동안 비밀스럽게 연구하기도 했다. 그런데 마침내 그 카메라를 만들기는 했지만 대학교에서 쫓겨날까봐 아무에게도 말하지 않았다. 1975년 그는 마침내 학교를 졸업하고 야노스에 와서 살게 되었다.

"이제 그는 어디로 갈까요?" 루이스 로블레스가 호르헤 삽에게 물었다. 삽은 학생들과 함께 점심식사를 하면서 태양열 냉장고를 설계해보라는 이전보다 훨씬 어려운 과제를 내주었다. 학생들이 모두 작업장으로 떠났다. 그런데 알론소 구티에레스만은 어깨에 낚싯대를 맨 채 핸들바에 원형의 금속 조각 다발을 묶은 자전거를 타고 식당 앞을 지나가고 있었다.

삽은 그가 사바나로 사라지는 모습을 지켜보았다. "무언가 골몰하고 있는 거야. 알론소는 뭔가 동시에 하지 않으면 아무것도 할 수 없어." 그가 자전거에 탑재하는 휴대용 책상을 고안한 덕분에 가비오타스의 엔지니어들은 숨 막히는 작업장이 아닌 곳에서도 작업을 할 수 있게 되었다. 지금 그는 사금을 얻기 위해 무코 강으로 향하고 있었다. 여러 해 동안 이 일을 해왔음에도 아직 금은 발견되지 않았다. 하지만 그러는 과정에서 그 주위 몇 시간 거리 내에 살고 있는 야네로는 모두 만날 수 있었다. 그리하여 관개시설을 설치하는 데 도움을 주기도 하고, 근처에 있는 많은 목장들의 급수탱크에 가비오타스 풍차를 세워주기도 했다. 또 과이보에게 기초적인 하수도 놓는 법을 가르쳐주어 대소변을 집 밖으로 내보낼 수 있게 해주었다. 그런가 하면, 가비오타스에 세우고 있는 새 건물들에 야자 잎으로 방수 지붕을 하는 법을 그들에게 배우기도 했다.

"멋지군." 어느 날 오후 루가리가 알론소에게 말했다. 그는 건축 현장 근처 잔디밭에 앉아 팽이를 깎으면서 지붕 얹는 일을 감독하고 있었다.

"돈이 너무 많이 듭니다." 알론소가 대답했다.

"무슨 소리야? 야자 잎은 공짜인데."

"지금이야 그렇겠지요. 알고 보니 방수용 지붕을 만들려면 1제곱미터당 80장의 잎이 필요하더군요. 가비오타스가 계속 성장하고, 특히 야노스에 사람이 살게 할 계획이라면, 그리고 나무를 모두 베어버릴 생각이 아니라면, 기와지붕이나 금속 지붕으로 바꿀 필요가 있어요."

"우리 고장에서 생산되는 재료를 사용하는 게 좋을 텐데……."

"지역에서 나는 자연자원으로 집을 짓는다는 것은 아주 낭만적으로 보입니다. 하지만 항상 순수주의자가 되려고 하는 것은 어리석은 일이에요. 그리고 비실용적이지요. 미래는 자연과 기술을 필요로 할 겁니다. 우리는 통밀 빵으로 태양열 패널을 만들 수는 없습니다."

어떻게 태양 에너지를 동력화할 것인가? 알론소는 하이메 다빌라라는 소년티가 아직 남아 있는 엔지니어를 알게 되었는데, 그는 바로 삽이 그 문제를 맡긴 학생 중의 하나였다. 하이메는 대학 1학년 때 이미 에너지가 빈곤한 이스라엘에서 태양열로 물을 데우기 위해 1950년대부터 집집마다 달기 시작한 직사각형 박스와 비슷한 태양열 집열판을 디자인한 바 있다. 가비오타스에서 하이메와 호르헤 삽은 먼저 태양광선을 모으기 위해 만든 커다란 포물선형 양철통을 가지고 시험해보았다. 그것은 지붕을 얹은 노천 식당 앞에서 금속 조각들을 이어 붙여 만든 것이었다.

가비오타스인들이 데려다 키우고 있는 어미 잃은 스라소니 새끼가, 대나무 곁에 있는 우리에서 맨발의 젊은 엔지니어들을 바라보고 있었다. 주어진 조건에서 그들이 6미터 길이의 곡면 반사경을 완성하려면 알루미늄 호일로 그 양철통을 덮는 수밖에는 다른 방법이 없었다. 그것은 잘 작동되었다. 점심 식탁에서 밥과 빵조각을 슬쩍 훔쳐내곤 했던 청회색 풍금조는 델 듯한 표면에 앉으면 안 된다는 사실을 금방 알게 되었다. 그런데 태양열을 중앙 설비에서 파이프를 통해 나르는 것은 각 집에 지붕 집열판을 설치하는 것보다 비효율적이었다. 그리하여 가비오타스는 비가 오는 사바나 하늘 아래서 물을 데울 수 있는 작은 집열장치를 만들기로 했다.

"그걸로 무얼 하시려구요?" 하이메가 포물선 형태의 여물통을 가리키며 물었다. 어느 날 아침, 그들은 식당에 앉아서 여드레 동안이나 퍼부어대는 비가 그치기를 기다리고 있었다. 하이메가 보고타로 돌아가는 비행기를 탈 수 있게 말이다. 이렇게 오도가도 못 하게 될 줄은 상상도 못 했기 때문에 교과서를 가져오지 않은 하이메는, 고체역학 과목의 시험공부를 할 수 없었다. 대신 삽이 그를 지도해주고 있었다.

"파올로는 태양열 주방을 원한다네. 아마도 우리 오븐을 만들지도 모르지."

"그럼 세상에서 가장 큰 바게트가 나오겠네요."

알론소 구티에레스는 하이메 다빌라와 생물학도인 하이메의 여자친구 후아나를 지프에 태우고 훤하게 트인 초원으로 소풍을 나갔다. 후아나는 저명한 스페인의 이민화가 후안 안토니오 로다의 딸이었다. 후아나의 오빠 마르코도 화가인 동시에 사진작가였는데, 아내 미레야와 함께 가비오타스에 들를 때가 많아졌다. 알론소는 자신의 새 목장을 보여주려고 그들 모두를 초대했다. 그는 가비오타스에서 먼 변방에 자기 소유의 땅이 있었고, 언젠가 사바나의 일부가 되기를 원했다. 마르코 로다는 삼각대를 세우고 야노스를 배경으로 사진을 찍었으나 야노스의 희미한 지평선은 카메라의 한계를 조롱할 뿐이었다. "여기서 살 방법은 없을까요?" 미레야가 물었다.

"우리도 여기서 살자." 후아나가 하이메에게 말했다. 후아나와 루가리는 가비오타스 연못에 토종 식용 물고기를 기르는 일에 대하여 논의하고 있었다.

"먼저 졸업을 해야지." 하이메가 상기시켰다. "그때까지 이곳이 존재할지 알 수 없잖아?"

"삽 교수님께 당신 학부를 이리로 옮겨달라고 부탁드리지, 뭐. 그분도 여기 계시니."

그건 사실이었다. 호르헤 삽은 야노스에서 시간을 너무나 많이 보내고 있었다. 이제는 가비오타스에서 있는 시간을 정당화하기 위해 학교에 해명할 구실도 동이 나버렸다. 학생들 사이에서는 수수께끼 같은 존재가 되어 그의 연구실 문이 1년 이상 잠겨 있다는 소문이 나돌기도 했다. 1974년, 모든 사람이 삽의 장기부재로 지쳐 있을 무렵, 그는 학부 학장으로 내려앉았다. 그리고 1976년 유엔개발계획에서 내준 보조금으로 가비오타스에서 진행되는 연구와 홍보활동을 조정하기 위해 안데스 대학을 완전히 떠나게 되자 동료들은 눈이 휘둥그레졌다.

그러는 동안 알론소 구티에레스는 가비오타스에 수로와 하수처리 시스템을 설계하는 데 아주 흥미를 느끼게 되었고, 그 결과 마침내 수력학으로 석사학위를 받았다. 그는 거친 삼베주머니에 흙과 시멘트를 채워서 만드는 유연한 블록재인 가비오네스를 개발하는 데 도움을 주었다. 또, 정화한 물을 이용하여 야노스의 잔모래를 씻어서 흙시멘트를 만드는 데 사용할 수 있도록 폐쇄형 토양 세척기를 만들었다. 그 무렵 그는 야노스의 흙이 애초부터 그렇게 척박하지 않았을 거라는 결론을 내리게 되었다. 사바나가 한때 숲으로 덮여 있었다면 빗물에 용해된 유기물질이 표토 아래에, 어쩌면 100미터 아래에 퇴적되어 있을 거라고 그는 생각했다.

"땅속 저 아래에는 우리에게 도움이 될 만한 게 없을 것 같은데……." 스벤 제텔리우스가 말했다.

"그렇다면 가서 한번 파봅시다."

"그런 제안을 어떻게 올리나?"

알론소는 묻혀 있는 표토를 찾아내기 위해 커다란 굴착장치를 만들 계획을 세웠다. "만약 표토를 발견하게 되면, 구멍에 물을 펌프질해서 내려보내 그것을 용해시킨 다음 땅 표면에 뿌리면 됩니다."

제텔리우스는 그를 말릴 생각도 하지 않았다. 과학자로서 그는 알론소 구티에레스를 사로잡고 있는 특유의 열정, 만족할 줄 모르고 끊임없이 실험에 매달리는 그 열의를 존중했다. 그리하여 알론소와 그의 친구들은 굴착 장치를 만들어 구멍을 여러 개 파보았지만 아무것도 나오지 않았다. 그렇다고 해서 기죽을 알론소가 아니었다. 시도해보지 않았다면 없다는 사실을 알기라도 했겠는가?

그들에게는 아이디어가 너무나 많아서 잠잘 시간도 없을 정도였다. 그들이 실망한다면 그 이유는 단 하나, 그 모든 것을 시험해볼 시간이 모자란다는 사실뿐이었다. 어느 하나를 시도하느라 다른 모든 것을 멈출 때도 많았다. 예컨대 먼지 구덩이 속에서 흙을 파내던 알론소는 점토의 팽창하는 성질에 대해 곰곰이 생각하게 되었는데, 그 결과 점토는 습기만 충분하면 건물을 들어올릴 수 있을 정도로 팽창력이 대단하다는 것을 발견하게 되었다. 그때 알론소는 가비오타스 주위를 어슬렁거리고 있는 에드가르 고메스라는 국립대학 학생이 참으로 독창적인 개념에 대해 논문을 쓰고 있다는 사실을 알게 되었다. 그 논문의 주제는 점토를 이용하여 식물이 스스로 물을 빨아들이게 하는 무전력 관개 시스템에 관한 것이었다.

고메스의 시스템은 6밀리미터 굵기의 유연한 관으로 되어 있었는데, 전형적인 드립(drip)식 관개 시스템이 그렇듯이 물이 그 관을 통해 수도꼭지에서 식물의 뿌리로 직접 흘러 들어가도록 되어 있었다. 다른 점은 30센티미터 길이의 신축성 있는 관 주위에 2.5센티미터 두께의 점토를 채워넣고 그것을 작은 구멍이 뚫린 세라믹 커버로 둘러싼다는 것이다. 세라믹 케이스로 둘러싼 이 점토 실린더를 식물 근처의 땅에 묻으면 되는 것이다.

주위를 둘러싸고 있는 흙에 물기가 있다면, 실린더에 있는 점토가 크게 부풀어 유연한 송수관을 옮죔으로써 물의 흐름을 막는다. 흙이 건조해지면 실린더 안에 있는 점토가 마르면서 줄어들어 물이 식물의 뿌리로 흐르게 된다. 땅이 다시 축축해지면, 점토가 다시 부풀어 올라 물의 흐름을 통제한다.

알론소는 정원 스스로 물이 필요한 때를 결정하는 이 장치의 단순함에 매료되었다. 이스라엘인들이 네게브 사막에 설치하려고 한 값비싼 컴퓨터와는 달랐던 것이다. 그가 보기에 그들이 강과 지하수층에서 물을 빨아올리기 위해서는, 태양열에 의해 팽창하는 액체를 신축성 있는 송수관에 넣어 물의 흐름을 조절하는 장치를 가진 태양열 펌프가 필요했다. 그는 이런 것을 만들고 싶어 안달이었다.

그러나 몇 차례의 신중한 테스트 끝에 점토 관개시설의 개발이 연기되었다. 알론소 구티에레스에게 기발한 생각이 떠올랐기 때문인데 그것은 콜롬비아, 혹은 그 너머 훨씬 멀리 살고 있는 농부들의 삶을 바꾸어놓을 수 있는 아이디어였다.

"문명은 인간과 물 사이의 끊임없는 대화입니다." 파올로는 이렇게 말하곤 했다. 루가리는 가비오타스를 발견하고 나서 1년 후에 한 토질 연구를 통해, 야노스 지역이 안데스 산맥에서 흘러 내려와 모래층을 통과한 깨끗한 물로 가득 찬 거대한 지하 저수지 위에 놓여 있는, 마치 초대형 매트리스 같은 땅덩어리라는 사실을 알게 되었다. 그럼에도 불구하고 야네로와 지역 원주민들이 앓고 있는 병의 80퍼센트가 지표면 근처의 수질 오염이 원인이었다. 호르헤 삽이 확인했듯이 가장 중요한 과제는 지하에서 깨끗한 물을 얻는 것이었다.

첫 번째 시도에서 유도 펌프라고 하는 오래된 수동식 기계를 사용했는데, 인간이 발명한 물과 관련된 도구 중에서 가장 오래된 것일지도 모른다. 그것은 실린더 안의 피스톤이 올라오면서 물을 들어올리는 방식인데 기압에 의존하기 때문에, 유도 펌프 우물은 대기압이 물기둥을 지탱할 수 있는 최대치의 높이인 10미터보다 깊어서는 안 된다. 게다가 그러한 수동 펌프의 적용범위는 실제로는 더 적다. 왜냐하면 물을 10미터 높이로 끌어올릴 수 있는 피스톤 축은 너무 무거워서 대부분의 사람들은 엄두도 못 내기 때문이다.

가비오타스의 모델은 4미터밖에 되지 않았는데, 너무 얕아서 물이 깨끗하지 못했기 때문에 주로 구아바 나무에 물을 주는 데 사용되었다.

그처럼 끝없이 평평한 지대에서 그 다음에 할 일은 바람을 이용하여 인간의 일을 대신하게 하는 것이었다. 그동안 풍차들이 열대의 무풍지대에 도전해왔다지만, 그 지역의 바람은 너무나 약해서 거의 정지해 있다시피 한 공기를 움직이기는커녕 아예 포기하는 것처럼 보일 때가 많았다. 원래 가비오타스의 풍차는 핀란드 선교사가 쓴 책을 보고 구상한 것으로, 208리터짜리 드럼통 두 개를 반으로 잘라 두 개씩 엇갈리게 용접하여 두 쌍의 국자형 날개를 만든 다음, 그것을 지지대 위에 고정시킨 것이다. 그런데 그 무게가 열대 지방에서는 비실용적이라는 것이 금방 드러났다. 드럼통 날개는 그것들을 움직일 수 있을 정도로 강한 바람이 불 때만 겨우 돌아가는 풍향계 노릇밖에는 할 수 없었다.

그들은 열대의 부드러운 산들바람에 반응하면서도 갑작스런 폭풍에도 견딜 수 있는 풍차를 디자인하기 위해 57개 이상의 풍차 모델을 만들어 실험했다. 삽의 수석 조교는 제프리 할러데이라고 하는 팔다리가 껑충한 안데스 대학교 졸업생으로, 콜롬비아에서 태어난 영국인 이민자의 아들이다. 그는 보고타에서 공장을 경영하고 있었는데 마침 싫증을 느끼고 있던 차에 삽에게 뽑혀 왔다.

그들은 네덜란드와 크레타 섬에서 사용하는 것과 같은 캔버스가 덮인 날개를 시도했다. 우선 PVC 파이프를 잘라 뒤틀린 대팻밥 모양을 한 풍차 날개를 만들었다. 다음에는 알루미늄 판으로 날개를 만들었는데, 예기치 않은 광풍으로 찢어지기 전까지 아주 멋지게 작동했다. 날개가 4개짜리와 5개짜리, 날개에 꼬리가 붙은 것과 안 붙은 것 등 모두를 실험해보았다. 그들은 고안품을 동력계(dynamometer)와 회전력계(torque meter)에 건 다음, 제프리의 지프 뒤에 매달고 시험을 해보았다. 오전 5시에 일어나, 새벽의 정적을 깨며 시속 100킬로미터의 속도로 사바나를 통통 튀듯이 달렸다. 모여 있던 남방 댕기물떼새들이 깜짝 놀라 여기저기 흩어졌다.

드디어 호르헤가 제프리에게 자기가 고안해낸 또 다른 피스톤 펌프를 건네주면서 물이 담긴 양동이에 꽂아보라고 하던 날, 그들은 획기적인 진전을 이루었다.

"양동이에서 물을 품어올리라는 소리입니까, 아니면 양동이 안에 펌프를 집어넣으라는 소리입니까?"

"이것은 물에 담글 수 있는 거야. 그러니까 어서 집어넣게."

제프리는 호르헤가 시키는 대로 했다. 실린더 안에 있는 공기 대신 물이 들어차면서 콸콸거리는 소리가 났다. 제프리가 피스톤을 들어올리자, 안에 있는 물이 품어져 나왔다. 놀라운 일은 그 다음에 일어났는데, 그가 피스톤을 원래 위치로 되돌려놓자 훨씬 더 많은 물이 품어올려진 것이다.

"저걸 보게." 삽이 속삭였다.

"이중효과로군요!"

"양방향으로 펌프질을 해봐." 그 말을 듣고 제프리는 공기를 빨아들이는 소리와 함께 양동이 안에 있던 물이 모두 나와 주변이 흥건해질 때까지 그 기묘한 장치를 계속 작동시켰다.

호르헤 삽은 의도하지 않게 가비오타스 이중작용 펌프를 발명했다. 그리고 2년이 지난 후, 삽과 루이스 로블레스는 마침내 초경량 풍차를 완성하여 거기에 연결시켰다. 그런데 아무리 간단하고 비용이 적게 든다 하더라도 농민들이 풍차를 설치한다는 것은 경제적으로 벅찬 일이었다. 그리하여 그들은 여전히 냇가나 비위생적인 얕은 우물에서 오염된 물을 힘들여 길어올렸다.

기다림. 알론소 구티에레스는 벌떡 일어나 주위를 둘러보았다. 그는 야노스의 자기 땅 잔디 위에 누워 잠이 들었었다. 지평선에 떠 있는 남십자성의 기울기를 보니 한밤중과 새벽 사이쯤 되는 것 같았다. 눈을 감았다. 대답은 여전히 거기 있었다. 너무나 분명했다.

알론소는 피스톤의 문제점에 대해서는 뭐든지 알고 있었다. 그 문제들의 역사는 1000년 이상이나 된다. 예를 하나 들자면, 물이 수관 측면에 부딪혀 생기는 막힘현상(seal)이 있다. 갇혀 있던 물을 끌어올리고자 피스톤을 움직이기 위해서는, 물과 피스톤 그리고 피스톤 축의 무게뿐 아니라 막힘현상의 압력을 이겨내고 그것들을 들어올리기 위한 힘이 있어야 한다.

알론소는 주머니를 더듬어 펜을 찾은 다음 손바닥과 팔 안쪽에까지 끄적거리며 무언가를 적기 시작했다. 다음 주 내내 그는 노트를 가지고 다녔다. 그러다 어떤 생각이 떠오르자 노트를 내던지고 작업실로 들어가 생각했던 모델을 만들기 시작했다. 무거운 피스톤을 들어올리느라고 애쓰는 대신, 플라스틱 수관 안에 피스톤은 그냥 놔두고 가벼운 수관들을 들어올리는 게 더 낫지 않을까?

그는 하이메 다빌라를 찾아갔다. 하이메는 작업실 안에 겹겹이 쌓여 있는 태양열 온수 패널 더미에 가려져 거의 눈에 띄지 않았다. 벤치 위에는 구리 파이프가 널려 있었는데 서로 용접된 것도 있고 세로로 잘린 것도 있었다. "열교환기랍니다." 그는 눈을 가리고 있던 짙고 검은 머리카락을 쓸어올리면서 말했다. "아직 완성하지 못했어요."

하이메는 얼마 동안 물 문제를 반대 방향에서 접근했다. 태양열을 이용하여 오염된 물을 끓이고 나서 온도를 내려 식힌 다음, 그 물을 마실 수 있는 정수기를 구상하려고 애쓰고 있었다. 그러한 정수기가 나온다면 수많은 질병을 예방할 수 있을 것이다. 하이메와 알론소, 제프리 할러데이는 무언가 영웅적이라고 할 만한 것, 그야말로 세상을 바꾸어놓을 수 있는 그 무엇을 발명하는 것에 관해 늘 이야기를 나누었다. 알론소는 자신이 대강 만든 실물 크기의 펌프 모형을 내려다보았다. 이것이 모든 것을 바꾸어놓을 바로 그 무엇이 될 수 있을까?

"그게 뭡니까?" 하이메가 물었다.

알론소가 설명을 하자 하이메가 휘파람을 불었다.

열대 지역에서 대부분 그렇듯이 건기에는 야노스의 지하수면이 너무 깊이 내려가 있어서 전통적인 수동 펌프로는 물을 퍼올릴 수가 없었다. 그리하여 병균이 득실거리는 지표면의 물이 유일한 식수원이 된다. 그러나 슬리브 펌프는 대기압에 저항하여 따로 힘을 쓸 필요가 없기 때문에 훨씬 깊은 우물에서도 물을 품어올릴 수 있을 거라고 알론소는 확신했다.

"그뿐 아닙니다. 너무나 가벼워서 어린아이라도 작동시킬 수 있습니다. 여성의 새끼손가락만 가지고도 할 수 있을 정도지요."

"깊이가 얼마나 됩니까?" 하이메가 물었다.

알론소는 아직 자신의 시제품에 굴대를 박아넣을 기회는 없었지만, 이미 계산은 해놓은 터였다. 그것은 기본적으로 플라스틱 수관

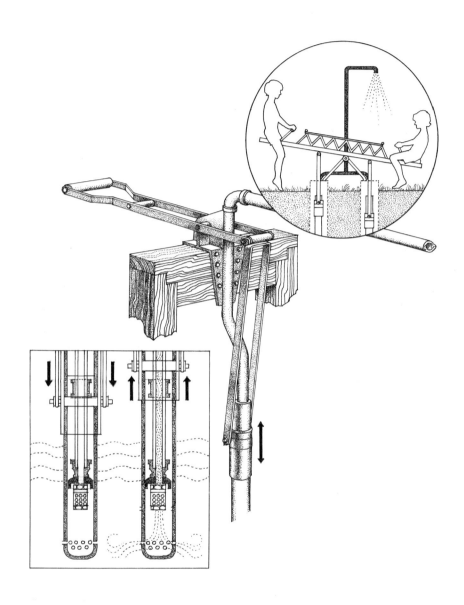

▲ 가비오타스 수동 슬리브 시소 펌프

(sleeve)의 길이에 좌우되었다. PVC 관은 내부에서 꼼짝도 않는 피스톤에 비해 훨씬 가볍기 때문에, 기존의 펌프보다 네 배 이상 깊이 들어갈 수 있을 거라고 알론소는 계산했다.

"40미터나 된다구요?"

"보통 펌프 손잡이로 작동시킬 때 그렇다는 것입니다. 이론적으로 볼 때 그것을 연장시키면 훨씬 깊이 내려갈 수 있습니다."

한때 그들은 아르키메데스 펌프를 만든 적이 있었다. 스크루의 원리에 근거한 그것은, 회전하는 내부의 나선을 이용하여 물을 끌어올렸다. 하지만 이 펌프 역시 움직이는 부분들의 무게에 의해 제한을 받았다. 이제 알론소는 마치 아르키메데스가 된 것 같은 기분이 들었다. 충분히 긴 지렛대와 서 있을 수 있는 장소 그리고 슬리브 펌프만 있으면 지구의 중심에서도 물을 빨아올릴 수 있다!

"아직 삽 교수님에게 보여드리지 않았습니까?"

"그분은 보고타에 계십니다."

"참으로 경축할 일입니다. 마그누스를 찾아봅시다."

최근 가비오타스에서는 스벤 제텔리우스의 아들 마그누스 제텔리우스가 의사의 임무를 맡게 되었다. 그는 콜롬비아 국립대학에서 의학공부를 마친 후 미국 태생의 아내 아리안나와 함께 왔다. 콜롬비아 정부가 의과대학 졸업생들에게 요구하는 농촌 봉사 의무기간을 채우기 위해서였다. 교사인 아리안나는 보고타에서 만났다. 의무봉사 기한이 끝났지만 그들은 야노스에 머물기로 했다. 야노스에서의 생활이 너무 흥미로워서 떠날 수가 없었던 것이다.

하이메와 알론소가 두 칸짜리 벽돌 진료소에 도착해보니, 마그누스는 여느 때처럼 빗질도 하지 않은 채 계단에 앉아 있었다. 껑

충하니 큰 키의 그가 담뱃불을 붙이기 위해 몸을 기울이고 있었다.

"담배 피우고 있었습니까?" 알론소가 마그누스에게 물었다.

"아니오. 그런데 한 대 피워야 할까 봅니다."

"환자는 어떻습니까?"

"나아지고 있습니다. 참 놀랍지요."

일주일 전 젊은 과이보 인디언 한 사람이 가비오타스로 실려 왔다. 전날 오른쪽 다리를 그 지방의 살모사 종인 몬타뇨사에 물렸다고 했다. 마그누스는 패혈증으로 인한 쇼크가 진행되고 있다는 사실을 즉시 알아보았다. 발톱 색깔은 괴저로 변해 있었고, 입 안쪽에서는 피가 흐르고 있었다. 혈압과 체온이 모두 떨어졌다. 중탄산소다액, 해독 혈청 그리고 테트라사이클린을 주사했지만 환자는 혼수상태에서 깨어날 줄 몰랐다.

우기라 환자를 큰 병원으로 데려가는 데는 사흘이 걸린다. "죄송합니다." 마그누스가 가족들에게 말했다. 과이보들이 자기들끼리 모여서 수군댄 다음 다시 돌아왔다. 그들은 제텔리우스를 가만히 들여다보며 부끄러운 듯 샤먼과 상의해도 좋겠냐고 물어보았다. "물론이지요." 그는 승낙했다. 이제 자기가 할 수 있는 일은 별로 없었던 것이다.

"샤먼이 있습니까?"

"여기 있습니다."

그들이 데려온 사람은 마그누스가 모르는 사람이었다. 그런데 그는 마그누스에게 탈장 치료를 받은 적이 있다고 했다. 그러고 보니 그 주름투성이 늙은 과이보가 오리노코 가까이 있는 마을에서 사흘이나 걸려 엄청 고생을 하며 말을 타고 온 기억이 났다. 그가 발을 질질 끌며 걸어왔다. 그의 짙은 아몬드빛 눈동자에 빈약한 턱수염의 경사진 돌출부가 비쳤다. 그는 죽어가는 환자 위로 잠시 고개를 숙였다가 일어나더니 "담배를 가져오시오." 하고 과이보들에게 말했다.

그가 말한 것은 니코틴의 강도가 환각 상태를 유발시킬 수 있을 정도로 강한 야생 담배였다. 그것은 야노스 지역에서는 자라지 않는 것이었다. 샤먼은 눈을 감았다. "그렇다면 보통 담배 세 대를 가져오시오."

마그누스는 간호사더러 담배를 찾아오라고 하면서 마이클 발릭도 데려오라고 했다. 발릭은 하버드 대학에서 민속식물학 박사 과정을 밟고 있는 학생으로, 가비오타스에서 거의 3년을 머물면서 원주민들의 토종 야자 이용에 대해 연구하고 있었다. 그는 과이보들과 함께 씨앗을 찾고 그들의 언어를 배우는 가운데 친구가 되어 있었다. 그렇기 때문에 담배로 환자를 치료하는 모습을 보고 싶을 거라고 생각했던 것이다.

마이클 발릭이 숨을 헐떡이며 노트와 담배를 가지고 나타났다.

샤먼은 담배 한 대에 불을 붙였다. 그러고는 환자의 머리 근처에 몸을 기울이고 밤비둘기 울음소리 같은 단조로운 음을 반복해서 내기 시작했다. 그리고 각 소절이 끝날 때마다 담배연기를 깊이 들이마신 다음 환자의 얼굴에 연기를 뿜어냈다. 이런 식으로 팔과 다리에도 연기를 뿜었다. 그러고 나서 담배를 물잔 속에 담가 담뱃물을 우려냈다.

그는 여전히 노래를 부르면서 환자의 머리에서 발끝까지 그 물을 조금씩 뿌렸다. 나머지 담배를 가지고도 거의 반시간 동안 그렇게 반복했다. 발릭은 마그누스가 환자의 생체신호를 모니터할 때 그의 관찰을 기록했다. 환자가 눈에 뜨일 정도로 조용해졌다. 임상적으로 그 환자는 여전히 중독 상태에 있었다. 그럼에도 불구하고 샤먼의 의식이 끝난 지 몇 분 후, 마그누스는 발릭에게 환자의 긴장이 완전히 이완되었고 심장 박동과 체온이 정상이 되었다고 병상일지에 기록하라고 했다.

나흘째 되던 날 환자는 이미 썩어버린 다리 외에는 모두 나았다. 그는 다리를 절단해야 된다는 소리를 듣고도 평온했다. 그리고 호르헤 샵의 엔지니어들이 만들어준 의족을 받아들고 그 사용법을 익혔다. 그러고 나서 집으로 돌아가서 사냥도 하고 채집도 했다. 나중에 제틸리우스와 발릭은 샤먼의 기적적인 응급치료에 대한 글을 국제 민족생약학지에 발표했다.

마그누스는 알론소 구티에레스의 모형 슬리브 펌프에 대하여 들으면서 그것으로 수많은 생명을 구할 수 있다는 것을 깨달았다. "40미터까지 뚫는 데 힘이 많이 듭니까?" 그가 물었다.

"묻혀 있는 표토를 발견하기 위해 내가 만든 그 우스꽝스런 장비 기억납니까? 우리는 거의 100미터까지 내려갔습니다."

그 슬리브 펌프 덕분에 이제는 여성이나 어린이들이 물을 긷기 위해 머리에 물동이를 이고 매일 여러 시간 우물로 왔다갔다할 필요가 없어졌다. 그것은 엄청난 기술상의 발전으로서 스스로의 힘으로 환경을 개선하고 생명을 보존할 수 있다고 하는 가비오타스인들의 신념을 강화시켜주었다. 그런데 과연 이러한 과학기술은 영혼이 필요로 하는 것, 즉 과이보 샤먼이 죽어가는 환자에게 숨을 불어넣어 돌려준 그 영적인 것을 다룰 수 있을까? 무엇이 전체

민중의 미래를 되살려줄 수 있을 것인가?

　10년 전까지만 해도 과이보는 야노스 주위에서 아주 오랜 선조들이 살아오던 생활양식을 그대로 따라왔었다. 주기적으로 일정 지역에 정착해 살면서 맥, 사슴 등을 사냥했고, 커다란 사냥감이 드물 경우에는 원숭이까지 잡아먹었다. 5년쯤 지난 후 사냥감이 줄어들면서 사람들은 점차 야노스를 떠나게 되었고, 그 뒤로 서서히 야생동물의 개체수가 다시 늘어나기 시작했다. 그런데 백인들의 울타리로 인해 사냥감을 찾아 주기적으로 이동하는 과이보 인디언들의 생활리듬이 파괴되자 지역의 야생동물과 원주민 모두 눈에 띄게 줄어들고 있었다.

　가비오타스인들은 그 울타리가 사실상 모든 사람을 가두어버렸다고 생각했다. 그러므로 그들이 건설하고자 한 작고 건전한 문명은, 스스로 만들어낸 독소에 젖어 허우적거리는 인류에게 잃어버린 감각을 되살려주고자 하는 시도였다. 돌이킬 수 없는 충격의 징후들이 이미 분명히 드러났고 가비오타스는 지극히 적은 양의 해독제일 뿐이었다.

❧

　가비오타스에서 마그누스 제텔리우스의 전임자는 칼리 출신의 의사였다. 1975년 오스카르 구티에레스가 농촌봉사의 의무를 채우기 위해 아마존으로 파견될 때, 화학자인 삼촌에게 당신의 동료인 스벤 제텔리우스가 옛날 북아메리카의 서부 개척자들처럼 몇몇 이상주의자들과 함께 야노스로 떠났다는 이야기를 전해 들었다.

호기심이 생긴 오스카르는 보고타에서 파올로 루가리를 찾아갔다. 루가리가 말하길 가비오타스에서는 인디언들을 총으로 쏘는 게 아니라 구해주려 애쓰고 있다고 했다. 가비오타스에는 진료소로 쓸 수 있는 빈 건물이 있다면서 "갈 준비가 되었소?"하고 물었다.

  일주일 후 구티에레스는 사바나의 열기 속에서 땀을 훔쳐내며 뱀이 득실거리는 벽돌 움막을 진료소로 개조하느라 애쓰고 있었다. 그때 과이보 인디언들이 새로 부임한 의사를 찾아와서는 자기들 마을 카리베이에 천연두가 번지고 있다고 말해주었다. 오스카르는 자루걸레와 양동이를 내던지고 그들을 따라갔다. 천연두는 근절된 것으로 알고 있었는데 만약 사실이라면 유엔에 보고해야 하리라. 카리베이는 21킬로미터밖에 떨어져 있지 않았다. 그 마을이 정말로 천연두에 감염되었다면 가비오타스도 위험했을 것이다.

  다행히도 그것은 천연두가 아니라 홍역이라는 사실이 밝혀졌다. 하지만 그렇게 많은 어른이 한꺼번에 감염된 것은 처음 보았다. 그들은 진흙 바른 오두막 안 땅바닥에 줄지어 누워 있었다. 여인들이 양동이로 강물을 퍼 와서는 스펀지로 환자들을 닦아주면서 열을 식히려 애쓰고 있었다. 오스카르는 독감약을 나누어주었다. 며칠 후 과이보들이 와서 인디언들이 죽어가고 있다고 했다. 그가 다시 돌아가서 보니 상황이 아주 심각했다. 그는 진통제를 나눠주는 일 밖에 할 수 없었다. "홍역 치료약은 없습니다." 그가 절망적으로 설명했다. "면역이 되어 있지 않으면 죽을 수도 있습니다." 면역이 된 사람이 없는 게 분명했다. 무코 강에서 말을 타고 온 어떤 사제가 강변을 따라서 환자들이 더 있다고 알려주었다.

  오스카르 구티에레스가 사흘 동안의 힘겨운 육로 여행 끝에 가비오타스에 온 것은 겨우 2주 전이었다. 이제 전염병을 막기 위해 백신을 구하러 보고타로 다시 돌아가야 했다. 그런데 연방 보건부에서는 백신이 없다고 하면서 홍역은 흔한 병이니 걱정할 것 없다고 말하는 것이었다. 할 수 없이 그는 빈손으로 가비오타스로 돌아왔다. 일주일 후 그는 다시 보고타로 돌아갔다.

"백신이 없소." 보건부는 같은 말을 반복했다.

"사람들이 죽어가고 있습니다." 오스카르도 굽히지 않았다.

"그게 어쨌다는 거요? 그들은 인디언이오."

그는 칼리와 메데인에 전화를 했다. 기어코 카르타헤나에서 4000개의 홍역 백신을 찾아냈다. 그리고 비차다를 보고 싶어하는 민간 순찰대도 만났다. 그들이 벌인 면역 캠페인으로 많은 사람이 살아났다. 하지만 너무 늦어서 그 혜택을 받지 못한 사람도 많았다. 보건부에서 무시했던 그 전염병은 결국 베네수엘라까지 퍼져나갔다. 사망자가 아주 많았는데도 그 사실은 보고타 신문의 뒷면에만 실렸을 뿐이다.

농촌봉사 의무를 마치기 위해 가비오타스에 왔던 오스카르 구티에레스는 거기서 1년을 더 머물다 심장학을 공부하러 유럽으로 떠났다. 그것도 이전 조교였던 마그누스 제텔리우스가 최근에 박사학위를 취득한 뒤 그 자리를 이을 거라는 사실을 확인하고 나서야 떠날 결심을 했다. 그들은 홍역 캠페인 활동을 하면서 겪은 것을 토대로 야노스 마을들이 서로 너무 멀리 떨어져 있다는 사실을 감안하여 새로운 보건방역 시스템을 구상했다. 그리하여 의사들이 비행기를 타고 다니는 모습, 보트와 지프를 타고 강을 건너는 모습 등을 그려보았다. 그들은 각 정착지마다 라디오를 설치하여 인디언과 야네로들이 급할 때는 중앙진료소에 전화를 걸어 응급지시를 받거나 구급차를 부를 수 있게 되기를 바랐다. 그들은 가비오타스의 학교가 원주민들에게 서양 의학의 기초를 가르치는 중심지가 되고, 동시에 약용 식물에 대한 인디언들의 지식을 담아내는 보고가 되기를 바랐다.

그들은 보건부에 자금을 지원해달라는 제안서를 제출했다. 마이클 발릭의 현장 조교인 에우테미오 바르가스라고 하는 과이보가 큰 도움을 주었다. 의료 활동가 데이빗 워너가 멕시코에서 쓴 《의사가 없는 곳에서(Where There Is No Doctor)》라는 의료지침서를 과이보 언어인 시쿠아니어로 번역해주었던 것이다. 미션 스쿨에서 스페인어를 배우고 군 복무를 마친 바르가스는 가비오타스가 인디언들을 위해 마련한 응급처치에 관한 강의를 통역하고, 가비오타스가 설립하려 하는 보건기구를 홍보하기 위해 인디언 마을들을 방문하는 데 동행해주었다.

그들의 활동을 담은 기록영화가 1976년 밴쿠버에서 열린 '인간의 주거문제에 관한 유엔 세계회의(World Conference on Human Settlements and Habitat)'에서 상영되었다. 파올로 루가리와 오스카르 구티에레스가 거기에 참석하여 연설을 했다. 2년 후 부에노스아이레스에서 열린 '개발도상국 사이의 기술협력에 관한 세계회의'에서 가비오타스는 제3세계에서 적정기술을 구현한 선구적인 사례로 언급되었다. 그럼에도 불구하고 콜롬비아 보건당국은 야노스에서 의료 서비스를 하겠다는 그들의 제안을 거절했다.

"파렴치하군." 마그누스가 말했다.

"다 표 때문이야." 파올로 루가리가 대답했다. "야노스에는 표가 없어. 인디언들은 투표하지 않거든. 설사 그들이 투표를 하더라도 셈에 넣지도 않고. 그게 현실이지."

"정말 진절머리나는 현실이군요." 마그누스가 말했다. "우리끼리 병원을 시작하는 게 좋을 것 같군요."

"그래야지." 하고 파올로가 말했다. "아무렴, 우리는 해내고 말 거야."

❧

1970년대 말 콜롬비아에서는 제대로 되는 일이 하나도 없었다. 군사독재가 끝나던 1958년부터 1974년까지 두 정당이 대통령직을 4년씩 번갈아 맡기로 동의했다. 이 연립 '내셔널 프런트(National Front)'는 16년에 걸쳐 전국적인 연대를 점차적으로 제도화하려고 했다. 그런데 연대를 하기는 했지만 원래 의도한 대로는 아니었다.

민중을 빈곤에서 구제하기 위하여 신용기금이나 토지, 취업기회를 제공하겠다던 양편의 지도자들과 부유한 세력가들은 한 세대가 지날 무렵 이러한 것들을 자기들끼리 모두 나누어 가졌다. 인디언들과 가난한 농부들은 그들의 가장 좋은 토지를 대규모 목장과 상업적 플랜테이션에 빼앗기고 말았다. 군사독재 시절 약속했던 인디언 보건 프로그램을 위한 재정이나 야노스와 같이 외딴 마을에 길이나 전기를 놓겠다는 공약은, 민주주의로 돌아가려는 지금의 전환기에서는 저 멀리 있는 꿈이 되어버렸다.

오지에서 정부 보조를 바랄 수 없게 되자 게릴라들이 점점 더 대담해졌다. 지나친 방임에 대한 알레르기 반응처럼 나라 곳곳에서 폭동이 일시에 일어났다. M-19라고 하는 게릴라 집단은 보고타 군사기지 내 무기고를 습격하여 수많은 무기를 탈취했다. 그로부터 얼마 후, 그들은 도미니카 대사관에서 열린 연회를 덮쳐, 미국 대사를 포함해 그 자리에 참석한 외국인 외교관들의 거의 절반을 여러 달 동안 인질로 잡아둔 일도 있었다.

콜롬비아무장혁명군은 농민방위군으로 시작하여 전국적으로 활동하는 27개의 잘 무장된 전선으로 성장한 게릴라 단체이다. 그들은 세라니아 데 라 마카레나에서 리처드 스타라는 미국 평화봉사단 식물학자를 납치하여 3년 동안 검은 비닐 텐트에 가두어놓았다가 그가 미쳐버리자 놓아주었다. 몇 달 후 그는 자살을 하고 말았다. 그해 평화봉사단은 콜롬비아에서 철수했다.

1974년 재개된 치열한 선거가 끝난 후, 민간정부의 정치적 폭력을 종식시키기 위한 시도는 시작 단계에서부터 군부에 의해 무력화되었다. 라틴아메리카 전역에 퍼지고 있는 카스트로의 혁명 열기에 콜롬비아가 전염되도록 내버려두지 말라는 미국의 압력 속에서 군부는 새로운 두 그룹, 즉 쿠바의 영향을 받은 민족해방군(ELN)과 모택동주의자 인민해방군(ELP)를 근절하려고 애쓰고 있었다. 4년 후 새 대통령은 전국적으로 계엄령에 준하는 포고령을 내고 게릴라에 대해 전면전을 선포했다. 그리하여 자의적인 체포, 고문, 학살이 일상적인 일이 되고 말았다. 반정부적인 낙서를 하거나 잭나이프를 숨기고 다니는 행위는 국가전복 혐의로 체포되어 6개월의 징역형을 받을 수도 있었다. 좌익에 동조하는 것으로 의심되는 마을에는 불을 놓아버렸다. 하지만 반대파는 수그러들기는커녕 싸움이 더욱 치열해지기만 했다.

마그누스와 아리아나 제텔리우스 그리고 과이보 보건일꾼들은 지프나 자전거로 야노스 전역을 회진하면서, 혹은 의료기구들을 싣고 무코 강을 따라 통나무 카누를 저어가면서 반정부 운동가들을 자주 만나게 되었다. 그들 중에는 '라 비올렌시아' 10년을 거치면서 생겨난 나이 든 게릴라의 자녀들도 있었고, 새로운 토지 점령기 동안의 학살로 가족을 잃고 최근 이주해 온 사람들도 있었다. 보통 마을들 사이에 나 있는 길 방책에서 그들과 마주치곤 했는데, 거기서 매복 중인 게릴라들은 정부군 호송차량을 기다리는 동안 야네로들에게 보호세를 부과할 때도 있었다. 가비오타스의 의료팀은 언제나 통과를 허락받았다. 그로 인해 안도감을 느끼기도 했지만 한편으로는 두렵기도 했다. 시간이 지나면서 군부가 야노스를 게릴라 지대로 인식하게 되었기 때문이다. 그리하여 많은 거주민들이 정치적으로 의심을 받고 있었고 의사 역시 협조자로 비난받을 수도 있었던 것이다.

가비오타스에 살고 있는 사람들은 가끔 아침에 일어나보면 콜롬비아무장혁명군의 유인물이 뿌려져 있는 것을 볼 때가 있었다. 두려움에 사로잡힌 그들은 어떻게 해야 할지 의논했다. 어느 날 밤 그들과 가장 가까이 살고 있는 이웃이 총을 든 사람들에 의하여 아무런 말도 없이 납치당한 사건이 있은 후, 몇몇 가비오타스인들은 자신들도 무장을 하는 게 어떠냐고 제안하기도 했다.

"절대로 안 됩니다." 루가리가 말했다. "최상의 방어는 방어하지 않는 것입니다. 그렇지 않으면 우리가 다른 한편에 붙어 있다고 양편에서 모두 비난할 겁니다."

그들은 자신들의 작은 천국이 가혹하고 아직 문명화되지 않은 야노스에 피어 있는 연약한 꽃에 지나지 않는다는 사실을 항상 인식하고 있었다. 이제 인간들이 그들의 평화를 위협하고 있는데 그것은 척박한 토양이나 독을 내뿜는 벌레들보다 훨씬 위협적이었다. 누가 누구인지 절대 묻지 않는 것이 그들의 정책이 되었고, 마치 적십자처럼 양편 모두 가비오타스를 존중하게 되었다. 또한 무장하고는 가비오타스에 들어올 수 없다는 사실이 그 지역 전체에 알려졌다. 옥수수나 커피, 낚싯바늘을 거래하기 위해, 혹은 펌프나 풍차를 사기 위해 가비오타스의 물자 보급소를 찾아오는 야네로들이 게릴라의 편일지도 모르지만, 가비오타스에 올 때는 다른 이웃들처럼 무기를 지니지 못했다.

물론 이 규칙이 군대에도 적용되리라는 법은 없었다. 어느 날 블랙호크 헬리콥터 여러 대가 거의 700명이나 되는 정부군 전투원들을 가비오타스 활주로에 내려놓았다. 군인들은 그날 밤 활주로에서 야영을 했는데, 대장은 루가리에게 자신이 이곳을 직접 확인하기 전까지는 가비오타스가 군사기지인 줄 알았다고 말했다.

"그들은 고속도로 노동자들이다."

"그들은 전략적으로 중요한 콜롬비아 동부지역을 베네수엘라와 브라질의 팽창정책으로부터 보호하기 위하여 전진기지를 세우고 있는 로하스 피니야 장군 정부의 공병사단이다."

가비오타스인들은 그 순간 게릴라가 공격하지 않기를 기도하는 수밖에 없었다. 며칠 후 20킬로미터 떨어진 트레스마타스에서 게릴라군과 정부군이 전투를 벌였다. 그 후 10년 동안, 특히 가비오타스에 태양열 에너지로 가동되는 대규모 병원이 들어선 후에는 더욱 자주, 가비오타스 진료소는 군대의 응급의료센터로 사용되었다. 부상병을 실은 헬리콥터들이 끊임없이 도착했다. 그러는 동안 부상당한 일반인들도 동시에 도착했는데, 그것은 게릴라들도 부상자를 데려왔다는 것을 의미했다. 가끔 이런 균형상태를 유지하는 것이 쉽지 않을 때가 있었다. 한번은 서로 교전 중인 양편의 전투원이 한 병실에 나란히 눕게 되는 일도 있었다. 한 사람은 일곱 군데 열상을 입고, 다른 사람은 목에 총알이 박혀 있었다. 마그누스는 그 주일 내내 제대로 쉬지도 못하고 계속 일했기 때문에 누가 어느 편에 속했는지 신경 쓸 여유도 없었다. 전에 서로 죽이려고 총을 들이대던 그들은 이제 한 방에서 생활하면서 아직 걸을 수 있는 사람이 누워 있는 상대방에게 물을 떠다주고 있었다.

곤살로 베르날도 대학교에 다닐 때 게릴라에 들어갈 생각을 한 적이 있었다. 하지만 곧 그 생각을 버렸다. 무장투쟁을 통하여 평화로운 사회를 만든다는 생각 자체가 모순으로 여겨졌던 것이다. 그렇지만 그와 그의 대학 친구들이 그들을 기다리고 있는 무감각한 세상에 대해 대안을 추구할 때, 그들 앞에는 예술가가 되든지 게릴라가 되든지, 둘 중의 하나를 택하는 수밖에 없었다. 그 외에 다른 대안이 있어야 했다. 곤살로는 신문방송학을 공부하고 있었는데 공학, 의학, 경제학을 공부하는 친구들과 자주 만나서 이상적인 삶이 무엇인지에 대해 함께 고민하곤 했다. 그들은 키부츠를 시작하는 문제도 생각해보았는데, 토지나 트랙터를 구할 수 있는 경제력이 없었다. 곤살로는 학교를 졸업하고 난 후 동창들이 M-19에 가입하거나 미국으로 가버리거나 혹은 높은 급료를 받을 생각으로 자신들의 이상을 저당잡히거나 하는 모습을 하나하나 지켜보았다.

곤살로는 중학교 교사가 되었다. 1978년 어느 날 저녁 그가 학교에서 돌아와보니 대학에 다니던 아내는 아직 집에 돌아오지 않았다. 곤살로는 텔레비전을 켜고 소파에 몸을 내던졌다. 교육방송에서 야노스에 관한 다큐멘터리를 보여주고 있었다. 갑자기 그는 벌떡 일어나 앉았다.

자신이 꿈꾸던 것이 실제로 존재하고 있었던 것이다. 보고타에 가비오타스 사무실이 있다는 사실도 알게 되었다. 다음 날 아침 곤살로 베르날은 그 사무실의 문을 두드렸다. 검은 양복에 타이를 맨 파올로 루가리가 문을 열었다. 문 앞에는 검은머리의 야윈 젊은 이가 서 있었다. 루가리는 몇 분 후에 유엔 관리를 만나기로 되어 있기 때문에 지금은 대학생들을 만날 수 없다고 말했다.

곤살로는 사전 약속도 없이 온 것에 대하여 사과하고는 "저는 학생이 아닙니다. 중학교 교사입니다. 어제 텔레비전 프로그램을 보았습니다. 나중에 와도 될까요?" 하고 물었다.

파올로는 새로운 관심을 가지고 가만히 그를 바라보았다. 그러고는 "기다릴 수 있습니까? 텔레비전에서 우리에 대해서 뭐라고 했는지 알고 싶군요." 하고 말했다. 그는 깜빡 잊고 그 다큐멘터리를 보지 않았던 것이다.

곤살로 베르날은 기다렸다. 한참 후 비로소 그는 루가리와 마주 앉았다. 루가리는 커다란 손가락으로 손톱자국이 나 있는 책상을 두드리며 곤살로가 찾아온 이유를 듣고 있었다. "보시오." 마침내 파올로가 말했다. "이번 주말에 비행기 하나가 약품을 싣고 비차다로 가는데, 이틀 후에 돌아옵니다. 거기가 정말 당신이 꿈꾸어오던 곳인지 직접 가서 보는 게 어떻소?"

깜짝 놀란 곤살로는 말했다. "제 아내에게 말해야 하는데요."

"아내도 데려오세요. 거기에 방이 있습니다."

❧

곤살로의 아내 세실리아 파로디는 대학에서 재활의학을 전공하고 있는데 곧 졸업할 예정이었다. 그들은 보고타 가까이 있는 산에 작은 오두막집을 사들였다. 세실리아는 신경치료 진료소를 세워 정신지체아들을 위해 일할 계획을 가지고 있었다. 그런데 이제 그들은 그 모든 것을 버리고 야노스로 가고 있다.

그들의 주말 방문은 아주 낯설었다. 루가리는 거의 눈에 띄지 않았다. 가축을 돌보던 과이보 남성이 그들에게 질서정연한 주거지역을 보여주었다. 집집마다 야자수 잎을 얹은 지붕에 태양열 온수 패널이 걸려 있었다. 학생들이 가고 없는 학교에도 가보았다. 그들은 거기서 기숙하고 있는 야네로 어린이와 인디언 어린이들을 만났는데, 아이들의 도시적인 악센트를 듣고는 영미계 사람이 아니냐고 물어보았다. 새로운 공장이 들어설 부지와 기존의 작업장도 둘러보았다. 거기에는 솔로 잘 손질되어 있는 강철로 된 풍차 부품들과 색색의 펌프, 알 수 없는 기묘한 장치들로 가득했다.

곤살로 부부는 작은 벽돌로 지은 진료소 앞에서 멈추어 섰다. 의사는 원주민들에게 예방접종을 해주러 나가고 없었다. "여긴 여자들이 별로 없네요." 세실리아가 말했다.

"사람 자체가 별로 안 보이네." 곤살로가 대답했다.

대부분의 사람들은 낚시를 하러 갔다고 안내인이 말했다. 노천 식당에서 폼필리오 아르시니에가스라는 이름의 정부 파견 산림감독관이 나무 테이블 곁의 벤치에 앉아서 커피를 마시고 있었다. 여기서 그는 3년 동안 토착종들이나 심지어 유칼립투스 같은 외래종 묘목을 키우도록 설득하는 일을 하고 있었다. 그런데 그렇게 해서 심은 것이 한 달 후에는 모두 말라버린다는 사실을 기꺼이 인정했다. "여름에 너무 덥든지 비가 많이 오는 바람에 흙이 강으로 씻겨내려 갑니다. 어느 경우에든 뿌리가 죽어버리는 겁니다."

"그럼 당신은 왜 여기에 살고 계십니까?"

"정부에서 나를 잊은 게 아닌가 싶을 때도 있어요. 하지만 우리는 계속 노력하고 있지요. 나는 그게 좋습니다. 여기는 아주 평화롭지요." 보고타로 돌아오는 비행기에서 파울로는 아무 말도 하지 않고 계속 책을 읽고 있었다. 곤살로가 보니 그는 하얀 손가락 관절로 책을 붙들고 있었다. 마침내 보고타 알티플라노의 낙농장이 시야에 들어오자, 루가리는 뒤를 돌아보며 물었다. "다음 주일에 시작할 수 있습니까?"

"무엇을 말입니까?" 세실리아가 물었다.

곤살로는 학교에서 교사 겸 관리인으로 일해달라는 제안을 받았다. 세실리아를 위해서는 뭔가 다른 일을 찾아보겠다고 했다. 월급은 많지 않다. 그런데 그들에게는 세 살 난 딸이 있었다. "다음 주일에 온다는 것은 좀 힘들 것 같습니다."

"좋아요. 그렇다면 1월에 시작합시다."

나중에 그들은 왜 그렇게 하자고 대답했는지 그 이유를 정확히 기억할 수 없었다. 그들이 직장을 버리고 차를 팔고 두 달 후에 돌아와서 새로운 집을 널빤지로 에워쌀 때도, 정확히 언제 도착했는지조차 분명히 기억하지 못했다. 이번에 비행기가 그들을 활주로에 내려놓았을 때는 안내자도 나와 있지 않았다. 즉시 땀이 났다. 태어난 이래로 늘 신선한 산 공기만 맛보던 딸아이 타티아나가 앙앙 울어대기 시작했다.

곤살로가 가방을 집어들자 세실리아는 아이를 안았다. 그들은 서로를 잠시 바라본 후 걷기 시작했다.

그들은 루가리가 행정 조정자라고 말했던 사람을 발견했다. 나이는 30대 후반에 키는 중간 정도 되는 루이스 아델리오 가찬시파가, 세실리아의 가방을 받아들면서 긴장이 되었는지 다른 손으로 굽이치는 머리카락을 쓸어내리고 있었다. 방이 모두 찼다고 사과했다. "그렇다면 우리는 어디서 살지요?" 세실리아는 시원한 바람이 목으로 스쳐가도록 금발머리를 핀으로 묶으면서 물었다. 가찬시파는 선뜻 대답할 수가 없었다. 그들은 일단 유치원으로 안내되었다.

보고타에서 도착하기로 되어 있던 짐이 아직 오지 않았다. 하지만 처음 일주일을 보내고 나자 상황이 좀 나아졌다. 수경재배를 하느라 남아 있던 평화봉사단 자원봉사자가 마침내 그곳을 떠났다. 야네로들이 그의 수경재배 밭에서 나오는 상추는 사람이 아니라 소에게나 적합하고 가지는 아무짝에도 쓸모가 없다고 계속해서 주장하는 바람에 마침내 재배를 포기한 것이다. 그리하여 곤살로의 가족은 그가 살던 비야시엔시아에 있는 집으로 이사할 수 있었다.

"사람들이 통 우리에게 접근하려 들지 않네요." 세실리아가 마그누스 제텔리우스에게 말했다. 그 첫 주일 동안 사귄 유일한 가비오타스인이었다.

"야네로들은 낯선 사람을 아주 경계합니다." 그가 말했다. "참고 기다리십시오."

그들은 점심식사를 앞에 두고 식당에 앉아 있었다. 점심은 푹 삶은 고기와 감자, 콘 차우더, 샐러드 그리고 레모네이드였다. 야네로 노동자들과 그 가족들이 곁에 있는 테이블에 앉았다. 칸막이 저편에는 엔지니어들이 모두 모여 있었다. 루이스 로블레스가 큰 소리로 양배추와 비트 샐러드는 싫다고 말하자 모두 부엌 쪽으로 머리를 돌렸다.

마그누스가 당황하여 무슨 말인가 하려고 하는데 루이스 아델리오가 저쪽 길에서 나타났다. 검은머리에 빳빳한 수염을 기른 키가 작고 말쑥한 사람과 함께 오고 있었다. 하도 경쾌하고 씩씩한 걸음걸이로 걸어왔기 때문에 아델리오가 따라오기 힘들 정도였다. "아직 호르헤 삽을 만나지 못했습니까?" 마그누스가 물었다.

그때 삽이 그들을 보고 손을 흔들었다. 그는 엔지니어들과 인사를 나누느라 잠시 멈추어 선 다음 칸막이를 뛰어넘어 그들에게 다가왔다.

마그누스가 사람들을 소개했다. 호르헤는 지금 막 멕시코 회의에서 돌아오는 길이라고 했다. "당신들 옷이 아직 오지 않았다고 들었는데요. 사람들이 잘 대해주던가요?"

세실리아는 물어주어서 고맙다고 말하면서 친절하게도 루이스 아델리오가 공동체 창고에서 필요한 것을 모두 찾아주었다고 대답했다.

"우리가 처음 시작할 때도 그랬지요." 삽이 말했다. "모두가 그렇습니다. 우리 옷, 신발, 장화, 침대 시트, 자동차, 집, 지프……. 이 모든 것은 가비오타스에 속해 있습니다. 거의 사회주의 같지요. 그렇다고 해서 우리를 사회주의자로 보지는 마십시오."

"그렇다면 당신들의 정체는 무엇입니까?" 세실리아가 물었다. 호르헤가 둘러보았다. "아직도 진행 중인 상황이라서 무어라 말할 수 없습니다. 그리고 사실 변한 게 별로 없어요. 우리 집, 학교, 이 식당……. 이 모든 것은 가비오타스에 속해 있습니다. 우리는 보조금 받은 것과 우리가 키운 먹을거리로 살고 있습니다. 누가 무엇을 할 것인지 명확하게 구분하지도 않습니다. 모든 사람이 필요에 따라 일하며, 혹은 무언가 독창적인 것을 창조해냅니다. 그렇다고 해서 무정부 상태는 아닙니다. 규칙이 글로 적혀 있지는 않지만 모두가 그것을 존중하고 지킵니다."

"이를테면요?" 세실리아가 물었다.

"이를테면 술이지요. 이렇게 더운 날씨에는 술을 마시고 문제를 일으키기가 아주 쉽습니다. 따라서 술을 마시고 싶으면 반드시 자기 집 안에서 마셔야 합니다. 총도 마찬가지지요. 가비오타스에는 총이 없어요. 개가 있으면 다른 야생동물들이 접근을 못 합니다."

곤살로는 식당에 있는 칸막이를 가리켰다. "과학자들과 다른 사람들을 분리시켜놓은 규칙은 누가 만들었습니까?"

호르헤가 얼굴을 찌푸렸다. "어떻게 하다 보니 그렇게 되었지요. 유엔에서 자금을 받은 후로 우리는 일에 너무 열중한 나머지 식탁에까지 하던 일을 가져와서 함께 하고는 식사를 마치고 나서도 계속 그 자리에서 일에 대해 얘기합니다. 때때로 알론소는 일하다가 여기서 자기도 합니다. 식사 시간은 창조적인 생각을 교환하는 데 아주 중요하지요. 그리고 루이스는 방해받으면 화를 잘 냅니다."

"아이들은 루이스를 보고 도깨비라고 하던데요."

"루이스가 어린이들을 위해 만든 장난감 기차를 보셨나요?"

"그거 참 대단하더군요." 곤살로가 말했다. "그렇지만 엔지니어들을 다른 사람들과 분리시키는 것은 바람직하지 않습니다. 함께 나누지 않고는 이상적인 공동체를 세울 수가 없지요. 대안적인 기술만 가지고는 부족합니다. 기술 역시 사람들과의 관계가 있어야 합니다."

삽은 곤살로를 호기심 어린 눈으로 바라보았다. 그는 서서히 말했다. "아십니까? 바로 어제 저녁 우리가 하고 있는 일이 단순한 현장 실험을 훨씬 뛰어넘는다는 사실을 다시 한 번 깨달았어요. 가비오타스는 정말로 놀랍고 새로운 형태의 공동체가 되어가고 있어요. 그것을 나에게 보여준 것은 우리 애들이었어요." 그리고 그는 빙그레 웃으며 말했다. "그걸 말씀드려야겠군요."

삽은 쿠에르나바카에서 열린, 제3세계 경제의 경쟁력 강화에 관한 회의에 참석했었다. 그는 유엔개발계획 대표로 파견되었는데, 유엔은 가비오타스의 기술이 기존 시장경제 시스템 아래에서도 충분히 경쟁력을 가질 수 있도록 마지막 회차의 보조금을 주겠다고 암시하고 있었다. 유엔으로서는 대안적 사회를 위한 그들의 모델이 에너지뿐 아니라 재정적으로도 자급자족하기를 바랐던 것이다. 가비오타스가 언제까지나 보조금에 의존할 수는 없고, 또 그래서도 안 되었다.

"그래서 나는 회의에 갔습니다." 호르헤가 말했다. "기조 연설자가 늙은 왕에 관한 우화를 이야기하더군요."

그 왕은 자기가 언젠가는 죽을 인간이라는 사실을 깨닫고 성채를 건설하고 전쟁에서 이기는 것으로 자신의 이름을 남기지 않겠다고 결심했다. 그는 자기 왕국과 주위에서 현명한 사람들을 모두 모아들였다. 그리고 세상의 모든 지혜를 적어내라고 했다. 그들은 10년 동안 열심히 노력한 끝에 커다란 백과사전을 만들어 왕에게 제출했다. "폐하, 이것은 온 세상의 지식을 종합해놓은 것입니다." 왕의 눈에는 걱정이 가득했다. "열심히 일했군." 하고 인정은 하면서도 "하지만 30권이나 되는 책을 누가 읽겠나? 한 권으로 요약해보게." 하고 말했다.

그들은 다시 작업을 시작했다. 10년이 지난 후 그들은 그것을 단 한 권의 책으로 만들어 제출했다. 하지만 왕은 여전히 시무룩했다. "정말 대단한 일을 했네. 하지만 너무 무겁지 않은가? 좀 더 간추려보게."

다시 10년이 지났다. 왕은 완전히 노인이 되었다. 이번에 그 현자들은 세상의 모든 지혜를 한 장으로 축약시켰다. 백발의 늙은 왕은 고개를 가로저었다.

그 다음 그들은 그것을 한 문단으로 줄였다. 그래도 마음에 들지 않았다. 마침내 110세가 된 늙은 왕은 실크로 된 커다란 임종 침대 위에 누워 있었다. 금방 부서질 듯 나약한 그의 가슴이 불규칙한 호흡으로 오르락내리락했다. 그때 그 현자들이 우주의 온갖 지혜를 단 한 문장으로 줄여가지고 들어왔다.

"그게 뭔지 압니까?" 호르헤가 물었다. 아무도 대답하지 않았다.

"공짜 점심은 없다(There's no free lunch)."

그들은 이 얘기에 선뜻 동의할 수는 없었지만 고개를 끄덕거렸다. "그리하여 어제 저녁 나는 가비오타스로 돌아와서 내 아이들에게 그 이야기를 해주었습니다. 이야기가 다 끝나자 아이들은 '점심식사가 공짜가 아니면 아빠, 우리는 어떻게 대가를 지불해야 하지요?' 하고 물었습니다."

삽은 거의 수줍어하는 듯 보였다. "그 순간 별다른 시도를 해본 것은 아니지만, 우리는 여기에 또 다른 형태의 세계를 만들고 있다는 생각이 들었습니다. 그것은 자기가 한 일로 부자가 되기는커녕 언제 돈을 받을지도 모르는, 연대에 기반을 둔 삶이지요. 그저 살아남는 것일 수도 있지만, 최선의 삶으로서의 생존이지요. 나누고 섬기는 존재로 살아남는 사람들 말입니다. 서로 도와가며 사이좋게 지내고 열심히 일하는 것 외에 그 누구에게도, 어떤 것도 요구하지 않습니다. 우리가 이 일을 하는 것은 그저 좋아서입니다. 가비오타스에서 우리를 움직이게 하는 것은 경쟁이나 위계질서와는 다른 어떤 것입니다. 그리고 우리는 여기서 만족스럽게 살아갑니다. 이것을 무엇이라 할지 모르겠으나 결코 과소평가되어서는 안 됩니다."

곤살로 베르날과 세실리아 파로디는 가비오타스에 도착한 이래 여러 주일 동안 역동적이고 인간적인 공존의 징표를 찾아보았다. 그들은 급료가 즉시 지불되기를 바라는 사람은 없다고 삽이 말한 것이 꼭 그런 것만은 아니라는 걸 깨달았다. 급료는 고질적으로 늦게 지불되었다. 어떤 경우에는 3개월 동안 체불될 때도 있었다. 모든 사람에게 숙식이 제공되었으므로 그다지 치명적이지 않았지만 어려운 것은 사실이었다. 다른 지역에 살고 있는 가족을 부양하는 노동자들에게는 특히 그랬다. 그 결과 이곳 낙원에서의 이직률은 평균치보다 높았다.

학기가 시작되기 일주일 전 곤살로는 학교 예산이 하나도 남아 있지 않다는 사실을 발견했다. 가비오타스에는 전화가 없었다. 하지만 국립낙농가협회(FEDEGAN)는 무선전화 네트워크를 가지고 있었는데, 최근 농장주들이 게릴라들의 준동에 심각한 위협을 느끼면서 그것은 없어서는 안 될 필수품이 되었다. 고맙게도 가비오타스는 낙농가협회로부터 전화기 한 대를 얻어 태양광 모듈에 걸어놓았다. 곤살로는 보고타에 전화를 걸 때마다 그것을 사용했다. "돈도 없이 어떻게 120명이나 되는 아이들을 가르치고 먹입니까?"

"생길 거요. 곧 생겨요." 파올로는 혹시라도 그곳에 들어서는 목장주가 그들의 대화를 엿듣지나 않을까 염려하면서 그를 달래려고 했다. "나는 지금 커다란 일을 벌이고 있소. 모든 사람이 곧 급료를 받게 될 것입니다."

"좋습니다. 그렇다면 그때 수업을 시작하지요."

그러는 동안 곤살로 베르날은 사람들의 마음을 다른 곳으로 돌릴 수 있는 행사를 조직했다. 축구 경기를 열기로 했다. 올스타 팀을 조직하고 강 위아래에 있는 정착지들의 팀을 초대했다. 그는 세실리아와 함께, 맨발로 배구를 할 수 있도록 모래를 깐 경기장을 만들고 연극 연습을 시작했다.

야노스 전역의 어린이들이 마분지로 된 상자에 소지품을 넣어가지고 도착하기 시작했다. 곤살로는 가비오타스만 재정난을 겪고 있는 게 아니란 사실을 아이들로부터 알게 되었다. 사바나 주위의 공립학교 교사들도 여덟 달 동안이나 월급을 받지 못할 때가 있었다. 먹을 것을 마련하기 위해 수업 시간에 아이들을 데리고 아르마딜로 사냥을 가는 교사들도 있었다.

곤살로는 4학년과 5학년 아이들을 엔지니어들의 작업장으로 데리고 갔다. 몇몇 아이들이 몰래 들어가서 엔지니어들이 태양열 집열기로 재활용하던 네온 튜브 더미 위에 실수로 사탕수수 분쇄기를 쓰러뜨린 사건이 있은 후 아무도 들어가지 못하던 곳이었다. "도대체 뭐야!" 루이스 로블레스가 쇳소리를 냈다.

곤살로는 지금 수업을 하는 중이라고 설명했다. "나는 매주 1시간씩 여기 작업장과 목공소, 온실, 목장에 학생들을 데리고 가서 수업을 할 거요. 또 주방에서도 수업을 할 겁니다." 그는 나이 어린 엔리 모야와 마리아나 보테요의 어깨를 감싸안으며 말했다. "사람들에게 여기서 어떻게 살아가는지를 보여줄 생각이라면, 이 아이들에게도 그 방법을 가르쳐주는 게 나을 것 같아서요. 언젠가 이 아이들도 이곳을, 혹은 이와 같은 곳을 운영하게 될 것 아닙니까?"

첫 조사자들이 가비오타스에 도착한 지 2년 후인 1973년, 콜롬비아 정부는 이 지역에서 유일한 민물 호수인 카리마구아의 호안을 따라 서쪽으로 50킬로미터 정도 떨어진 곳에 실험적인 농업기지를 만들기 시작했다. 카리마구아에서는 주로 전 세계에서 수입해 온 사료 작물의 특성을 연구하고 있었다. 의도적으로 방비를 하지 않아서 누구라도 들어올 수 있는 가비오타스와는 달리, 카리마구아에 들어오는 자동차들은 사슬 방책이 쳐진 무장 검문소를 지나야 했는데, 신분증을 제시해야만 통행증을 받을 수 있었다. 카리마구아 농업기지 옆에 세워진 영구적인 군사기지는 때때로 게릴라들의 공격목표가 되곤 했다.

가비오타스에 살러 오는 사람들 중에는 카리마구아를 경유해오는 경우가 많았다. 카리마구아에도 일거리들이 있었다. 하지만 일거리를 찾아 야노스를 가로질러 온 사람들은 고작 6개월밖에 일하지 못할 때가 많았다. 카리마구아의 고용조건과 게릴라의 위협 때문에, 평화로운 가비오타스는 급료 지불이 좀 느리기는 해도 매력적인 일터로 받아들여졌다. 가비오타스에서는 사람들을 강제로 내보내지 않았다. 음식과 숙소를 무료로 제공받을 수 있는 한, 돈이 그다지 중요하지는 않았던 것이다.

그런데 모든 사람이 카리마구아의 레크리에이션 예산만은 부러워했다. 사실 정부는 외로운 야노스에서 기술자들을 잡아두는 데 필수적이라고 생각하여 그러한 예산을 책정했던 것이었다. 가죽 스파이크와 멋진 유니폼을 차려 입은 카리마구아 축구팀은 그 일대에서 장비를 가장 잘 갖춘 팀이었다. 그런 연유로 지난 4년 동안 그 지역 내의 어느 팀도 카리마구아 축구팀을 이겨보지 못했다. 1979년 곤살로 베르날은 반드시 그 팀을 이기고 말 거라고 결심했다.

"그런 일은 없을 겁니다, 선생님." 카를로스 산체스가 말했다. 창백한 얼굴에 목소리가 허스키한 산체스는 비야비센시오 출신의 야네로로, 평화봉사단이 철수하고 난 뒤부터 수경재배 온실을 맡고 있었다. 곤살로는 학교에서 그를 사귀게 되었는데, 카를로스가 마리엘라 게렌나라는 교사에게 구혼을 하고 있었기 때문이다. 카를로스는 밀짚모자를 벗고 빳빳한 검은 머리칼 사이로 손가락을 집어넣어 머리를 긁적거렸다. "충분히 연습하려면 이른 새벽에 일어나야 합니다."

곤살로는 매일 새벽 4시 30분에 종을 울리기 시작했다. 세실리아는 여성들과 함께 운동복에 이름을 수놓았다. 결국 가비오타스는 카리마구아를 2대 1로 이겼고, 그 후로 3년 동안 한 번도 지지 않았다.

200명이나 되는 가비오타스 주민들의 사기는 하늘을 찌를 듯했지만 재정은 거의 바닥상태였다. 6월에 성 베드로 축일이 다가오자 곤살로는 축제를 어떻게 지낼 것인지 카를로스 산체스와 아브람 벨트란에게 의견을 내놓으라고 했다. "우리에게는 돈이 하나도 없소." 그가 그들에게 상기시켰다.

"돈은 필요 없어요. 음식과 음악과 여인들만 있으면 됩니다."

그들은 트럭을 빌린 다음 근처의 농장들을 찾아다니며 맥주와 소다수를 거두어들이면서 사람들을 초대했다. 한편 그들은 카리마구아로 가는 길에 있는 엘포르베니르 외곽에서 버스 한 대가 야노스의 진흙구덩이에 반쯤 묻혀 있는 것을 발견했다. 그 안에는 '더벌처스(독수리)'라고 하는 비야비센시오에서 온 밴드가 있었는데, 그 밴드는 초대받은 축제를 이미 놓친 터였다. 곤살로는 가비오타스에 와서 연주를 해준다면, 돈은 없지만 음식과 마실 것은 원하는 만큼 주겠다고 제안했다. 그는 등사기를 이용하여 풍차, 카사바 분쇄기, 사탕수수 분쇄기, 슬리브 펌프 등의 그림이 그려진 다양한 액면가의 환금증서를 인쇄했다. 밴드는 사람들이 이 증서로 사준 음식과 음료를 대접받았는데, 가비오타스에 언젠가 돈이 생기면 현금으로 상환할 수 있는 것이었다. 이웃마을 사람들이 몰려들어

밴드가 연주를 계속하도록 음식과 음료를 대주었다. 그리하여 파티는 3일 동안 계속되었다.

며칠 후 파올로 루가리는 곤살로 베르날에게 전화를 해 세실리아에게 일자리를 주겠다고 했다. "당신이 학교에서 하던 일을 세실리아가 하고, 이제 당신은 가비오타스의 조정자로 일하시오."

"그렇지만 루이스 아델리오가……."

"루이스 아델리오는 오래전부터 은퇴할 준비를 하고 있었소. 그 자리를 대신할 사람이 나타나기만 기다리고 있었지요. 마그누스가 당신을 추천하자 루이스를 비롯한 모든 사람이 동의했소. 호르헤 삽, 루이스 로블레스, 나……."

"루이스 로블레스가요?"

"특히 로블레스가 그랬소."

"그 사람은 나보고 공학의 기초도 모른다고 했는데요? 사실이 그렇기도 하구요."

"하지만 당신이 공동체를 조정하는 방법은 알고 있다고 하더군요. 당신이 여기 온 이래 노동자 이직률이 사실상 제로로 내려갔소."

곤살로는 생각했다. "보세요, 파올로. 내가 조정자가 되면 가장 먼저 할 일이 뭔지 아세요? 식당에 엔지니어들과 보통 사람들을 갈라놓은 칸막이를 망치로 때려부술 겁니다. 대학 교육을 받지 못했다 해서 지적이지 못하다거나 창조적이지 않은 것은 아닙니다. 엔지니어들도 여러 사람들과 식탁을 함께함으로써 뭔가 새로운 얘기를 들을 수 있을 겁니다. 그뿐입니까? 여기서 무엇을 만들어내는 게 좋은지도 알게 될 거구요."

"좋소. 당신이 무엇을 생각하든 우리는 그게 필요하오."

"우리에게는 여성들이 더 필요합니다."

"왜, 조리사가 없소?"

"조리사를 말하는 게 아닙니다. 이 새로운 공장에서 펌프와 풍차를 대량 생산할 돈이 생긴다면, 여기서 일할 여성들을 교육시킬 필요가 있습니다. 그렇지 않으면 아무것도 없는 이 오지는 독신 남성들로 가득 차게 될 겁니다."

"정말 당신 말이 옳소. 그렇기 때문에 당신이 그 일을 맡아야 하는 거요. 지금 시작하시오."

"하지만 나는……."

"실수는 염려 마시오. 51퍼센트만 옳으면 되는 거요. 그렇게 하시오. 잘될 겁니다."

1979년 말 유엔개발계획은 루이스 타이스라는 페루인을 파견하여, 가비오타스가 또 다른 보조금을 받을 필요가 있는지 심사하도록 했다. 타이스는 최근에 유엔개발계획의 콜롬비아 사절로 임명되었다. 파올로 루가리와 호르헤 삽이 가비오타스로 오는 비행기표를 예약하겠다고 제안하자 그는 거절했다. 최근에 그는 4륜구동차인 포드 브롱코를 한 대 구입했는데, 그걸 하루빨리 타보고 싶었던 것이다. 이 나라를 아는 데 자동차로 둘러보는 것보다 더 나은 방법이 어디 있겠는가.

"얼마 동안 머무실 겁니까?" 호르헤가 물었다.

"주말 내내요."

파올로와 호르헤가 마주보았다. 그들은 그 길을 알고 있었고, 또 가비오타스에 돈이 얼마나 절실하게 필요한지도 알고 있었다.

그들은 오전 3시에 보고타를 떠났다. 그리고 산을 넘어 새벽녘에 비야비센시오를 지나갔다. 다행히도 건기가 시작되었기 때문에, 타이어를 하나만 갈고도 그날 오후 3시경에 가비오타스에 도착할 수 있었다. 길의 먼지로 숨을 제대로 쉬지 못하던 타이스는 흰 도료를 칠한 오아시스를 기쁨의 눈으로 바라보았다. 새들이 지저귀는 소리와 과일꽃 향기가 가득했다.

고속도로 건설 인부들이 남긴 건물이 기술자들과 목수들의 작업장으로 개조되어 공학 실험실 곁에 서 있었다. 그 건너편 마당을 사이에 두고 매점과 창고가 보였다. 건물군의 다른 편에는 학교가 있었는데, 빨간 기와지붕을 인 교실 여섯 채가 콘크리트 마당 주위에 늘어서 있었다. 그 근처의 U자형 단층 기숙사 두 동에는 100명 이상의 기숙사생들이 살고 있었다. 지붕 덮인 노천식당 앞에 있는 대나무의 그늘진 공동구역 가장자리를 따라 노동자와 연구자들의 방이 있었다. 그 반대편에는 부부들의 숙소가 있었고, 그 뒤에 방이 두 개 딸린 벽돌 진료소가 보였다.

가족이 딸린 노동자들이 살고 있는 오두막집들은 본관이 보이는 곳에 있었고, 학교 서쪽으로 '비야아르모니아(Villa Armonia)'로 알려진 다각형 모듈로 된 단층짜리 가족아파트 단지가 거의 완성되어가고 있었다. 나머지 사람들은 우리미카 강 건너 1킬로미터 떨어진 곳에 있는 '비야시엔시아'에서 살고 있었다. 20년 전 고속도로 노동자들이 강가에 심어놓은 망고나무 숲이, 풍요로운 강기슭의 토양을 흡수하여 아주 크고 튼튼하게 자라 있었다. 관리자 사무실과 손님 숙소가 있는 낮고 하얀 새 건물 옆에는 구아바와 캐슈 나무들 사이에 부용꽃과 알라만다 덤불이 흩어져 있었다.

여행자들은 태양열 온수기로 샤워를 하고 나서 엔지니어들을 만나러 갔다. 기계 작업실에서 삽과 그의 동료는 타이스에게 그들의 풍차 연구를 단계적으로 보여주었다. 그들은, 미국에서 전형적으로 사용되는 금속판 회전 날개가 야노스에서는 너무 무겁다고 설명했다. 네덜란드 식의 캔버스 날개는 보고타의 실험실에서는 괜찮지만, 사바나에서는 화재가 잦기 때문에 즉시 다른 것으로 바꾸기로 했다. 이제 그들은 네덜란드, 아프리카, 호주, 미국항공우주국(NASA)의 아이디어를 종합하여 하루에 수만 리터를 뿜어올릴 수 있는 야노스 모델을 거의 완성해가고 있었다. 그것은 60킬로그램도 채 되지 않는 소형 장치로, 그 날개 끝은 부드러운 적도의 바람을 잡기 위해 비행기 날개와 같은 모양을 하고 있어 시속 6킬로미터 이하로 부는 바람도 잡을 수 있었다. 이것은 호르헤 삽의 발명품인 수중에서도 사용이 가능한 역 이중작용 펌프(inverted double action pump)와 짝을 이루었는데, 이 펌프는 1978년에 콜롬비아 국립과학상을 수상했다. 동료들이 그 사실을 타이스에게 말하는 동안 호르헤는 겸손하게 땅을 내려다보고 있었다.

그들은 타이스에게 두 종류의 소형 수력발전 터빈(1킬로와트와 10킬로와트짜리)과 강가에 가비오네스로 만든 댐도 보여주었다. 가까이에 크기가 다른 두 개의 피스톤 펌프가 거품을 일으키며 물을 뿜어내고 있었다. 강 하류로 내려가면 208리터짜리인 석유 드럼통으로 만든 부유물 위에 한 쌍의 수차가 물 흐름을 따라 돌면서 코일처럼 감긴 호스를 통하여 물을 펌프질하고 있었다.

그는 수경재배 정원과 대형 콘돔 모양으로 만들어진 가비오타스 배수 도랑도 보았다. 그 다음으로 가비오타스 탱크가 있었다. 그것은 적은 비용으로 인공 연못을 만들 수 있는 기술로서, 닭장용 철망을 흙구덩이의 경사면에 나무못으로 박고, 흙시멘트를 얇게 입혀서 만들었다. 이 흙시멘트는 가비오타스에서 만든 또 하나의 발명품인 1인용 수동 시멘트 믹서로 혼합한 것이다. 루이스 로블레스가 고안한 일련의 지렛대들도 있었는데, 그것은 대문이 열려 있을 때도 전깃줄로 된 울타리에 전압을 일으키고 유지할 수 있었다. 엔지니어들은 나선형 수동 우물굴착기, 포물선형 태양열 곡물 건조기, 회전식 드럼 땅콩까기, 황소가 끄는 땅 고르는 기계, 흙시멘트 벽돌을 만드는 수동 압착기 등을 보여주었다. 공학 실험실에서 그들은 타버린 네온 튜브로 만든 태양열 온수 패널, 10시간 분량의 일을 1시간 안에 끝마치게 해주는 페달 동력 카사바 분쇄기, 한 손으로 작동하는 사탕수수 압축기 그리고 실험 초기단계이기는 하지만 환상적인 태양열 냉장고 등을 보여주었다.

알론소 구티에레스의 슬리브 펌프는 가장 나중에 보여주었다. 삽이 말했다. "이 펌프는 많은 여성들에게 기쁨과 건강을 가져다 줄 것입니다." 타이스는 그것의 중요성을 금방 알아차렸다. 그런데 그를 정말 감동시킨 것은 루이스 로블레스가 유치원 마당에 설치해놓은 놀이기구로서 슬리브 펌프에 달려 있는 시소였다. 어린이들이 시소놀이를 하면서 학교의 물탱크를 채울 수 있도록 고안된 것이었다.

타이스는 저녁을 먹으면서도 거기에 계속 관심을 보였다. 그는 루이스 로블레스에게 "어떻게 해서 그런 것을 생각해낼 수 있었습니까?" 하고 물었다. 그 순간 루이스는 테이블 위로 급강하하고 있는 바퀴벌레를 쉬 하면서 내쫓고 있었다.

"제가 생각해낸 게 아닙니다." 루이스가 대답했다. "학교에서 견학 온 아이들에게 펌프 손잡이가 일종의 지렛대라는 것을 설명하고 있는데, 그중 한 아이가 '말하자면 반쪽짜리 시소 같은 거군요' 하더군요. 그 말을 듣고 그날 오후에 당장 그걸 만들었지요."

"펌프에 그네 한 쌍을 연결시킬 생각도 하고 있습니다만, 그것을 만들 시간도, 돈도 없군요."

식탁이 조용해져갔다. 그때였다. 알론소 구티에레스의 렌즈콩 수프로 바퀴벌레가 갑자기 뛰어들었다. 알론소는 급히 스푼을 들어 바퀴벌레를 뜨더니 기분 좋게 으적으적 깨물어 먹었다. 마침내 타이스가 입을 열었다. "누군가 굶어죽기 전에 자금을 조달해야겠군요."

도

구

"우리는 일반 회사가 아니라 재단법인이오.
광고를 하면 비영리단체라는 이름을 잃게 될 거요.
더 나쁜 것은 우리의 신용을 잃게 된다는 것이오.
사람들은 가비오타스 기술이 참으로 다른 삶의 방식이 아니라
또 하나의 소비상품에 지나지 않는다고 생각할 거요."

휴일을 토요일에서 수요일로 옮기자고 한 것은 파올로 루가리의 제안이었다. 1980년대 초에는 주말에 가비오타스를 방문하는 사람들이 아주 많았다. 스페인 대통령이나 가브리엘 가르시아 마르케스 같은 명사들도 방문했고, 또 어떤 각료의 딸은 자기 급우들을 20명이나 데리고 방문한 적도 있었다. 그런데 모두 낚시를 하러 나가 텅 비어 있는 마을을 본다는 것은 정말 실망스러운 일이었다. 게다가 루이스 로블레스는 토요일에 쉬기는커녕 그들을 안내하기 위해 하루 14시간을 일해야 했던 것이다.

휴일을 옮기니 안전 문제에도 도움이 되었다. 주위 정착지에서는 주말마다 사람들이 술에 절어 총싸움을 하며 난리를 피우곤 했던 것이다. 무기를 지니지 않은 가비오타스인들이 휴일인 수요일과 목요일에 야노스로 외출할 때 훨씬 안전하게 돌아다닐 가능성이 많았다.

1979년 루이스 타이스의 방문으로 유엔 보조금을 받게 되어 공장이 완성되었다. 그 보조금은 적정기술이 진기하기만 한 것이 아니라 가비오타스가 그들의 기술을 상품화하고 분배하는 과정에서 실제로 사용할 수 있는 대안이라는 것을 보여주는 데 사용되었다. 보조금이 도착했을 때 호르헤 삽은 제일 먼저 풍차를 만들기로 했다. 전에 만든 모델들도 잘 작동되기는 했지만 농부들이 그것을 유지하기에는 비용이 너무 많이 들었던 것이다. 호르헤는 이 문제를 해결하는 데 심혈을 기울였다. 풍력은 제3세계에서 비용이 가장 적게 드는 자원이다. 그들은 쉽게 조립할 수 있고, 적어도 5년 동안은 수선하지 않아도 가동되는 디자인을 구상해야 했다.

쉰여덟 번의 시도 끝에 그는 자기가 찾던 것을 얻게 되었다. 그것은 다섯 개의 날개를 가진 아름다움 그 자체였다. 미국항공우주국의 우주비행선 카탈로그에서 본 착륙용 보조날개의 횡단면을 본따 만든 그 알루미늄 날개들은 끝에 꼬리를 없애고 바람이 부는 쪽으로 회전력이 생기도록 고안되었다. 루이스 로블레스는 회전 각도를 비틀어서 초경량 풍차가 폭풍 속에서도 부서지지 않도록 했다. 1980년 말, 석유를 사용하지 않는 가비오타스의 에너지 기계들을 대량으로 생산하기 위해 70명의 남녀 직원이 고용되었다. 그들은 알루미늄 판을 구부려 풍차 날개를 만들고, 알론소 구티에레스가 손으로 두드려 만든 금형(金型)을 가지고 램 펌프의 부품들을 찍어냈다.

안데스 산맥 너머의 생산자재들을 공중부양시켜 가져오는 방법을 발견할 때까지, 그들은 어쩔 수 없이 화석연료를 사용하는 운송수단에 의지할 수밖에 없었다. 이것 역시 그들이 해결해야 할 문제들 중의 하나였다. 테레사 발렌시아는 교육학을 전공하는 학생으로 농촌 공동체의 발전에 관한 졸업 논문을 쓰기 위해 가비오타스에 왔다. 도중에 그는 플라스틱 파이프, 호스, 알루미늄, 스테인리스 스틸, 유리 등을 싣고 야노스를 쉬지 않고 가로지르는 트럭의 행렬을 보고 깜짝 놀랐다. "여기에 도시를 세울 건가요?" 테레사가 알론소 구티에레스에게 물었다.

"기존의 도시들은 실패작입니다. 우리는 여기에 제대로 기능하는 도시를 만들려고 합니다."

"그렇게 하는 데 이 모든 재료가 필요합니까?"

"생존가능한 미래를 건설하는 데 필요한 도구를 만들기 위해서는 재료가 필요합니다. 도시들이 그렇게 엉망인 이유는 기술의 잘못 때문이 아니지요. 다른 것들과 마찬가지로 기술이 부패되었기 때문입니다. 세계 인구가 속수무책으로 늘어만 가니 기술의 도움이 필요합니다." 알론소는 테레사를 바라보았다. 굳었던 표정이 좀 풀리는 것 같았다. "우리는 가능한 도움은 다 얻어야 합니다."

알론소는 테레사를 기계 작업장으로 데리고 갔다. 그의 자리는 금속판, 플라스틱관, 구리 코일, 고무 타이어 그리고 선별된 산업 쓰레기 등으로 가득 차 있는 금속 선반으로 둘러싸인 한구석에 있었다. 짧은 작업대에 고정되어 있는 수동 선반 위에 나무로 된 굴대가 여럿 있었다. 테레사는 그중 하나를 집어들었다. 팽이 같아 보였다. "이것들은 뭐죠?"

"팽이지요." 그는 팽이를 집어들더니 실로 감은 다음 바닥에 대고 돌렸다. 그것은 계속 돌면서 문 밖으로 사라졌다. "이것들은 내게 장난감을 만들어 놀 생각을 하게 해주지요."

하나밖에 없는 의자에는 책들이 쌓여 있었다. 책상은 없었다. "설계도는 어디에서 그리나요?" 테레사가 물었다. 알론소는 또 다른 팽이에 실을 감으며 바닥에 앉았다.

알론소는 점점 벗겨져가는 이마 위를 톡톡 두드렸다. "나는 설계도 같은 건 좋아하지 않습니다. 멈춰서서 설계도를 그리는 것은 아주 비효율적이지요. 3차원에다 직접 그리는 게 훨씬 빠릅니다."

그는 테레사에게 가비오타스 근처에 있는 자기 땅을 보여주기도 하고, 무코 강에서 과이보가 만들어준 카누를 타고 함께 밤낚시를 하기도 했다. 논문을 다 마친 테레사는 가비오타스의 교사로 남았다.

가비오타스로서는 황금기였다. 곤살로 베르날과 세실리아 파로디는 아이가 태어나기를 기다리고 있었다. 루이스 로블레스도 이제는 원숙해져 공장의 비서인 메리다 로드리게스와 비야시엔시아에 가정을 꾸려 아주 행복하게 살고 있었다. 그는 안데스 대학에서 호르헤 삽을 위해 여러 해 동안 해왔듯이, 자신의 타고난 기술적 재능을 사용하여 젊은 엔지니어들의 아이디어를 실현시켜주면서, 그들의 감독관이 아니라 아버지 같은 존재가 되었다. 루이스는 알론소의 천재적 발명품인 슬리브 펌프를 개조하여 최종적인 작품을 만들어냈다. 알론소가 그의 모델에서 사용했던 스크랩을 견고한 재료로 대체한 다음, 지렛대 장치를 하여 뚜껑이 덮인 우물에서도 작동할 수 있도록 했다.

가비오타스에서 반경 4시간 거리 안에 사는 사람들은 모두 아이들을 데리고 학교를 방문했다. 그리곤 가비오타스 공장에서 나오는 신기한 물건들을 구경했다. 얼마 지나지 않아 가비오타스에는 화사한 해바라기들이 사방에 흩어져 있는 것 같은 알루미늄 풍차들이 여기저기 생겨났다. 그 풍차를 사려면 소 한 쌍만 팔면 된다는 사실을 깨달은 야네로들은 너도나도 하나씩 사들였다. 전에는 가축들이 건기가 되면 목말라 죽든지 진흙투성이 강가에서 물을 마시다가 너무 힘이 빠져서 빠져나오지 못하고 달라붙어 죽거나 했다. 그런데 깨끗한 물을 마실 수 있게 되자 가축의 치사율이 감소했을 뿐 아니라 사람들의 질병도 줄어들었다. 이제야 비로소 야노스는 사람이 살 수 있는 장소가 된 것 같았다.

1982년 2월, 대통령 후보자를 실은 비행기 한 대가 예고도 없이 가비오타스에 착륙했다. "여기에는 투표할 사람이 없을 겁니다." 파올로 루가리가 벨리사리오 베탕쿠르에게 말했다.

베탕쿠르는 가비오타스에서 산다면 정치 같은 건 생각도 나지 않을 거라고 말했다. 베탕쿠르가 손님 숙소 지붕 위에 있는 태양열 패널을 보고 판매용이냐고 묻자 파올로는 그렇다고 대답했다.

"만일 내가 대통령에 선출되면 태양열 패널을 대통령 관저에 설치하겠소."

1977년에 미국 대통령 지미 카터가 백악관에 태양열 패널을 설치한 바 있었다. 카터는 태양열 에너지와 풍력 에너지 연구를 활성화하기 위해 조세감면 조치는 물론이고 상당한 예산을 들여 지원하기도 했다. 그런데 4년 후인 1981년, 그 후임자 로널드 레이건은 카터가 백악관 지붕 위에 설치한 태양열 난방기구를 철수시켰고, 대체 에너지 연구를 위한 세제상의 우대조치나 자금 지원도 거두어들였다. 1982년 2월, 벨리사리오 베탕쿠르가 대통령에 선출되자 가비오타스인들은 야노스에서의 생활고 문제를 해결할 수 있게 되었을 뿐 아니라, 이상주의자들의 국제적 운동의 일부가 되었다. 지구상에서 과학기술이 가장 발달한 나라에서 깨끗하고 지속가능한 에너지를 얻기 위한 노력을 지원하지 않게 되자, 그 운동을 선도하던 자리가 부분적으로나마 비게 되었다. 그렇다면 이른바 개발도상국 사람들이 그 자리를 채우면 될 거 아닌가?

"이것은 인간이 만들 수 있는 색 중에 가장 검은색입니다." 영국인 엔지니어가 그들에게 말해주었다.

하이메 다빌라와 알론소 구티에레스가 고개를 끄덕였다. 그들도 알고 있었다.

그가 말하는 검은색은 구리로 도금된 실리카 필름 위에 크롬 이산화물과 니켈 산화물을 얇게 도포한 것을 말하는데, 그 표면이 너무나 검어서 아무리 들여다보아도 초점이 잡히지 않았다.

엔지니어가 계속 말했다. "필름의 두께는 산화 과정에 사용되는 빛의 파장의 정확한 배수가 되어야 합니다. 그 과정을 정확히 잴 수 있는 컴퓨터가 없으면 그것을 복제할 수 없을 겁니다."

하이메와 알론소는 고맙다고 인사를 했다. 그들은 명함을 교환하고는, 런던의 회색빛 거리로 빠져나왔다. "알아들었소?" 하이메가 빙긋 웃으며 물어보았다.

"네, 쉽군요."

"컴퓨터에 대해선 어떻게 생각하는가?" 영국식 처리과정은 위압적인 컴퓨터 본체에 의존하고 있었다.

"그게 무슨 필요가 있습니까? 그들은 컴퓨터가 시키는 대로 하고 있습니다. 컴퓨터가 없이도 우리 게 훨씬 낫습니다."

이제 그들은 꿈의 태양열 온수 패널을 만드는 데 필요한 것을 모두 알게 되었다고 확신했다. 1979년 유엔의 요청에 따라 가비오타스 엔지니어들은 열대의 조건과 제3세계의 예산규모에 적합한 아이디어를 구하기 위해, 그리고 자신들이 발견한 것을 나눠주기 위해 세계 곳곳에서 열린 태양열 에너지 회의에 참관했다. 하이메는 방금 프랑스와 그리스에 다녀온 터였다. 이제 서둘러야 한다. 그들은 런던에서 비행기를 타고 보고타로 날아간 다음 즉시 택시를 타고 누추한 공장지대로 갔다. 그들은 서로 연결된 다섯 채의 창고 앞에서 내렸다. 네 채는 배관, 목공, 기계, 전기 작업장으로 개조되었고 마지막 창고는 조립을 위한 것이었다.

새벽이 좀 지난 시각이었다. 그들은 다섯 번째 창고의 급조된 계단에 모여 앉았다. 그 계단은 1년 전인 1982년에 태양열 패널 제조작업을 보고타로 이전할 때 지붕 위에 지은 실험실과 연결되었다. "아, 고향이다!" 하이메가 한숨을 쉬었다.

"우리 아이들의 고향!" 알론소가 동의했다.

그 아이들이란 30명쯤 되는 거리의 아이들이었는데, 그들은 가비오타스 기술자들의 지도 아래 매일 40개의 태양열 집열기를 생산하고 있었다. 이는 그해 파올로 루가리가 베탕쿠르 대통령의 친구에게 전화를 받고 나서 시작된 일이었다. 1970년대 말, 경제학자 마리오 칼데론은 워싱턴에 있는 미주개발은행에서 근무하고 있었다. 칼데론은 콜롬비아 북서쪽에 있는 칼다스 지방 출신으로, 나무 자르는 손도끼가 그 지역의 문장이었다. 그는 물려받은 유산을 자랑스럽게 생각했지만, 1973년의 세계 에너지 위기는 현대 세계에서 개발의 효과를 측정하는 새로운 경제적 기준을 갖게 했다.

고향으로 돌아온 그는 곧바로 콜롬비아중앙대부은행을 향했다. 그 은행은 인구 증가로 인해 지나치게 확장된 도시의 공공주택 건설을 위한 재정융자를 맡고 있었다. 마리오 칼데론은 임시방편용 슬럼가를 세울 생각은 없었다. 그는 미래를 대비한, 살 만하면서도 품위 있는 주거지를 원했다. 그리하여 그가 도착하기 전에 이 은행에서 자금을 대어 지은 메데인에 있는 544동의 아파트 단지에 관심이 끌리게 되었다. 왜냐하면 거기에서는 가비오타스 연구소에서 고안한 태양열 패널로 물을 데우고 있었기 때문이다.

"와서 저 좀 만나주시겠습니까?" 칼데론이 파올로에게 전화로 요청했다. "당신에게 좀 더 많은 기획을 제안하고 싶습니다. 메데인 것보다 좀 크지요."

루가리는 조용히 고대 태양신들에게 감사를 드렸다. 사실 메데인 프로젝트는 큰 실패나 다름없었다. 그런데 이제 가비오타스는 그 결과에 대해 용서받은 것같이 보였다. 그때 가비오타스 엔지니어들은 거의 매주 하나씩 새로운 태양열 집열기 모델을 구상하고 있었다. 전통적인 태양열 패널에서는 유리판으로 봉해진 상자 안의 검은 바닥에 놓인 구리관 격자를 통해 물이 순환한다. 유리를 통해 태양열이 들어오면 상자에 갇혀버리기 때문에 온실효과가 생기는 것이다.

메데인의 공공주택에는 값비싼 수입산 구리 대신 재활용 네온과 형광등을 사용했다. 여기에 적용된 가비오타스식 원리는 검정 칠을 한 값싼 알루미늄 관 속으로 물이 흐르고, 이것을 재활용 유리관에 삽입하여 온실효과를 발생시키는 것이다. 여기에는 내부의 온도를 자동으로 조절하는 장치가 있어서 초창기의 태양열 집열기에서 흔히 보듯 과열되어 폭발하는 일이 드물었다.

문제는 부식이었다. 알루미늄과 수은이 만나면 부식이 일어날 수 있기 때문에, 가비오타스는 메데인의 수돗물에 수은이 함유되어 있는지 확인하는 테스트를 요청했다. 한 대학에서 행한 수은 분석 결과 음성반응이 나왔다. 그러나 그것이 장치된 지 4개월이 지난 어느 날 밤, 알론소에게 전화가 걸려왔다. 히터가 파열돼서 아파트에 물난리가 났다는 것이다. "첫 비행기를 타고 가서 무슨 일이 일어났는지 보시오." 초조해진 파올로 루가리가 말했다.

알론소는 비행기를 타고 메데인으로 갔다. 집열기를 보니 알루미늄이 부식되어 있었다. 그런데 그 이유는 그들이 예상했던 것이 아니었다. 메데인의 식수를 정화하기 위해 사용한 염소가 유기 오염물질과 반응하여 생긴 화합물이 문제였던 것이다. 알론소는 조사를 진행하면서 가비오타스의 식수에는 구태여 넣을 필요가 없는 염소가, 높은 온도에서는 태양열 집열기 안에 있는 알루미늄을 분해시킬 수 있다는 사실을 알게 되었다. 별수 없이 새로운 집열기를 설치해야 했는데 이번에는 부식하지 않는 구리로 만들었다. 그 실수로 인해 수천 달러가 더 들었는데, 알론소가 용접 비용이라도 줄이기 위해 격자 속으로 구리관을 엮어 넣는 방법을 개발하여 손해가 조금 줄었을 뿐이었다.

마리오 칼데론도 그 일에 대해 알고 있었다. "하지만 여러분은 그 책임을 받아들였고 문제를 해결했지요. 그것도 아주 적극적으로요." 그는 파올로를 안심시켰다. 칼데론은 '니사 Ⅷ(Niza Ⅷ) 프로젝트', 즉 보고타에 683동의 주택을 짓는 기획안을 보여주었다. "주택 전체에 태양열 에너지를 공급하려면 필요한 게 뭡니까?"

"전체요?"

파올로는 주택단지 전체에 태양열로 생산한 전기를 공급하려면 비용이 많이 들 거라고 설명해주었다. "구입을 하든 여기서 만들든, 광전지는 비용이 너무 많이 듭니다. 그건 가비오타스가 할 일이 아닙니다. 그것들을 싸게 그리고 오염물질 배출을 최소화하면서 제조하는 일은 선진국 예산으로나 가능한 일입니다. 그런데 콜롬비아에서 사용하는 전력의 5분의 1을 물을 데우는 데 사용하고 있으니 그건 낭비지요. 우리는 공짜 에너지인 태양열로 물을 데우면 전력비의 20퍼센트를 절감할 수 있다는 것을 국가적인 차원에서 보여줄 수 있습니다."

물론 정확히 말해 무료는 아니다. 하지만 파올로는 주택 건설시 최초의 투자로서 할 만하다고 믿었다.

"즉 한 동에 태양열 장치 하나를 설치하는 데 드는 비용은 3만 5000페소입니다. 5년 동안 가동한다고 하면 한 달에 800페소 조금 못 되는 비용이 듭니다. 매달 나오는 전기 및 가스 요금 평균이 1000페소 정도인데, 그것이라면 태양열 온수기 비용을 지불하고도 남을 것입니다."

칼데론은 일어서서 파올로의 손을 잡았다. 그는 루가리보다 키가 컸다. 짙은 회색 양복에 밤색 넥타이를 맨 그는, 싱긋거리는 웃음을 달고 다니는 것 외에는 아주 전형적인 은행가의 모습이었다. "아주 마음이 설레는군요." 그가 말했다.

칼데론은 앞으로 중앙대부은행과 가비오타스 사이에 많은 협력관계가 있을 것이며, 그에 따라 수천 개의 태양열 패널이 소요되는 기획을 구상 중이라고 말해주었다. 그러나 야노스에서 그것을 만들어서 밖으로 내가는 것은 불가능했다. 오리노코의 길로 무거운 유리를 운반한다면 깨질 것은 불을 보듯 뻔한 일이었다. 파올로 루가리는 집 없는 아이들을 도와주겠다고 하던 예전의 꿈을 회상하면서, 보고타에서 거리의 아이들을 위해 학교와 쉼터를 운영하고 있는 살레시오회 사제 두 명을 방문했다. 그리고 될 수 있으면 그들을 태양열 에너지 기술자로 고용하겠다고 약속했다.

알론소 구티에레스는 또다시 도시로 돌아가야 한다는 생각을 하니 마음이 아팠다. 하지만 그 아이디어는 마음에 들었으므로 도와주기로 했다. 이윽고 30명의 거리의 아이들이 가비오타스 엔지니어들의 작업을 돕기 시작했다. 태양열 패널을 조립하고 개조하는 일, 수압 프레스로 부품들을 찍어내는 일, 하이메가 만든 기묘한 기계를 사용하여 금속판을 접는 일 등등. 가끔 알론소가 중얼거렸다. "그 기계에 내 손가락을 대고 무슨 일이 일어나는지 보고 싶을 때가 있소."

알베르토 로드리게스라는 가비오타스 엔지니어는 서로 높이가 다른 집들의 바닥에 있는 샤워 꼭지가 똑같은 양의 뜨거운 물을 내보내는지를 확인하기 위해 절수형 급수장치를 만들었다. 가비오타스인들은 다양한 형태를 실험한 끝에 될 수 있으면 많은 양의 물을 최소한의 공간 속에 저장하기 위해 둥근 구(球)형 물탱크를 택했다(그 후 콜롬비아에서 많은 집들의 지붕 위에 얹힌 커다란 금속공은 '루가리의 공'이라고 널리 알려지게 되었다). 더운 물을 밀도 높은 찬물로 바꿔주는 열 사이펀(thermal siphon, 열을 흡수하는 수관)은 시스템에 손을 댈 필요도 없이 물을 끊임없이 재순환시켜준다. 가비오타스 기술자들은 적어도 20년 동안은 이 시스템을 유지관리할 필요가 없음을 장담했다.

엔지니어들에게 가장 큰 도전은, 보고타가 세계에서 구름이 제일 많이 끼는 도시 중의 하나라는 사실이다. 게다가 보고타는 해발 2743미터 위에 솟아 있어서 추울 때가 아주 많았다. 태양이 작열하는 저쪽 야노스에서는, 아흐레 동안이나 비가 연속해서 내린 뒤에 목욕물이 좀 차다고 해서 상관하는 사람은 없었다. 하지만 보고타에서는 직사광선을 빨아들일 뿐 아니라 구름 위에 널리 펴져 있는 빛의 온기까지 모아들일 수 있는 디자인이 필요했다.

그때 그들은 새까만 산화층을 입힌 엄청나게 비싼 영국제 실리카 필름에 대하여 알게 되었다. 그들은 런던의 공장에서 1시간을 보낸 후 자신들이 무엇을 알아야 하는지 깨닫게 되었다. 알론소는 콜롬비아로 돌아와서 동판을 질산에 넣어 깨끗하게 벗겨내고 헹구어낸 다음, 그것을 유황산과 염화수소산에 용해된 황산구리 용액에 담가 급격하게 산화시켰다. 그 결과 나비 날개처럼 조밀하고 매끄러우며 무서우리만치 새까만 표면조직이 생겨났다. 산화층이 필름을 거치지 않고 구리 위에 직접 놓였으므로, 알론소가 예견했듯이 영국제 판보다 훨씬 효과적이었다. 그들은 보고타의 전형적인 축축한 날씨를 골라 그것을 시험해보았다. 샤워장은 아주 따뜻했고 마침내 사람을 끄는 장소가 되었다.

"알루미늄 호일을 입힌 것부터 시작하여 참으로 먼 거리를 달려왔습니다." 하고 하이메 다빌라가 말했다.

❦

1983년 3월 보고타에서 에콰도르의 키토까지 뒤흔들어놓은 지진으로 콜롬비아 대통령을 11명이나 배출한 아름다운 도시 포파얀이 온통 엉망이 되었다. 포파얀에서만도 400명이 사망했다. 벨리사리오 베탕쿠르 대통령은 파올로 루가리에게 그 역사적인 도시의 재건축을 지휘하라고 임명했고 마리오 칼데론은 재정을 맡았다.

파올로 루가리는 고향으로 돌아왔다. 이제 그의 수염에는 회색빛이 돌고 머리숱은 적어지고 있었다. 하지만 그에게는 총명하고 사랑스러운 소년시절보다 훨씬 많은 에너지와 자신감이 흘러넘쳤다. 그가 자라는 걸 본 사람들은, 이 원기왕성하고 당당한 인물이 여성들의 시선을 끌었음이 분명한데 왜 결혼을 하지 않았는지 궁금해했다. "결혼했지요. 가비오타스하구요." 그는 그렇게 말했다.

시 광장의 파괴된 성당 앞에서 루가리는 우렁찬 목소리로 사람들에게 문화유산을 복구하자고 호소했다. 그는 자신이 일하는 대가로 돈을 받는 대신, 포파얀에서 일할 동안에도 비차다와 보고타 사이를 비행기를 타고 마음대로 다닐 수 있게 해달라고 했다.

가비오타스에서도 그의 도움을 필요로 하는 일이 많이 일어나고 있었으므로, 그는 동시에 여러 곳을 왔다갔다해야 했다. 한때 파올로는 포파얀의 아파트에서 M-19에 의해 납치되어 감금된 적이 있었는데, 게릴라들은 이틀 동안 그의 이야기를 듣고 아주 지쳐버린 끝에 풀어주었다. 그는 다시 일터로 뛰어들었다. 마리오 칼데론이 보고타의 공공주택 건설 정책을 위한 가비오타스의 기술지원을 부탁했다. 이번에는 '시우다드투날'이라는 5층짜리 건물로 이루어진 5500세대 아파트 단지로, 3만 명을 입주시킬 계획이었다. 파올로 루가리가 알기론 세계에서 가장 큰 태양열 건축이 될 터였다.

메데인에서 겪은 첫 실패에도 불구하고 가비오타스의 명성이 사라지지는 않은 것 같았다. 왜냐하면 잇따르는 태양열 온수기 주문에 맞추기 위해 보고타에 또 다른 공장을 지어야 했기 때문이다. 더구나 야노스의 고향에서는 그 시대의 걸작이 될 작업을 시작하고 있었다. 그것은 바로 열대의 가비오타스에 자급자족하는 병원을 세우는 일이었다.

베탕쿠르 대통령은 파올로 루가리를 기술 개발을 위한 대통령 고문으로 임명했다. 삽을 비롯한 엔지니어들은 눈이 휘둥그레졌다. 파올로는 과학자가 아니었기 때문이다. 하지만 그에게는 놀라운 상상력과 비상한 기억력이 있었다. 재단 관리자들과 정부 계약자들을 설득할 때는, 실험실에서 엔지니어들로부터 들은 설명을 놀라우리만치 상세하게 기억하여 들려주었던 것이다. 다행히도 그는 대통령의 청에 응했다. 한편 루가리, 조프리 할러데이, 알론소 구티에레스는 캘리포니아에 있는 광전지 공장을 돌아보았다. 그들은 새로 지을 병원은 태양열만 이용해야 한다는 데 동의했다. 그것은 전기를 생산하기 위해 선진국으로부터 광전지 반도체 기술을 사들이는 것을 의미했다. 파올로는 광전지로 에너지를 만들어내는 비용이 제3세계 국가들도 부담할 수 있을 만큼 내려가고 있다고 생각했다.

그러나 알론소는 샌프란시스코 주위를 돌아보면서, 태양열 전기가 제1세계에서도 아직 제대로 자리 잡지 못한 것을 보고 파올로의 견해에 회의적이 되었다. 공장에서 알론소와 조프리는 선반(旋盤)에 있는 다이아몬드 부품이 아주 비싸다는 사실과 결정화 과정에서 엄청난 열이 필요하다는 사실을 주목했다. "그들이 지금 사용하는 에너지를 태양열 전지 생산에 되돌리는 데에는 여러 해가 걸릴 겁니다." 알론소가 속삭였다.

그들은 상업적 목적으로 광전지를 생산하고 있는 태양광 회사 아르코(ARCO)도 이것을 알고 있을 거라 짐작했다. 하지만 기본적으로 레이건 정부가 미국 내 재활용 에너지 투자에 대한 연방 세금 공제를 모두 폐지시켰기 때문에, 미국의 태양열 에너지 시장은 내부적으로 사실상 붕괴된 상태였다. 그런데 알론소와 조프리는 광전지가 어딘가에서 여전히 미래가 있다 해도, 현재 개발 중인 좀 더 싸고 효과적인 광전기성 필름이 이와 같은 전지를 대신하게 될 거라고 루가리에게 말했다. "그들은 미국의 확실한 고객인 몇몇 가난한 나라에 이 광전지를 팔아넘기려 할 거야. 이제 집으로 돌아갈까?"

그런데 태양빛이 실제로 무언가를 움직이게 한다는 생각은 엔지니어들의 마음을 끄는 마술적인 아이디어였다. 파올로 루가리에게도 그랬다. 어느 날 저녁, 그는 비밀리에 동료들을 불러모았다. "여러분에게 보여줄 게 있소."

그는 상자 하나를 내놓더니 그 안에서 아령 모양으로 생긴 장난감 같은 것을 꺼냈다. 그것은 30센티미터 길이의 막대 양 끝에 유리공을 붙인 것으로서 유리공 안에는 물이 찰랑거리고 있었다. 아령은 나란히 서 있는 나무막대 사이에 핀으로 매달려 있었다. 그것을 밀자 한쪽 끝이 올라가면 다른 한쪽은 내려가면서 막대기둥 사이에서 맴돌았다.

파올로는 아령을 미는 대신 수직 자세로 잡고, 작은 촛불을 다시 켜서 그것을 낮은 쪽 공 아래 놓았다. 잠시 후 손을 놓았더니 그것이 올라가기 시작했다. 무슨 일이 일어나고 있는지 짐작하기는 어렵지 않았다. 한쪽 공 안에 있는 가열된 액체가 기화되면서 가벼워진 쪽은 올라가고 반대로 무거워진 다른 쪽은 내려가서 다시 촛불 위에 놓이게 되고……. 이 과정이 계속 반복되었다.

"그래서요?" 누군가가 잠시 후에 물었다.

"상상해보십시오. 이 같은 아령을 여러 개 만들어서 자전거 바퀴 살 모양으로 배치해놓고 거울을 이용해 태양열을 모아서 가열하면 태양열 엔진을 가질 수 있게 됩니다."

엔지니어들은 파올로에게 무슨 생각이 번뜩이고 있는지 알 수 있었다. 광전지를 만들기 위해 비싼 돈을 들일 필요도 없고, 또 그 것을 제조할 때 쓰이는 화학합성물의 독성 오염을 처리하는데 비용을 들이지 않고도 태양열 터빈을 이용하여 전기를 생산해낼 수 있다는 소리였다. 그들은 중동에서 플로리다의 에프콧 센터(Epcot Center)에 이르기까지 세계 각지의 태양열 에너지 회의에 참석해오면서, 얼마나 비효율적으로 태양빛을 운동으로 전환시키는지에 대해 잘 알고 있었다. 그러나 한번 시도해보고 싶은 마음에 어찌 묻어두고만 있으랴!

여러 번의 폭발을 겪고 상당한 비용을 들인 끝에, 그들은 200제곱미터의 반사경 위에 직경이 거의 5미터나 되는 바퀴를 배치했다. 그들의 태양열 모터는 5분마다 한 번씩 회전하면서 2마력을 생산해냈다. 그들은 그것을 카사바 분쇄기에 걸어놓고 파올로에게 보여주었다. "그게 전부입니까?" 그가 물었다.

알론소가 그의 등을 탁 쳤다. "이게 우리가 배운 겁니다. 과학자들은 실제로 작동하는지 알아내기 위해 먼저 우스꽝스러운 것들을 만들어봐야 합니다."

1970년대 말경 세계은행은 가비오타스를 모델로 삼아 미개척지에 사람들을 이주시키기 위한 콜롬비아 정부의 계획에 자금 지원을 해주었다. 그 첫 번째 마을인 트로피칼리아는 오리노코의 사바나를 향하여 동쪽으로 12시간 들어가는 곳에 있었다. 가비오타스는 자신들의 아이디어와 건축 기술을 전수하기로 계약을 했다. 일꾼들이 그들의 거주시설을 만드느라 건기 내내 거기서 시간을 보냈다. 하지만 그들은 트로피칼리아를 위한 지원이 '예산상의 이유로' 어이없이 끝나고 말았다는 소리를 들었다. 가비오타스인들은 새로운 사회를 만드는 데 대한 국가의 의지가 그처럼 약한 것을 보고 실망했다. 주위의 광기와 싸우고자 하는 그들의 노력은 그것을 낳은 역사를 바꾸고자 하는 시도만큼이나 부질없어 보일 때가 있었다.

그런데 이제 1980년대 중반 가비오타스의 시대가 온 것처럼 보였다. 그들 사이에 엄청난 추진력이 느껴졌다. 오묘한 생태계와 조화를 이루는 아름다운 미래로 향하는 열쇠를 발견하기만 한 것이 아니라 만들어냈다는 느낌이 커져가고 또 선명해졌다. 베탕쿠르 대통령은 대통령 관저에 태양열 패널을 설치하겠다고 한 약속을 지켰고 콜롬비아 전역의 공공기관에도 그것을 설치했다. 심지어 보고타의 한 전력회사도 그 본부 지붕 위에 가비오타스의 태양열 온수기를 설치했다. 그런 후 베탕쿠르는 파올로에게 기술적 식민화라는 트로피칼리아 아이디어를 부활시킬 계획을 세우고 있다고 말했다.

이제 70명이나 되는 거리의 아이들이 가비오타스 공장의 고용인으로 훈련을 받고 있었다. 호르헤 삽은 보고타의 남쪽에 점점 늘어만 가는 무단 입주자 지역인 볼리바르 시의 도시 빈민들에게, 지붕 위에 수경재배 채소밭을 만드는 방법을 가르쳐주는 기술자 팀을 지휘하고 있었다. 채소가 무척 풍요롭게 자라주어서 여성 생활 협동조합이 도시 최고의 채소 체인점에 상추와 오이를 대주고 있었다. 스벤 제텔리우스는 야노스에서 자라는 것이 거기서도 자라고 있는 모습을 보았다.

파올로가 아이디어 하나를 베네수엘라에서 가지고 왔다. 그는 거기서 한 농학자로부터 카리브산 소나무, 즉 중앙아메리카 전역의 다양한 토양에서 자라고 있는 열대의 소나무가 퍽 단단하다는 소리를 들었다. 제텔리우스는 과테말라, 니카라과, 벨리즈, 온두라스에서 묘목을 구했다. 아직까지는 심어놓은 모든 것이 살아 있고 심지어 계속 자라고 있었다. 높이가 겨우 30센티미터밖에 안 되는 긴 바늘잎의 이 소나무에 대해 스벤이 가지고 있는 작은 계획은 가비오타스에서 호기심의 대상이 되었다.

"소나무들을 가지고 무얼 할 수 있습니까?" 엔지니어가 물었다.

"글쎄요, 최소한 무언가를 배우겠지요. 당신의 5미터짜리 태양열 엔진으로 우리가 무엇을 했습니까?"

가비오타스는 마침내 그들의 아이디어를 종합하는 건물을 세울 준비가 되어 있었다. 모두 '병원'이 가장 적절하다는 데 동의했다. 그것은 실제로 필요한 것인 동시에 치유의 상징이 될 터였다. 병원은 치안상의 문제와도 관련이 있는데, 새로운 위험이 생겨나 의료팀의 야노스 여행이 점점 더 위험해지고 있었다. 과거에는 콜롬비아의 화산 고지대에서만 불법 작물이 재배되고 있었다. 1960년대에 그곳의 주된 환금작물은 마리화나였다. 그런데 바로 남쪽에 있는 과비아레 지역에서 전해온 소식에 의하면 그때까지 콜롬비아에는 전혀 알려지지 않았던 코카가 재배되고 있다는 것이었다.

콜롬비아의 아마존과 포파얀 인근의 산에서 의식용으로 소량 재배되고 있기는 했지만, 코카는 주로 페루와 볼리비아에서 자라고 있었다. 그러나 1980년대 초 불법 작물 재배산업이 콜롬비아의 동부 저지대에 퍼지기 시작했고, 그와 함께 총성도 늘어났다. 마그누스 제텔리우스는 어느 날 응급 환자의 가슴에서 총알을 제거하기 위하여 재킷을 얇게 베어내다가 안감 속에 수천 페소가 숨겨져 있는 것을 보았다. 그는 저마다 판초 우의 아래로 반자동 이스라엘제 우지 기관단총을 내밀고 환자를 데려가려고 지프를 타고 몰려든 사람들에게 무기 소지를 금하는 가비오타스의 규칙을 강요하기란 쉽지 않을 거라는 사실을 알아챘다.

새 병원을 짓는 건축가는 가비오타스의 삶에는 아무 관심이 없는 사람으로 자칭 '도시의 시궁쥐'였지만, 이렇게 외딴 지역에 인간이 살 만한 거주지를 시급히 마련할 필요가 있다는 사실은 이해했다. 루이스 알폰소 트리아나는 파올로 루가리를 만나기 전 안데스 대학에서 학생들에게 2020년을 위해 아마존 도시들을 계획하라는 과제를 내주었다. 그때쯤이면 엄청나게 많은 인구가 정글로 흘러들어갈 거라고 추측했던 것이다. 그런데 그는 사람들이 정글로 들어가서 나무를 불살라버리기보다는 나무숲보다 더 높이 철제기둥을 세워놓고 그 위에 멋진 건물들을 건축하길 꿈꾸고 있었다.

그는 나름대로 확신을 가진 도시 개발자들을 설득하여 자연을 존중하면서 도시를 건설하는 일이 쉽지 않음을 알고 있었다. 당시 그는 마리오 칼데론의 은행이 전국적으로 재정 지원을 하고 있는 한 프로젝트의 축소 모델을 설계하기 위해 고용되어 있었다. 파올로 루가리는 그의 작품을 보고 나서 잠깐 여행을 할 수 있는지 물어보았다.

가비오타스를 처음 본 트리아나는 그다지 깊은 인상을 받지는 않다. "야자나무 지붕은 아주 민속적이었지만, 태양열 에너지는 그다지 아름답지 않았습니다. 태양열 패널은 금성에서 막 도착한 거대한 금속 거미 같았지요. 금속 지붕이 보기에 더 좋을 뿐 아니라 투입된 노동력을 따져보더라도 훨씬 쌉니다."

"나도 그렇다고 들었습니다." 파올로가 말했다.

루이스 알폰소 트리아나는 가비오타스에서 자유롭게 일하게 되었다. 루이스는 풍성한 턱수염을 쓸어내리면서 지붕이 달린 안마당 주위에 세워져 있는 비야시엔시아의 L자형 오두막을 보고 말했다. "너무 평범합니다. 우리에게는 자연과 관련된 것이 필요합니다. 살기에 편안하면서도 '가비오타스'라고 말할 수 있을 정도로 독특한 것 말이지요." 그 결과 높이 솟은 가족 숙소가 여러 채 생겨났다. 태양열 패널이 총총히 박혀 있는 얇고 주름진 강철로 된 육모꼴의 지붕은, 물매가 급한 양 날개의 긴 변이 용마루가 되고, 그 양끝은 새부리처럼 치켜 올라간 모양이었다.

알루미늄 골함석보다 값이 싸고 견고한 갈매기 모양 가옥의 아연 도금한 강철 지붕과 어울리려면, 그것은 콘크리트로 채워진 강철 기둥이어야 한다고 했다. 루이스 알폰소는 강철을 좋아했다. 가비오타스에는 다목적 공동체센터 또한 필요했다. 알폰소는 학교와 식당 사이의 공사 부지에 모여 있는 한 무리의 가비오타스인들에게 그 센터의 지붕은 "극적인 인상을 줄 필요가 있다."고 말했다. "그것은 실용적이면서도 상징적이어야 합니다. 그것은……."

모두 다음 말을 기다렸다.

"스테인리스로 만들어야 합니다."

물론 비용이 많이 들겠지만 트리아나에게는 그것을 마련할 방안이 있었다. 대학교에 있는 한 수학자가 포물선형을 계산했는데, 그것은 트리아나가 정확하게 예견했듯이 끔찍이 더운 적도의 한낮에도 열을 빌딩으로 집중시켰다가 반사시킬 터였다. 이 형태는 한때 가비오타스 엔지니어들이 알루미늄 호일을 씌워 만든 태양열 반사경과 다르지 않았다.

"그렇습니다." 트리아나가 말했다. "포물선의 축을 계산해 초점을 잘 맞춘다면 우리는 관 속의 기름을 데워서 태양열 에너지를 얻을 수 있습니다." 하이메 다빌라는 트리아나가 가져온 청사진을 살펴보았다. 가비오타스에서는 진기한 것이었다. 그는 그것들을 거꾸로 돌려보았다. "흐음." 그는 이렇게 말하고는 실험실로 돌아갔다.

병원을 지으면서 트리아나는 전통적 스페인식 디자인에다 가비오타스의 기술을 구현하는 데 이용된 현대적인 재료들을 혼합할 것을 제안했다. 그는 요긴하게 쓰이는 안마당에 분수대를 만들어 거기서 복도를 걸쳐 수술실과 회복실로 통하기를 바랐다. 행랑은 유리와 연마 강철로 만들고자 했다. 그렇게 되면 마치 태양열 집열기 안에서 산책을 하는 것 같은 기분이 들 것이다. 사실 그 아치 모양으로 만든 지붕의 반은 태양열 집열기가 될 터였다. 트리아나는 전체 건물이 어찌되었건 간에 투명해야 한다고 주장했다. "야노스의 아름다운 열린 공간이 단절되어서는 안 됩니다." 이는 유리와 환기통을 교묘하게 이용하면 가능한 일이다. 그는 후자에 대해서는 특별한 구상을 가지고 있지 않았지만 가비오타스 엔지니어들이 훌륭한 아이디어를 내놓을 거라고 확신했다.

그래야만 했다. 마그누스 제텔리우스는 현재의 진료소에 한계를 느꼈다. 그는 그 진료소가 열대의 건물 안에서 무슨 일이 일어날지에 대해 전혀 모르는 고지대 사람들이 지은 것이라고 트리아나에게 말했다. 환자들은 더운 몸을 식히기 위해 바닥에 누워야 했고, 과이보 인디언들은 백인들이 그 땅에 나타나기 전에 하던 대로 옷을 벗었다. 숨 막힐 듯이 더운 약국에서 약이 너무나 빨리 상했기 때문에, 마그누스는 열을 차단하기 위해 마분지를 덧붙였다. 그는 트리아나에게 "건축가들은 자신들이 설계한 건물에서 자봐야 한다."고 말했다. 트리아나는 이것이 자기에 대한 경고라고 이해했다.

기존의 진료소는 물을 데우기 위해 프로판 가스를 사용했는데, 프로판 가스를 실은 트럭은 며칠씩 늦게 도착하곤 했다. 또한 그들은 부엌에서 장작을 때서 요리를 했다. 야노스에서는 장작이 귀했는데, 특히 가비오타스가 대상림을 베어내지 않기로 한 후로는 더욱 그러했다. 이 모든 것을 감안하면 설사 자체 생산이 불가능한 광전지를 사용하게 되더라도 태양열 기구를 발명해야 했다. "세상 어느 곳도 다른 곳과 분리되어 존재할 수 없습니다." 삽이 엔지니어들에게 상기시켰다. "가비오타스도 마찬가지죠."

트리아나는 보고타에서 가비오타스 태양열 온수기를 설치한 또 다른 공공주택 프로젝트에 동시에 참여하고 있었으므로 병원을 짓는 데 누군가의 도움이 필요하다는 사실을 깨달았다. 1982년 초 그는 최근에 졸업한 자기 제자 중에 가장 우수한 에스페란사 카로라는 여학생을 가비오타스로 데려왔다. 그리고 마그누스, 루가리, 엔지니어들에게서 여러 시간 듣고 기록한 아이디어가 꽉 차 있는 노트를 여러 권 넘겨주었다. 에스페란사는 루이스 로블레스가 제안한 자동냉각 지붕의 열역학에 대해 자신의 의견을 거침없이 쏟아냈다. 가비오타스인들은 태양열 압력솥이 설치된 주방을 원했다. 호르헤 삽은 이슬람 사원에서 사용하는 지하 통풍구를 제안했다. 사원의 첨탑에 있는 높은 창문으로 달아오른 열이 빠져나가고, 지하로 흐르는 터널에서 차가운 공기를 빨아들여 각 방으로 내보내는 식이다. 한 달 후 실제로 언제부터 무엇을 할 것인지 물으러 파올로 루가리가 들렀을 때도 에스페란사는 여전히 트리아나가 준 노트를 읽고 있었다.

루가리를 바라보는 그녀의 눈동자엔 생기가 하나도 없었다. "적어도 무슨 생각을 하고 있는지나 말해주시오." 그가 재촉했다.

"며칠만 더 시간을 주세요." 에스페란사가 중얼거렸다.

에스페란사는 알론소 구티에레스와 함께 건물 터를 둘러보았다. 그녀에게 가장 인상 깊었던 것은 항상 살아 있는 생물처럼 느껴지는 야노스의 바람이었다. 그리하여 병원에는 빛만이 아니라 바람도 통할 수 있어야 한다고 확신하게 되었다. 이제 그녀는 희미하나마 떠오르는 형태를 보기 시작했다. 그녀는 생각을 거듭한 끝에 트리아나가 설계한 안마당과 태양열 복도 사이에 짧은 통로를 놓았다. 그 통로의 방향은 늘 불어오는 북서풍을 맞아들이도록 설계되어 있었다. 머릿속에서 맴돌던 아이디어들이 하나하나 구체화되기 시작했다.

에스페란사는 책상에 앉아 자신과 모든 사람의 생각으로 이루어진 축소 모델을 조립하기 시작했다. 48시간 동안 한숨도 자지 않고 작업한 끝에 그녀는 루가리에게 병원의 모형을 보여줄 수 있었다. 루가리의 눈앞에 여러 해에 걸친 연구조사 결과를 복잡하고 상세하게 구체화한 모형이 놓여졌다. 그는 그것을 한참 바라보았다. 그리고 그는 이 작고 지쳐버린 어린 여성을 쳐다보았다. 그녀의 수척한 얼굴은 헝클어진 머릿결 뒤에 가려 거의 보이지 않았다. "대단하군!" 그가 숨을 내쉬었다.

"언제 시작할까?" 파올로가 엔지니어들에게 물었다. "우리에게는 계획이 필요하오. 작업 공정표 말이오."

그들이 크게 웃어대는 바람에 파올로는 움찔했다. 알론소 구티에레스가 해먹에서 벌떡 일어나더니 하품을 했다. "파올로, 우리가 시작할 때 시작되고, 우리가 끝낼 때 끝나는 겁니다. 그것이 우리 계획입니다."

알론소가 옳았다. 병원이 완성되는 데는 4년이 걸렸다. 아무도 예상하지 못했던 일이었다. 이 같은 건물을 지어본 사람이 아무도 없었기 때문이다. 하지만 루가리가 재촉한 것도 일리는 있었다. 1980년대 콜롬비아에서는 미래가 얼마나 불투명한지를 상기시켜주는 일들이 그야말로 매일 벌어졌다. 1986년 가비오타스 병원이 완성될 무렵에는 의사 마그누스 제텔리우스가 떠난 지 오래였다. "떠나면 안 됩니다." 루가리가 간청했다.

"떠나야 합니다. 루이스 아델리오에게 어떤 일이 일어났는지 보지 않으셨습니까?"

파올로는 더 이상 말리지 않았다. 그의 전임 조정자 루이스 아델리오 가찬시파가 가비오타스의 바로 서쪽에 있는 작은 마을인 푸에블리토에서 아내와 함께 작은 가게를 열었었다. 가비오타스인들은 가끔 그곳에 들러 맥주를 마시곤 했다. 그런데 어느 날 무장한 사람들이 루이스를 찾아왔다. 그리고 그를 데리고 가서는 돌아오지 않았다. 왜 그런지 아무도 몰랐다. 너무나 놀란 사람들은 그 일에 대해 입을 열지도 못했다.

나라 안에는 '민병대'라는 말이 새로 생겨났는데, 그것은 게릴라와 정부군의 끔찍한 분신이었다. 그들도 게릴라처럼 무장한 시민이긴 했지만 대의명분을 위해서가 아니라 고용된 것이었다. 그들은 좌경이라고 여겨지는 사람들을 공격했는데, 진짜 좌경인 사람도 있고 운이 나쁜 경우도 있었다. 정규군과는 달리 민병대들은 행동규약에 묶여 있지 않았다. 그들은 게릴라들에게 테러를 당하고 강탈당하느라 지쳐버린 에메랄드 상인이나 농장주 혹은 이 바닥의 새로운 괴물로 떠오른 코카인 재배자로부터 일당을 받고 있었다. 그들은 자유 시간에는 통제할 수 없을 정도로 해이해진 대포처럼 행동했다.

게릴라, 민병대 및 일반 범죄자들은 테러를 통해 이익을 얻고자 납치를 자행했다. 루이스 아델리오가 사라지기 바로 직전에는 남부 야노스에 있는 미국인 선교사들이 납치당했다. 그들의 주된 목표물은 북아메리카인들이었다. 그들이야말로 고르고 고른 전리품이었다. 그러니 비무장 상태의 가비오타스에서 마그누스 제텔리우스의 미국인 아내와 다섯 살 난 아들은 마음놓고 살 수가 없었던 것이다.

　가비오타스에서는 농촌봉사 의무기간을 채우러 온 젊은 의사들이 다시 활동하기 시작했다. 정부조차 발을 들여놓기 싫어하는 외딴 농촌 지역은 색깔로 구분되었다. 마그달레나 강의 중앙 계곡과 같은 적색 지역은 3개월 정도만 활동해도 의무기간이 채워졌다. 그 지역은 1980년대 초 게릴라와 민병대 간의 싸움이 가장 치열한 곳이었다. 파나마 접경 지대에 있는 바나나 재배 지역인 우라바 역시 위험한 적색 지역으로, 노동조합원들이 연습용 과녁쯤으로 여겨지는 곳이었다. 또 하나의 적색 지역이 마카레나 외곽에 있었다. 야노스는 노란색에서 오렌지색으로 표시되어 있었는데, 그것은 6~9개월 정도만 일하면 임무가 끝난다는 것을 의미했다. 하지만 가비오타스에서는 적어도 1년은 일할 사람만 받아들였다.

　병원 건축이 진행되고 있었다. 여러 가지 복잡한 형상들이 사바나 위로 솟아나기 시작했다. 하얀 벽, 유리 차양, 채광창, 표면을 연마한 강철 기둥, 바람을 최대한 맞아들이기 위해 바닥에서 지붕까지 이어져 있는 판유리 창문 블라인드 그리고 푸른색과 노란색 에나멜로 마무리한 외부로 노출된 철제 지주 등등. 이렇게 차가운 느낌을 주는 재료들이 어떻게 환자들을 따뜻하고 행복하게 해줄 수 있냐는 질문을 받으면 루가리와 삽은 직접 와서 보라고 말했다. 루이스 알폰소 트리아나와 에스페란사 카로 등의 엔지니어들은 기계 부속품 같은 재료를 가지고 될 수 있으면 보기에도 좋고 치유에 도움이 되는 환경을 만드느라 애쓰고 있었다. 그 병원은 일찍이 토머스 에디슨이 말한 것처럼, 기술이란 자기를 발명한 인간을 배반하고 파괴하는 증기 롤러 같은 것이 아니라 인간 실존을 풍요롭게 해줄 수 있어야 한다는 그들의 신념을 구체화한 것이었다. 병원이 에스페란사의 모형도에서 실제 모습으로 드러나자 사람들은 전율했다.

트리아나의 중앙마당 분수는 1세제곱미터의 입방체 위로 물이 흐르도록 설계되었다. 이는 가습 효과를 위한 것으로, 일반적인 경우보다 표면적이 다섯 배나 되었다. 에스페란사 카로는 자신의 풍향 복도와 루이스 로블레스의 자가냉각 지붕이 결합하면, 아라비아 첨탑에 사용되는 이집트 피라미드 시대의 아이디어인 지하 환풍구가 필요하지 않다는 사실을 확인하게 되었다. 그러나 엔지니어들은 이 오래된 아이디어가 아주 효과적이라는 것을 보여주었다. 그들은 병원을 에워싼 테라스를 관통하는 지하터널을 만들었는데, 언덕에 위치한 그 흡입구는 불어오는 산들바람을 향해 열려 있어서 실내를 더욱 신선하게 해주었다.

루이스 로블레스의 지붕은 단순함의 극치를 이루었다. 그 오래된 진료소의 석면 시멘트로 된 골함석 지붕은 열대의 야노스 태양 아래서는 너무도 뜨거웠다. 루이스는 지붕이 태양열을 받아 보일러 팬처럼 뜨거워지는 것을 막기 위해, 골함석을 한 겹이 아니라 두 겹으로 만들었다. 그는 처음 것 위에 또 하나를 얹어 벌집 모양의 공기 방을 만들고, 양끝을 뚫어 경사지게 함으로써 흡수된 태양열이 빠져나가도록 했다.

이렇게 자연스럽게 열을 식히는 기술은 비용이나 유지비가 따로 들지 않는 에어컨이나 다름없었다. 병실 건설 아이디어는 한 걸음 더 나아가 커피공장의 건조실에서 빌려왔다. 또한 언젠가 말라리아에서 회복될 무렵 침대에 누워 하루 종일 바라보고 있을 수밖에 없었던 병실의 낮은 천장을 생각해냈다. 여기에서 힌트를 얻은 그는 지붕까지 연결된 커다란 내리닫이 창문을 만들었다. 각 방의 꼭대기에는 분리된 아연 도금 지붕을 설치했는데, 그것은 손으로 크랭크를 돌려서 밀어 열게 되어 있었다. 그리하여 날씨가 좋은 날이면 낮에는 환자들에게 신선한 공기와 푸른 하늘을 제공해주고 밤에는 별자리들의 쇼를 보여주는 개폐식 천장이 되었다.

　이런 병원 구조는 심리적 치유 효과가 있었다. 하지만 과이보 인디언들은 어떤 형태로든 병원이라는 공간을 견디지 못했다. 과이보 인디언들은 환자를 가족들에게서 떼어놓는 것은 일종의 구속으로 환자의 건강에 도움이 되지 않는다고 믿었다. 그리하여 인디언들 스스로 그 해결책을 구상하고 만들었다. 부속 진료실 바로 너머에 유리 지붕으로 덮인 태양열 복도가 덩굴로 덮인 짧은 보도로 이어지는데, 이것이 가비오타스 병원과 그 옆에 있는 과이보 말로카를 연결시켜주고 있었다. 원주민 환자들과 그 가족들은 침대 대신 널찍한 초가지붕 아래 나무 빔에 걸어놓은 해먹에 누워 있을 수 있었다. 환자의 가족들도 근처의 수경재배 그린하우스에서 토마토, 상추, 양배추, 양파를 가꾸어 먹고 살 수 있도록 초대되었다.

　이른 새벽이었다. 가비오타스의 관목 숲에서 살고 있는 사우셀리토라고 불리는 황금빛 눈의 개똥지빠귀가 낭랑한 목소리로 다섯 시가 되었음을 충실히 알려주었다. 30분이 채 안 되어 잠에서 깨어난 가비오타스인들은 식당 곁에 자전거를 세워놓고 커피 잔을 들고 왔다갔다하고 있었다. 5시 40분경 일단의 게릴라 부대가 들이닥쳤다. 그들은 250명이나 되는 가비오타스인들을 식당 앞에 세워놓았다. 그들 앞에 남녀 젊은이들이 경직된 자세로 두 줄로 서 있었다. 게릴라들은 소매가 짧은 카키색 유니폼, 검은 고무장화, 카키색의 정글 캡을 썼는데 거기에는 빨간 별이 그려져 있었다. 또한 고무를 입힌 녹색 가방, 탄띠, 휴대용 식기 그리고 바나나 클립이 부착된 반자동 소총을 각각 메고 있었다.

가비오타스인들은 서로를 바라보며 어깨를 으쓱했다. 전에도 이런 일이 있긴 했다. 30대 중반으로 보이는 금발의 게릴라 대장이 말을 걸었다. "누가 책임자요?"

"우리 모두요." 여럿이 한목소리로 대답했다. 곤살로 베르날과 파올로 루가리는 모두 보고타에 있었다. 하지만 그들이 있었다 해도 대답은 마찬가지였을 것이다.

대장이 그들 앞으로 나섰다. 그는 자기들이 콜롬비아무장혁명군이라고, 마치 사람들이 모르고 있기라도 한 듯 말했다. 그들은 지금 무장 투쟁이 필요하다는 것을 역설하기 위해 왔다고 했다.

"우리는 싸우지 않소."

"이곳은 중립 지대요."

사람들의 목소리는 차분했다. 그러자 대장이 말했다. "콜롬비아에는 중립 지대가 없소. 당신들은 우리 편이든지 적이든지 둘 중 하나를 택해야 하오."

"우리는 민중 편에 서지, 정책 편에 서지는 않소."

"우리는 민중의 권리를 위해서 싸우고 있소." 대장이 대답했다.

"민중의 권리를 믿는다면 우리를 놓아주시오. 가서 일할 수 있게 해주시오."

"그리고 총을 거두시오. 여기서는 무기가 허용되지 않소."

어린아이들 외에 움직이는 사람은 아무도 없었다. 아이들이 게 릴라들에게 다가가서 그들의 무기를 살펴보고 있는데도 아무도 말리지 않았다. 이윽고 어떤 여성이 "우리를 인질로 잡아갈 겁니 까?" 하고 물었다.

대장은 긴장을 풀더니 미소를 지었다. "여기 있는 사람은 아무도 손대지 말라는 명령이 있었소."

가비오타스인들은 안도의 숨을 내쉬었다. "왜죠?"

"당신들이 너무나 소중한 일을 하고 있기 때문이오."

파올로 루가리는 게릴라보다 더 큰 문제로 고민하고 있었다. 곤 살로 베르날과 그의 가족이 가비오타스를 떠나려 하고 있었다.

조정자는 공동체의 어느 누구도 맡으려 하지 않지만 공동체 모 두를 위해 꼭 필요한 자리였다. 곤살로 베르날은 그 자리에 있으 면서 책임감으로 인한 두려움을 늘 느꼈다. 다행히도 실수는 별로 없었지만, 아이들 머리에 이가 들끓는 것을 보고 머리를 깎아주어 서 소동이 일어난 적이 있었다. 그때 곤살로는 야네로들의 머리카 락을 깎는 것은 머리를 자르는 것과도 같다는 사실을 알게 되었 다. 그리하여 거기에 대한 책임을 인정하고 마음이 상한 가정을 찾 아가 한 사람 한 사람에게 사과를 했다. 아이들의 머리카락이 자 라나면서 야노스에서 곤살로의 자부심도 자라났다. 사람들은 가 비오타스 학교에 아이들을 계속 보냈고, 그의 아내 세실리아도 이 제 학교의 교장 일을 맡고 있었다.

그들의 딸 타티아나는 카뇨스에서 수영을 하고 과이보 친구들과 함께 메뚜기를 잡아먹기도 했다. 아들 후안 다비드가 태어나자 야네로들이 병아리 선물을 가지고 찾아왔다. 비야시엔시아에 있는 그 집에는 병아리들로 가득했다. 후안 다비드는 걷기도 전에 수영하는 법을 배웠다. 아이는 땅에서보다 물속에서 훨씬 편안해하는 것 같았다. 한 살이 되었는데도 다비드는 여전히 기고 있었다. 곤살로 부부는 아이가 잘 때 외에는 늘 왼손을 주먹 쥐고 있다는 사실을 알아차렸다. 아기를 진찰한 두 명의 보고타 소아과 의사들은 어렸을 때는 오른손 쓰기를 더 좋아한다는 것을 보여주는 표시일 뿐이라고 말했다. 하지만 아기의 출산을 도와준 마그누스는 후안 다비드의 탯줄에 두 개가 아닌 하나의 동맥만 있었다는 사실을 이미 알고 있었다. 마그누스는 전문가를 찾아가보라고 충고했다.

한 신경과 의사가 후안 다비드의 오른쪽 뇌가 손상되었다는 사실을 발견했다. 그로 인해 후안 다비드의 왼쪽 팔과 다리, 눈, 귀에 기능 장애가 있었던 것이다. 곤살로와 세실리아는 3년 동안 운동과 물리치료, 투약, 진료소 왕래 그리고 좀 더 많은 전문가들을 찾아다닌 끝에, 마침내 재활센터와 의료센터 가까이에서 살 필요가 있다는 결론을 내리게 되었다. 그리하여 가비오타스를 떠날 수밖에 없었다.

가비오타스인들은 모두 아쉬워했다. 곤살로는 리서치 센터를 공동체로 바꾸는 역할을 했고, 그 공동체에서 모든 사람이 함께 일하고 먹고 놀았다. 그들 부부는 중학교 과정을 시작했고, 곤살로는 저녁마다 단파 라디오로 통신 교육을 받고 있는 가비오타스인들을 지도해주었다. "선생님이 안 계시면 우리는 어떻게 합니까?" 마지막 시간에 엔리 모야가 울먹이며 말했다. 엔리는 수업을 하지 않을 때는 강에서 파온 흙에 구아바, 감귤, 파파야 그리고 아보카도 나무를 심는 일을 맡고 있었다.

"모두 계속 공부하길 바란다. 어쩌면 보고타에 있는 학교에 올 수도 있겠지. 내가 보고타의 가비오타스 사무실에서 도와주마."

그의 야네로 학생들은 자신들의 맨발을 내려다보았다. 보고타?

에스페란사 카로는 자기가 그토록 적은 급료를 받으면서 5년 동안 그렇게 많은 동료들과 전에 꿈꾸지도 못했던 열정을 함께 나누며 열심히 일했다는 사실을 믿을 수가 없었다. 그녀는 몇 년 뒤 일본에서 박사학위를 받았다. 그 후 후쿠오카와 시코쿠 섬에 바람공원(wind park)을 설계하면서, 가비오타스야말로 자신의 모든 작업을 구성하고 있는 요소들을 처음으로 배태한 곳이라는 사실을 깨닫게 되었다. 그녀는 가비오타스에서 어떻게 인간적 가치가 기술직을 더 높은 차원으로 끌어올리는지를 배우기도 했는데, 일본의 한 건축 잡지가 가비오타스 병원을 세계의 40대 건물로 선정한 것을 보면 이러한 판단이 옳았음을 알 수 있다.

하이메 다빌라가 병원 주방에서 쓸 태양열 압력솥을 디자인하느라 땀을 흘리고 있는 동안, 조프리 할러데이는 루이스 로블레스와 함께 메탄을 사용하는 스토브를 만들고 있었다. 메탄의 원료는 소똥이 될 터였다.

야노스에 살고 있는 사람들처럼 파울로 루가리도 처음에는 광활한 사바나 풀밭에서 방목을 계획했다. 필리핀에서 돌아온 후 그는 물소를 키우고 싶었지만 콜롬비아에는 물소가 없었다. 그리하여 1970년대 초, 주변의 농장주들에게 스무 마리의 순종 브라마 황소를 가비오타스에 기증해달라고 설득했다. 3년이 지난 후에도 여전히 그 우수한 가축을 얻기 위하여 기회를 엿보고는 있었지만, 돈벌이보다는 이상이 훨씬 높아서 아직도 그 황소들의 짝이 될 암소는 사들이지 못했다. 평화봉사단원이기도 한 돈 메이슨이라는 아이오와 농부가 암소 몇 마리를 들여옴으로써 마침내 수소의 외로움을 덜어줄 수 있게 되었다.

메이슨이 떠난 후 수의사 교육을 조금 받은 야네로 오마르 마린이 카우보이 우두머리가 되었다. 여러 해 동안 그는 가축을 넓은 사바나에서 방목하고 전통적인 우리 안에 몰아넣었다. 1985년 루이스 로블레스는 이동 칸막이를 이용하여 내부를 마치 파이 조각처럼 나눌 수 있는 커다란 원으로 된 파이프 우리를 설계했다. 그는 저절로 잠기는 대문을 설치하여 카우보이가 말을 탄 채로 어떤 방향에서든 장화 신은 발로 열 수 있게 했고, 물탱크에는 풍차로 움직이는 펌프를 달았다. 한쪽 편에는 스프링을 댄 두 겹의 철판 바닥과 연결된 약간 경사진 홈통이 있어서 소들이 이곳에 일렬종대로 모여들어 철판을 밟으면, 머리 위에 있는 샤워기의 펌프가 저절로 작동되어 소에 낙인을 찍거나, 예방주사를 놓거나, 도살하기 전에 혹은 건기에 그저 원기를 돋아주기 위해 샤워를 시킬 수 있게 했다.

루이스와 조프리는 병원에서 수백 미터 떨어진 곳에 경사진 시멘트 바닥으로 둘러싸인 두 번째 물탱크를 지었다. 가축들이 물을 마시기 위해 모여들면, 소똥이 홈통으로 미끄러져 내려가는데, 거기에 흐르는 물이 그것들을 커다란 콘크리트 물통으로 내려보냈다. 그 큰 물통의 냄새 나는 내용물은 부착된 핸드 크랭크를 사용하여 거세게 돌려주면 일종의 똥 수프가 되었다. 이 현탁액은 급속한 천연 발효 과정을 거쳐 퇴비와 메탄으로 분리되는데, 메탄 '생물가스'는 지하 파이프를 통하여 유리와 강철로 된 병원으로 보내져서 최종적으로 스토브 버너에 연결된다.

생물가스 스토브는 태양열 냉장고에 비하면 단순한 것이었다. 어떻게 태양열로 가비오타스를 식혀줄 수 있단 말인가? 손쉬운 해답은 광전지로 전기를 만들어낸 다음 일반 냉장고에 연결하는 것이지만 그들은 그 방식을 거절했다. 하지만 태양열 전지보다 훨씬 싼 기술을 이용하여 냉장고를 만들 수 있다는 생각은 열대지역에서는 아주 큰 의미를 지녔고, 도저히 포기할 수 없는 또 다른 도전이었다.

호르헤 삽은 전통적인 프레온 대신 암모니아를 냉각수로 사용하는 냉장고에 관한 소책자를 조프리 할러데이에게 건네주었다. 그로부터 얼마 후인 1985년 후반에 대서양에서 오존 구멍이 발견되었다. 이는 주로 프레온에 포함되어 있는 염화불화탄소(CFCs, 프레온 가스)에 의하여 생긴 것이다. 따라서 이러한 선택은 특히 선견지명이 있는 것으로 판명되었다. 당시 삽의 흥미를 끈 것은 덴마크인들이 써왔던 염화칼슘, 즉 암모니아를 흡수하는 소금을 이용하는 방법이었다.

조프리는 덴마크식 시스템의 골자를 파악하기 위해 덴마크어를 한 달 동안 배웠다. 하얀 과립상의 염화칼슘이 암모니아를 빨아들인다. 염화칼슘이 데워지면 흡수된 암모니아가 끓어서 기화된다. 솟아오르는 압력이 둘둘 감긴 코일 튜브로 암모니아 가스를 밀어 넣고, 이것이 냉각실에서 다시 식혀져 다시 액상 암모니아로 되돌아간다. 그리고 액상 암모니아는 다시 염화칼슘이 있는 곳으로 흘러들어가서 흡수된다.

이 주기가 음식물을 식혀주는 방법은 기화의 원리로 설명되었다. 즉, 액체가 열을 받아 기체로 바뀔 때는 근처의 열을 모두 흡수하기 때문에 주변의 온도가 낮아진다. 암모니아 액체를 암모니아 기체로 바꾸기 위해서는 열만 가하면 되었다. 그런데 열을 가하는 데 왜 전기 대신 태양열을 사용하지 않는 걸까?

"태양열 버전도 일리는 있습니다." 조프리가 호르헤 삽을 안심시켰다. 상온 프레온 가스를 액체 상태로 만드는 데 압축기를 사용하는 대부분의 냉장고들과는 달리, 이 태양열 버전은 동력 파트가 필요 없다. 열과 화학적 흡수가 암모니아를 계속 순환시켜주기 때문이다. 조프리는 구리로 시험용 모델을 만들어냈다. 그는 열을 한 점에 집중시키기 위해 그 모델을 필립스 진공관에 결합시킨 태양열 패널에 걸었다. 그 안에 물을 한 컵 넣어두었더니 얼음으로 변했다. 이제 태양이 사라진 밤에도 어떻게 하면 음식물을 차게 할 수 있는가와 어떻게 하면 금속을 부식시키는 암모니아의 성질을 완화시킬 수 있는가라는 두 가지 문제만 남았다.

첫 번째 문제를 해결하기는 쉬웠다. 흡수·증발 주기를 조절하는 지구 자체의 순환원리를 활용하면 되었기 때문이다. 낮에는 태양열 패널로 데워진 물이 파이프를 통해 암모니아를 흡수한 염화칼슘이 가득 든 양철통 가운데로 보내진다. 파이프에서 방사되는 열이 소금을 데우면 흡수되어 있던 암모니아가 증발하여 물을 식혀주었다. 그리고 태양이 없는 밤에는, 물이 염화칼슘을 식혀주어 암모니아 흡수 과정이 다시 시작되었다.

조프리는 그 문제를 즐거운 마음으로 해결했다. 물질의 수리적·물리적 작용은 볼수록 멋졌고 또 믿을 만했다. 결정적인 요인은 단열이었는데, 좁은 작동 범위에서 온도를 유지하지 않는다면 모든 것이 작동을 멈출 터였다. 그는 보고타의 백화점에서 보통 냉장고를 구입했다. 내부의 칸막이와 계란 선반을 뜯어내고 절연을 두 배로 하고 나서는, 냉장고 문이 여전히 열릴 수 있도록 다시 해 다느라 일주일을 보냈다. 절연재를 뜯었다 붙였다 하길 2년여, 그는 18센티미터 두께의 폴리우레탄으로 둘둘 만 커다란 흰색 상자를 들고 나타났다. 보기에는 우스꽝스러웠지만 작동은 되었다. 암모니아를 데우는 데 사용되는 상업용 태양열 진공 튜브가 계속 파열되는 것만 문제가 되었다. 그리하여 조프리와 삽은 그들 나름대로 독창적인 것을 만들었다.

덴마크인들은 암모니아를 머금은 염화칼슘을 담는 용기로서 특수 처리된 부식되지 않는 알루미늄 패널을 사용했다. 이것이 두꺼운 유리 주위에 용접되어 있었다. 용접을 한 알루미늄은 너무 비쌌기 때문에, 조프리는 염화칼슘을 흔히 쓰는 커다란 알루미늄 파이프에 담고는 최상의 것이 되기를 바랐다. 그는 모아진 가스를 내보내기 위한 배출구를 만들어야 했는데, 두 달이나 걸린 이 실험으로 가비오타스의 모든 공동체에 암모니아 악취가 진동했다. 마침내 그는 모델 두 개를 만들어 하나는 병원 주방에, 하나는 호르혜 삽의 집에 설치했다. 전기 없이 우유와 야채를 신선하게 보관할 수 있는 그 놀라운 냉장고를 보러 야노스 전역에서 사람들이 몰려들었다. 3개월 후 알루미늄 파이프에 기포가 생겨 터져버리기 전까지 모든 사람이 그 냉장고를 부러워했다.

그때 조프리는 알론소 구티에레스와 함께 보고타에 있었다. 그들은 몬세라트 산꼭대기에 새로 마련한 가비오타스 공장 사무실에서 작업 공간을 구획하고 있었다. 그들은 보고타 국립대학의 재료 전문가와 상의를 했다. 그 전문가는 표면의 취약점을 보완하기 위해 좀 더 두꺼운 알루미늄 벽을 사용할 것을 제안했다. 그 말대로 해보았더니 소음이 더 커졌다. 그들은 어떤 시점에서 금속이 약화되는지 알아보기 위해, 450킬로그램의 압력을 견딜 수 있는 파이프를 택하여 터질 때까지 가열해보기로 했다. 그리고 그 안에 암모니아가 스며든 염화칼슘을 채워서 불 속에 집어넣고는, 180제곱미터나 되는 작업장의 제일 구석진 곳으로 갔다.

그들은 자신들이 하고 있는 일에 대해 아무에게도 알리지 않았다. 때는 1986년이었는데 그 무렵은 '라 비올렌시아' 이후 그 어느 때보다도 군중 심리가 예민해져 있던 시기였다. 마약 마피아의 실상은 초기에는 그 진기함으로 인하여 TV 뉴스에서 알 카포네의 영화에 비유되곤 했는데, 이제는 그야말로 생방송이 되어 일상의 공포로 변했다. 악명 높은 마약상들은 상대방을 제압하기 위하여 마치 일반 사업가들이 택배 서비스를 이용하는 것처럼 오토바이를 타고 달리는 킬러를 고용하여 암살극을 벌였다. 폭탄이 경찰서, 검사의 자동차 그리고 판사들의 거주지역에 던져졌다. 언뜻 보기에도 폭력이 무차별적으로 난무하고 있었다.

상황이 이러했으므로 조프리와 알론소의 알루미늄 파이프가 과열되어 폭발했을 때, 가비오타스 공장과 사무실 직원들은 무슨 난리가 난 줄 알고 아주 멀리 도망갔다. 때문에 사람들이 다시 모여드는 데는 시간이 좀 걸렸다. 그들은 그 문제를 결코 해결하지 못했다. "파올로, 어떻게든 해내고야 말겠습니다." 조프리가 루가리에게 약속했다.

루가리는 암모니아 가스가 가득 찬 공장에 서서 참았던 숨을 크게 내쉬었다. "대단하오, 조프리." 숨을 헐떡이며 그가 말했다.

❧

"페페 고메스가 당신을 만나고 싶어합니다." 기예르모 페리가 파올로 루가리에게 말했다.

"페페 고메스가 누구입니까?" 파올로가 물었다. 그들은 보고타의 아구스틴 코다시 지질연구소에서 열린 회의를 막 마치고 나서 잡담을 하고 있었다. 그 연구소는 야노스에서 토양연구를 광범위하게 수행하고 있었다. 루가리와 페리 그리고 콜롬비아의 연방세무소 소장이 연구소의 이사 멤버였다. "페페 고메스는 아주 똑똑한 내 친구입니다. 사회과학자지요. 그리고 페페 시에라의 증손자이기도 합니다."

그 말에 파올로의 관심이 끌렸다. "그런데 왜 우리를 만나고 싶어합니까?"

"가비오타스가 아주 흥미로운 곳이라는 소리를 들었거든요."

페페 고메스의 증조부 페페 시에라에 관한 전설이 하나 있다. 어느 날 그는 어떤 증서 한 장을 공증하기 위해 공증인에게 갔다. 공증인은 필요한 내용을 글로 쓰라고 했다. 페페가 그것을 써서 건네주자 공증인은 서류를 보고 능글맞게 웃었다. 옆자리 동료에게 간 그는 조금 큰 목소리로 "이 무식한 시골뜨기가 'hacienda(농장)'를 쓴다는 게 h를 쓰지 않았네(스페인어에서는 h를 발음하지 않는다)." 하고 말했다.

"뭐라고, 이놈아?" 하고 페페 시에라가 말하자, 공증인이 돌아섰다. "나는 h 없는 농장(hacienda)을 254개 소유하고 있다. 너는 h가 있는 농장을 얼마나 가졌냐?"

페페 시에라가 글씨를 조금이라도 읽을 수 있었는지 없었는지는 알 수 없다. 어쨌든 그는 초년에 보고타의 북쪽 외곽 지대에 수천 헥타르의 공터를 사들였다. 남은 생애 동안 그는 보고타 시가 자신의 토지로까지 확장되는 것을 지켜보았는데, 그로 인하여 콜롬비아에서 가장 부유한 사람이 되었다.

그의 후손들은 가산을 목장, 카리브 해 연안의 새우잡이 선단, 메릴랜드의 옥수수밭, 뉴욕의 부동산, 프랑스의 공장 등으로 분산시켰다. 자손들은 일류 학교에 다녔다. 증손자 페페 고메스도 엑세터를 졸업하고 난 후 코넬 대학에 진학했다.

페페는 경영학 대신 사회학을 공부했다. 그 무렵 그는 인류를 위한 투쟁심에 불타올랐다. 1960년대 초 대학에 다닐 때는 헝가리, 루마니아, 체코슬로바키아에서 피난해 온 유대인을 숨겨주는 네트워크에 가담했다. 10년이 지나자 그의 확신은 더욱 극단적이 되었다. 그리하여 정계와 재계에서 활동하는 그의 가족들은, 페페가 비록 민감하고 총명하기는 하지만, 그들 가운데 있는 검은 양이라는 사실을 이내 알아차리게 되었다.

페페는 코넬 대학을 졸업한 후 유럽으로 건너갔다. 그와 가족들 사이에 대양이 가로놓이게 된 것이다. 그는 독일에서 카레이스에 탐닉하는가 싶더니 곧 1960년대 말 파리를 뒤흔들었던 의약분쟁이라는 정치 사건에 말려들었다. 또 펀자브에서는 시크 교도와, 티베트에서는 불교도와, 알제리에서는 농지개혁 투사들과 함께했고, 그 밖에 카트만두, 예멘 등지를 떠돌아다니다가, 마침내는 심리분석가가 되어 보고타로 돌아왔다.

한동안 그는 콜롬비아의 모택동주의 노동운동에 몸담고 있는 투사와 결혼생활을 했다. 그러고는 중국을 여러 번 여행했다. 중국은 그에게 이념적으로 신과도 같은 위치를 차지하고 있었지만, 그래도 그의 고향은 여전히 라틴아메리카였다. 고향에서 그는 자신처럼 조기에 공부하는 데 가족의 재산이 유용하다는 사실을 깨닫게 되었다. 가비오타스를 발견하기 바로 직전에 그는 쿠바의 피카두라 계곡 낙농 프로젝트와 관련하여 피델 카스트로의 동생인 라몬 카스트로의 자문위원으로 일했다.

"가비오타스에서 무얼 원합니까?" 루가리가 물었다. 그들은 호르헤 삽과 함께 세계에서 가장 큰 노천광인 엘세레혼에서 공무원들과 회의를 하기 위해 비행기를 타고 가고 있었다. 그들은 북부 콜롬비아에 풍차를 세우기 위한 자금을 그 석탄광에서 얻어낼 수 있기를 바랐다. 만난 지 일주일밖에 되지 않았는데, 파올로는 불쑥 고메스를 여행에 초대했다. 페페는 루가리의 마음을 읽고 있었다. 가비오타스는 영적인 정체성을 찾아 세계를 떠돌아다닌 이 늙어가는 부자 '소년'의 인생역정에 연료를 공급해주는 또 다른 정거장이었을까? 가비오타스가 원하는 것은 엄청나게 부유한 사회주의자가 아니었다. 게릴라들에게 납치당할지도 모르는 데다 페페가 있다는 사실 때문에 정부군이 가비오타스인들을 모두 공산주의자로 몰아버릴 수도 있었다.

페페는 자기가 무엇을 원하고 있는지 알고 있었다. 가비오타스는 자신의 야망을 모두 집약시켜 하나의 현실로 만들어놓을 수 있을 것 같았다. 이곳에서는 황량한 야노스에서뿐만 아니라 수심 가득한 콜롬비아에서 '멋진 신세계'를 만들어내려는 시도가 이루어지고 있었다. 여기서 밝은 미래를 건설할 수 있다면 세계 어디에서든 그렇게 할 수 있는 희망이 생기는 것이다. 그는 가비오타스가 자신들의 업적을 더 큰 세상으로 전파할 기회를 발견하지 못하고 있다고 생각했다. 그리고 자신이 공동체의 기술로 만든 상품을 사 갈 고객과 돈이 없어 그것을 구매하지 못하는 사람들을 도울 방법을 찾아낼 수 있을 거라고 확신했다. 3개 국어에 능통한 페페 고메스는 계획과 인맥, 비행사 자격증, 산악자전거 등을 가지고 있었으며, 그의 시선은 가비오타스의 비야시엔시아에 있는 오두막에 머물러 있었다.

엘세레혼에서 그곳 행정가들과 회의를 하는 동안, 페페는 가비오타스의 순수한 사명과 배치되는 탄광 측의 부당한 주장에 쓸데없는 말참견을 함으로써 회담을 거의 날려버릴 뻔했다. 파올로가 노려보자 그는 입을 다물었다. 그 후 그는 가비오타스의 대의를 위해 자신의 충동을 억누르겠다고 약속했다. "나를 한번 써보시오." 그는 루가리와 삽에게 간청했다.

어쨌든 그들은 결정했다. 화나게도 하고 사랑스럽기도 한 깐깐

한 페페 고메스에게는 알 수 없는 매력이 있었다. 그는 가비오타스에 일주일 동안 머물면서 많은 사람의 사랑을 받았고 엄청나게 많은 정보를 흡수했다. 사사건건 참견하는 바람에 파올로가 화를 내기도 했다. 하지만 그에게는 알론소 구티에레스처럼 기발한 아이디어와 활력이 있었다. 게다가 마침 곤살로와 세실리아가 떠난 터라 가비오타스에서는 누군가 조직하기 좋아하는 사람이 절실하게 필요했다.

"명심하시오." 파올로가 경고했다. "우리는 공산주의자도 아니고, 이곳은 코뮌도 아니오."

"그렇다면 무엇입니까? 회사? 공동체?"

"둘 다요. 아니면 둘 다 아니든지. 우리는 그저 가비오타스일 뿐이오."

"태양열 에너지로 얼마나 뜨겁게 데울 수 있습니까?"

페페 고메스와 하이메 다빌라가 가비오타스 병원의 유리창 복도에 서서 목을 주욱 빼고 후안 노보아를 올려다보고 있었다. 왕년에 보고타의 길거리 소년이었던 후안 노보아가 물탱크를 지붕 위에 설치하고 있었다.

"이론적으로는 태양의 표면만큼 뜨겁습니다. 섭씨 6000도요. 비결은 그걸 포착하는 거지요." 하이메가 대답했다.

"여기서는 어떻습니까?"

"가비오타스요? 우리가 무엇을 하느냐에 따라 다르지요."

하이메는 태양열 주방을 만들기 전에 보고타에 새로 지은 가비오타스 사무실, 공장 복합건물에 유체역학 실험실을 만들었다. 특히 그는 높은 온도의 액체를 펌프질했을 때 어떤 일이 일어나는지 관찰할 필요가 있었다. 하이메는 부엌의 압력솥 주위에 태양열로 데운 점성이 적은 목화씨 오일을 순환시켜보기로 했다. 왜냐하면 높은 온도를 유지하는 데는 물보다 기름이 문제가 적었기 때문이었다. 그는 이 아이디어를 시험하기 위해 일본에서 수입한 산요 태양열 진공 집열관을 사용했는데, 구할 수 있는 가장 높은 온도의 태양열 집열기였다.

이제 그는 페페에게 그 결과를 보여주고 있었다. 부엌에서는 일본식 모델을 개조한 태양열 진공 집열관이 물의 비등점보다 1.5배 높은 온도로 목화씨 기름을 데우고 있었다. "내가 일본 기술자들에게 물어보니, 그들은 그런 온도에서는 결코 작동하지 않는다고 말했습니다. 그래서 내부의 도관 연결 부위를 보강하고, 튜브의 양 끝에 절연체를 부착해서 우리 식의 개량 모델을 만들었지요. 그러니까 작동이 되더군요."

태양빛이 기름을 아주 높은 온도로 가열시키면 열 사이펀이 그것을 저장탱크로 빨아들인다. 하이메가 막대 모양의 스위치를 톡 치자, 광전지로 충전된 배터리로 작동하는 40와트짜리 마이크로 펌프가 여섯 개의 스테인리스 압력솥 둘레를 감싸고 있는 코일 안으로 뜨거운 목화씨 기름을 흘려보냈다. 이 기름은 압력솥을 가열시키고 난 후 지붕 위로 보내져 다시 가열된다. 지붕 위의 기름 탱크에 있는 절연체는 폐쇄 시스템이 하루 24시간 작동할 수 있을 정도로 충분히 뜨거운 온도를 유지시켜준다. 또한 배터리에 쓰고 남은 전기를 가지고 12볼트 직류로 작동하도록 설계된 콤팩트 형 광전구로 병원을 밤새도록 밝혀줄 수 있다.

페페는 턱수염을 문지르며 열심히 생각하고 있었다. "별다른 연료 없이도 압력솥을 사용할 수 있군요. 놀랍습니다. 이것들을 팔 수 있을 겁니다. 분명히."

"그럴 수도 있겠지요. 그러나 이 모든 장비들은 아주 비쌉니다." 그는 부끄러운 듯 덧붙였다. 그는 자신이 만든 발명품들 중에서 재료비가 적게 든 두 가지에 대해서는 가능성이 있다고 보았다.

"이것들을 한번 보시겠습니까?"

첫 번째 발명품은 병원 실험실에 있는 것으로 간단한 태양열 증류기였다. 그것 역시 태양열 진공 집열관으로 작동되는 것이다. 집중된 태양열이 물을 증기로 바꾸면 열 사이펀이 그것을 나선형으로 된 유리 응결기로 빨아들이는데, 그것을 통하여 하루에 4리터의 증류수가 똑똑 떨어졌다.

태양열 주전자로 알려진 두 번째 발명품은 호르헤 삽이 기본 개념을 제시한 후 하이메가 6년 걸려 개발한 것이다. 스테인리스로 된 주전자 주둥이가 투명 지붕을 통하여 소형 태양열 집열관과 한 쌍의 빛나는 스틸 탱크에 연결되어 있는 것으로 아주 간단했다. 하지만 그 태양열 주전자가 엄청난 의미를 지니고 있다는 데는 가비오타스의 모든 엔지니어들이 동의했다.

하이메가 설명했다. "그 원리는 또 끓여서 식힌 다음, 그 다음 날 마시는 우리 오랜 전통에서 시작합니다. 사람들은 보통 도자기에 끓인 물을 담아 그늘에 보관해두었다가 퍼서 마십니다. 문제는 그 물이 다시 더러워진다는 데 있지요. 또 끓여두었던 물을 모두 마시

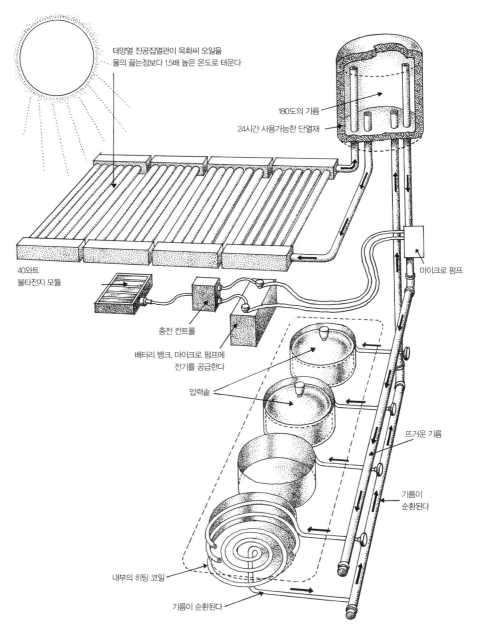

태양열 진공집열관이 목화씨 오일을
물의 끓는점보다 1.5배 높은 온도로 태운다

180도의 기름

24시간 사용가능한 단열재

40와트
볼타전지 모듈

마이크로 펌프

충전 컨트롤

배터리 뱅크, 마이크로 펌프에
전기를 공급한다

압력솥

뜨거운 기름

기름이
순환된다

내부의 히팅 코일

기름이 순환된다

▲ 가비오타스 병원의 태양열 주방

고 나면, 다음 물을 끓일 때까지 기다릴 수밖에 없는데 목이 너무 마르니까 할 수 없이 정화되지 않은 물을 마시고 마는 겁니다."

하이메의 목표는 한 번 끓였다가 실내온도로 식힌 물을 무제한으로 공급할 수 있는 비싸지 않은 태양열 작동 시스템을 만드는 것이었다. 그리고 하루 중 어느 때라도 수도꼭지를 틀면 나올 뿐 아니라 흐린 날에도 작동되어야 했다. 가비오타스의 태양열 집열기는 산화된 구리 포뮬러를 사용하여 약한 태양빛 아래서도 섭씨 50도의 온도로 물을 데웠다. 저온 살균은 섭씨 57도에서 시작되므로, 온도를 10퍼센트만 올려도 해로운 미생물을 제거할 수 있다는 얘기다. 모든 병원균을 죽이기 위해서는 적어도 물이 2분 동안 온전히 끓을 수 있도록 온도를 올려야 한다고 하이메와 호르헤 삽은 계산했다.

그들은 아주 효과적인 열교환기를 만들어 이 문제를 해결했다. 삽이 여러 해 전부터 개발하기 시작하여 하이메 다빌라가 마침내 완성한 것이다. 살균 처리되지 않은 물이 태양열 집열판으로 흘러 들어갈 때 이중의 구리 파이프로 된 방 중의 하나를 통하여 흐른다. 한편 집열판에서 이미 끓여진 물은 수도꼭지와 연결된 저장탱크를 향하여 파이프의 또 다른 방을 통해 반대 방향으로 흐른다. 뜨거운 물과 찬물이 얇은 구리판을 사이에 두고 흐를 때, 끓은 물은 식고 '살균 처리되지 않은' 물은 데워져서 열교환이 이루어지는 것이다.

살균 처리되지 않은, 그러나 예열된 물이 태양열 집열판 안에 들어가면, 물의 온도가 급속히 올라가 섭씨 70도가 되곤 한다. 여기서 물을 끓이기 위해서는 약간의 자극만 주면 되는데, 그 약간의

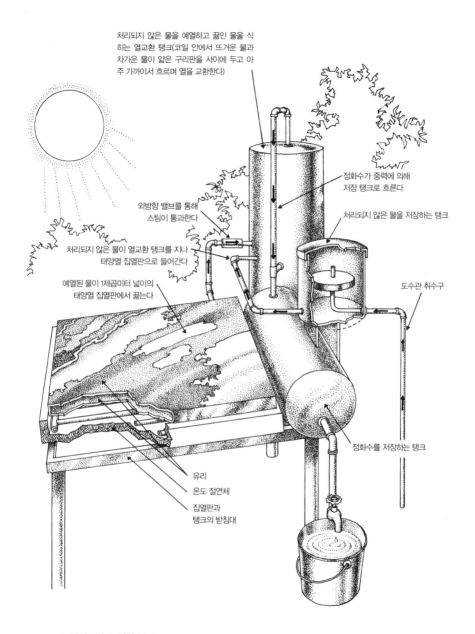

처리되지 않은 물을 예열하고 끓인 물을 식
히는 열교환 탱크(코일 안에서 뜨거운 물과
차가운 물이 얇은 구리판을 사이에 두고 아
주 가까이서 흐르며 열을 교환한다)

정화수가 중력에 의해
저장 탱크로 흐른다

외방향 밸브를 통해
스팀이 통과한다

처리되지 않은 물을 저장하는 탱크

처리되지 않은 물이 열교환 탱크를 지나
태양열 집열판으로 들어간다

도수관 취수구

예열된 물이 1제곱미터 넓이의
태양열 집열판에서 끓는다

유리
온도 절연체
집열판과
탱크의 받침대

정화수를 저장하는 탱크

▲ 가비오타스 정화 탱크

자극이란 직사광에 의해 제공된다. 하이메는 기상기록을 연구해본 결과, 구름이 낀 날에도 비록 한 번에 몇 분이기는 하지만, 태양빛이 항상 구름 사이에서 새어나온다는 사실을 알게 되었다. 그가 만든 시스템은 커피 주전자처럼 작동했다. 즉 햇빛이 집열판의 온도를 비등점으로 올릴 때마다, 압력이 증기를 외방향 밸브를 통하여 위 탱크로 밀어올렸다. 거기서 증기가 다시 물로 응축되어 열교환기를 통해 수도꼭지까지 흘러내렸다.

하이메의 주전자는 1제곱미터의 태양열 집열기를 사용하여 열을 발생시키는데, 직사광선을 1분만 쬐어도 물이 끓기 시작하여 외방향 밸브로 빠져나간다. 직사광선이 밸브를 통하여 정화된 수증기를 밀어올리지 않으면 위 탱크를 채울 수 없기 때문에, 수도꼭지에서 나오는 물은 항상 깨끗하고 믿을 만했다. 저장 능력은 충분해서 태양이 전혀 비치지 않는 날에도 며칠간은 30리터의 정화된 물을 공급할 수 있었다. 그것은 보통 가족에게 충분한 양으로, 땅에 묻혀 있을 때보다 2도 정도 따뜻할 뿐이었다.

페페 고메스는 이 발명품이 알론소의 슬리브 펌프처럼 수질은 물론 수많은 사람들의 삶의 질을 바꿔놓을 수 있다는 것을 깨달았다. 후안 노보아가 용접봉을 들고 병원 지붕에서 내려와, 그렇게 놀라운 것을 만들어냈다고 믿기에는 너무 어려 보이는 하이메 앞에 당당한 자세로 섰다. 하이메는 노보아의 눈 주변에서 작은 쇳조각들을 떼어내주었다.

"보안경을 쓰지." 하이메가 다시 한 번 말했지만, 후안은 그저 웃을 뿐이었다. 이제 자기 인생에는 별다른 문제가 없다는 것을 확신하는 듯했다. 후안은 산 속에 있는 어떤 마을에 살고 있었다. 그런데 여섯 살 때 보고타로 유괴당한 다음 어떤 집의 노예로 팔려 갔다. 거기서 그는 주기적으로 피투성이가 될 정도로 두들겨 맞곤 했다. 결국 그 집에서 도망쳐 나와 잠은 버스에서 자고, 훔친 음식으로 배를 채우는 식으로 생활하며 여러 해를 보냈다.

그러던 중 어떤 수녀를 만났는데, 그 수녀는 후안을 살레시오 사제들이 운영하는 선교회로 데리고 갔다. 그들은 후안에게 옷가지와 잠자리를 제공해주었다. 그는 거기서 탄소 용접과 선반 일을 배우든지, 다시 거리로 돌아가든지 둘 중의 하나를 택해야 했다. 물론 후안은 거기에 머물기로 했다. 후안이 열네 살 때의 일이었다. 그로부터 5년 후, 파올로 루가리가 살레시오회에서 가장 장래가 촉망되는 청년에게 태양열 에너지 기술자가 될 수 있는 기회를 주겠다고 제안했고, 그 청년으로 후안이 선택되었다.

다시 5년 후, 하이메 다빌라가 그를 야노스로 불러들였다. 가비오타스 병원에 태양열 기구를 설치하는 데 일손이 필요했던 것이다. 광활하게 펼쳐진 공간과 유유히 흐르는 강을 보면서 후안은 너무도 좋아 소리를 지를 뻔했다. 후안은 페페에게 말했다. "그때 나는 여기에 머물러도 좋다는 소리를 들었고, 그렇게 했습니다. 가비오타스는 나의 가족입니다."

그 다음 후안과 하이메는 병원 홑이불을 말리는 태양열 빨래 건조기를 만들었다. 그들의 아이디어는 기본적으로 태양열을 반사시켜 내보내기 위해 만들어진 공동체 센터 건물의 오목한 타원형 지붕과는 반대로, 투명 플라스틱으로 볼록한 포물선형 지붕을 만들어 온실처럼 태양광선을 안으로 끌어들여 모아두는 것이었다. 흙시멘트를 바른 건조기의 바닥은 150제곱미터로 검은색이 칠해져 있었다. 그 일이 끝나자 후안은 "내부 온도가 섭씨 55도는 되어야 한다."고 말했다.

페페는 이해할 수가 없었다. 가비오타스인들은 그들의 풍부한 기술 덕분에 부자가 될 수 있었는데도 애초부터 그 발명품들에 대한 특허 신청을 거부하고 무료로 나누어주기를 더 좋아했던 것이다. 페페는 가비오타스가 환경친화적인 동시에 창조적이고, 평등하면서도 품위 있는 삶을 살아갈 수 있다는 것을 세상에 보여줄 수 있다고 확신했다.

이미 가비오타스에서 훈련받은 야네로, 과이보 인디언들 그리고 그 옛날 거리의 아이들이 이 나라 안의 여러 도시에서 건축가들과 엔지니어들에게 태양열 에너지 시스템 설치 방법을 가르쳐주고 있었다. 그것을 보고 페페는 콜롬비아인들이 건강하게 살아갈 수 있는 방법을 세계인에게 가르쳐줌으로써, 지금의 세계가 자기 나라에 대해 가지고 있는 비참한 이미지를 바꾸어줄 수도 있을 거라고 감히 꿈꾸게 되었다.

세상은 가비오타스에 대해서 알 필요가 있었고, 페페 고메스는 그것을 확인하려는 참이었다.

❧

1983년부터 1987년까지 페페 고메스는 가비오타스에 관한 영화 여섯 편을 만들었다. 그러고는 루가리와 함께 그것들을 퀴라소, 캐나다, 베네수엘라, 니카라과, 아이티, 도미니카 공화국에서 상영했다. 호르헤 삽 역시 프랑스, 네덜란드, 영국, 페루, 파라과이에서 그 영화를 상영했다. 칠레와 코스타리카의 기술자들이 펌프 설계 술을 배우기 위해 가비오타스로 왔다. 온두라스인들도 풍차 기술을 배우기 위해서 왔다. 볼리비아인들은 그들의 폐기된 네온튜브를 태양열 집열기로 재생하기 시작했다. 멕시코 여성협동조합에서는 그들의 옥수수 가공사업을 위해 1킬로미터 이상의 거리를 양동이로 물을 길러 다니지 않아도 되는 방법을 배우러 왔다. 또 일단의 가비오타스인들이 베라크루스에 가서 그들 스스로 슬리브 펌프 공장을 조립하도록 도와주었다.

그러던 중 페페 고메스는 중국도 슬리브 펌프에 관심이 있다는 사실을 알게 되었다. 그는 파올로 루가리를 설득하여 중국에 가자고 했다. 루가리에게 북경, 인민공사, 양어농장 등 중국의 모든 것을 보여주고 싶었던 것이다. 파올로는 그렇게 인구가 많은 나라가 식량을 자급자족할 수 있다는 사실에 깊은 인상을 받았다. 하지만 중국에서의 생활은 별로 재미가 없었다. 루가리와 페페는 노동자들의 천국이라는 말의 정의에 대해 계속 논쟁을 벌였다. "여기 침대가 당신에게 너무 짧으니까 기분이 나쁜 거요." 페페가 말했다. 하지만 파올로는 누워서든 서서든 중국에서는 결코 편하지가 않았다. 단 하나 마음에 든 것은 자전거가 많다는 사실이었다.

"가비오타스에 자전거 수선점이 필요합니다." 루가리가 말했다. "사실 우리는 야노스에 알맞은 자전거를 설계해야 합니다. 자체적인 자전거 공장이 필요하다는 거요."

그래도 이스라엘에서는 잘 지낸 편이었다. 루가리는 키부츠를 아주 좋아했는데, 그것은 지금까지 본 것 중에서 가비오타스와 가장 가까운 형태의 공동체였다. 특히 모샤빔 시토핌이 마음에 들었는데, 그것은 공동체와 사기업을 혼합한 것이었다. 루가리와 페페는 가비오타스의 정체성에 대해, 또 앞으로 어떤 모습이 되어야 할지에 대해 여전히 논쟁을 벌였다. 한 사람이 토지를 모두 소유하고 있는데 어떻게 진정한 공동체가 될 수 있냐고 페페가 이의를 제기했다.

"그건 내 소유가 아니오. 비영리 재단인 '가비오타스 센터'의 것이지."

"그걸 이해하는 사람은 별로 없소. 사람들은 일할 때만 가비오타스에서 살 수 있다고 여기오. 그러니까 가비오타스는 회사 마을과 같은 거지요."

파올로의 얼굴이 붉어졌다. 그러고는 결국 고개를 끄덕이며 수긍했다. "언젠가는 혼합된 경제 구조를 가지게 될 거요. 집단적으로 노동하고 집단적으로 사업하지만 재산은 사유제로 하는 것 말이오. 사람들은 땅을 소유하고 싶어 안달인 것 같소. 하지만 모두가 그런 건 아니지요. 과이보는 그렇지 않은 게 분명합니다. 어쨌든 우리는 융통성을 지녀야 합니다."

최근 콜롬비아를 방문했던 이스라엘 장관이 자국의 에너지 개발 계획을 보러 오라고 초대했다. 아랍 모자를 멋들어지게 쓴 페페는 빌린 소형 피아트에 그들을 태우고 사막을 달렸다. 당시의 가비오타스 의사 마르셀라 살라사르가 예루살렘을 구경할 목적으로 따라와 그 옆에 자리 잡았다. 파올로는 이스라엘산 오렌지가 든 커다란 가방을 안고 뒷좌석에 끼어 앉아서 동승자들에게 오렌지를 까서 나누어주었다. 그들은 이스라엘 국립태양열에너지연구소가 있는 스데 보케르로 갔다. 그곳에는 이스라엘의 초대 수상 다비드

벤구리온의 묘지가 있었다. 바람이 불고 있었다. 유대인들이 사막에서 40년을 보낸 다음 약속의 땅에 들어갈 거라고 믿었던 협곡이 보였다. 그로부터 2000년 후, 벤구리온 같은 시온주의자들이 이 협곡으로 돌아와 유대인의 나라를 세웠다. 벤구리온은 이상주의자이면서도 아주 현실적인 사람이었다. 그는 전지전능한 신이 약속해주신 땅에, 아랍 지역에서 유일하게 석유가 나지 않는다는 사실을 알게 되었고, 이 어린 나라가 살아남기 위해서는 다른 에너지원을 개발해야 함을 깨달았다.

1950년대 초 벤구리온은 옥스퍼드 출신의 유대인 물리학자 헤라 타보르를 만났는데, 타보르는 이스라엘의 풍부한 태양광선을 동력화할 수 있는 아이디어를 가지고 이스라엘로 들어왔다. 타보르는 연구팀을 조직하여 현대적인 태양열 온수 집열판을 만들어냈다. 그로부터 30년 후 파올로 루가리와 페페 고메스가 예루살렘으로 태양열 순례를 갔을 당시, 이스라엘은 태양열 온수기 사용률이 세계에서 가장 높은 나라가 되어 있었다.

그들은 네게브 사막에서 마치 제방처럼 늘어선 태양전지 군락을 보았다. 근처 사해에서 들어오는 진한 소금물로 가득 찬 태양열 연못도 방문했는데, 거기서 수백 킬로와트의 전력이 생산되고 있었다. 이스라엘인들은 햇볕이 비치는 얕은 소금 연못 바닥에 자연스럽게 농축된 뜨거운 염수 용액을 펌프로 퍼올려서 액체를 기화시키는 열교환기로 보내 거기서 나오는 가스로 터빈을 돌렸다. 예루살렘에서는 러즈(LUZ)를 방문했는데, 러즈는 캘리포니아 남부에 350메가와트급의 태양열 발전소를 일곱 개나 세운 회사였다. 그 태양열 발전소는 알루미늄 호일로 덮은 가비오타스의 첫 번째 집열기와 같은 포물선형 반사경 원리에 기반을 둔 것이다. 텔아비브 근처 와이즈먼 연구소에 있는 과학자들은 14층짜리 탑에 64각 거울을 만들어, 태양빛을 한 점에 집중시킴으로써 전기를 생산해낼 계획을 세우고 있었다.

세 명의 가비오타스인들에게 이 모든 거대한 발전소보다 더 인상적이었던 것은 8층 이하의 건물에는 모두 태양열 온수기를 설치해야 한다는 이스라엘의 법률이었다. 이는 거대한 태양열 설비보다 더 의미 있어 보였다. 태양빛은 어디에나 비추고 있으므로 태양열 에너지 생산을 집중화하는 유일한 이유는 설비 회사가 사업을 계속할 수 있게 해주기 위해서였다. 그들은 보고타와 메데인에서 거의 모든 사람에게 태양열 온수기를 공급할 수 있다는 사실을 입증하게 되었다. 이스라엘에서 통과된 법이 콜롬비아에서도 통과될 수 있다면, 그것은 가비오타스가 제3세계에 해줄 수 있는 가장 큰 선물이 될 거라고 입을 모았다.

그러나 콜롬비아는 다른 문제들에 정신이 팔려 있었기 때문에, 아직 충분한 준비가 되어 있지 않았다. 1985년, 벨리사리오 베탕쿠르 대통령의 임기가 끝나가고 있었다. 이 나라를 가비오타스의 이미지로 바꾸어놓겠다던 그의 꿈은 뜻하지 않은 사건들로 인해 거의 무산되다시피 했다. 그는 임기 초에 파올로 루가리, 마리오 칼데론과 함께 세계은행에서 포기한 트로피칼리아 프로젝트에서 멀지 않은, 가비오타스에서 12시간 정도 걸리는 토모 강가의 어떤 지역을 방문한 적이 있다. 여기서 젊은 베탕쿠르는 과이보 샤먼이 담배 연기 사이로 불어오는 바람을 읽고 사건을 정확하게 예언하는 모습을 본 적이 있다. 샤먼이 정글 바람의 메신저 영을 부를 때 '마란두아'라고 했는데, 베탕쿠르는 여기에서 트로피칼리아보다 훨씬 야심 찬 것을 시작하리라 제안한 다음, 그것을 '마란두아'라고 이름 지었다. 그것은 가비오타스를 확대한 것이며, 정글로 나아가는 관문으로서 브라질의 인공수도 브라질리아의 규모에 맞먹는 것이었다. 브라질리아는 자연을 철저히 깔아뭉개며 건설되었지만 이 경우는 자연과 조화를 이루며 건설될 터였다.

1985년 초 정부에서는 토모 강가에 일단의 이주자들을 보냈다. 가비오타스에서는 기술을 제공해주기로 했으며, 그곳 사바나 주위에 온두라스 소나무 수백만 그루를 심기로 되어 있었다. 그런데 이 야심찬 계획이 시작되기도 전에 지옥 같은 일이 벌어졌다.

그 몇 해 전부터 거대한 코카인 마피아가 부패한 메데인 의원 파블로 에스코바르와 유착관계에 있었다. 한때 콜롬비아 에메랄드를 밀매하던 사람들이 이제 하얀 가루로 훨씬 많은 이득을 얻을 수 있다는 사실을 알게 된 것이다. 그들은 현금이나 폭탄 또는 총탄으로 경찰과 정치가들을 제거했고, 음모와 매수를 통해 군사령관들을 복종시켰다. 그리고 사병을 풀어 게릴라에 동조한다고 여겨지는 시민들에게 테러를 가했다.

결국 베탕쿠르의 평화 행진은 150여 개의 준군사조직(우익 민병대)들의 발호와 함께 무너지고 말았다. 사면받은 게릴라들로 이루어진 애국연합당 출신의 관리들이 너무나 많이 살해되고 있었다. 그들은 다음 모임 때까지 살아남기 힘들지도 모를 동료들의 얼굴을 찍어두기 위해 매 집회를 비디오테이프로 담기 시작했다. 그리고 그에 대한 복수로 게릴라들이 전국적으로 군대를 일으켰다. 그들의 전쟁자금은 코카 수확과 코카 처리공장에서 거둬낸 이윤으로 자꾸 늘어났다. 1985년 11월 M-19는 대담하게도 태양열 온수 집열판이 설치된 베탕쿠르의 직무 관저 바로 앞에 있는 연방 대법원을 점거했다. 얼마간의 대치 후, 정부군은 탱크를 국립광장으로 몰고 들어가서 그 당당한 건물을 잿더미로 만들어버렸다. 그 바람에 100명의 게릴라와 콜롬비아 최고법원의 판사 반 정도가 사망했다.

자연이 인간의 악행을 벌할 시간이 되기라도 한 듯, 같은 해 같은 달에 콜롬비아의 중앙 안데스 산맥에 있는 네바도 데 루이스 화산이 폭발했다. 11월 16일 김이 무럭무럭 나는 용암이 동쪽 산비탈을 따라 아르메로 시를 향해 마치 눈사태처럼 미끄러져 내려갔다. 그 도시는 콜롬비아에서 가장 평화로운 지역 가운데 하나로, 쾌적한 커피 재배 지대였다. 밤 11시의 일이었다. 잠들지 않은 사람들은 대부분 라디오에서 중계하는 축구 경기에 귀 기울이고 있었다. 갑자기 전선이 끊기고 라디오가 나가더니 2만 5000명의 시민이 순식간에 용암에 묻혀버리고 말았다.

거듭되는 재앙 앞에서 가비오타스 이후 단계로서 베탕쿠르 대통령이 '마란두아'에 걸었던 크나큰 기대는 훗날을 기약할 수밖에 없었다. 그런데 임기 초인 1982년에 열린 회의에서 베탕쿠르는 다른 계획을 제창한 적이 있었다. 페페 고메스도 거기에 참석하여 그에 대해 들었다. 가비오타스가 이 나라를 위해 할 수 있는 게 거기 포함되어 있었고, 페페는 그것이 통과되어야 한다고 마음먹었다. 베탕쿠르는 새로운 문명을 만드는 대신 가비오타스의 실용적인 기술을 콜롬비아에서 가장 소란스러운 지역에 투입할 것을 제안했다. 그것은 약속이라기보다는 정부가 여러 해 동안 게릴라에게 사실상 양보했던 지역의 사람들에게 실제로 사용할 수 있는 기술을 보급해주려고 한 것이다.

❧

　모기를 쫓아내기 위해 햇볕에 그을린 다리에 진흙을 바른 호세 이그나시오 로페스는, 시멘트로 만든 45킬로그램의 우물 케이스를 등에 지고 바나나 나무와 코코야자 나무를 지나, 카날레탈 마을로 이르는 모랫길을 오르기 시작했다. 그 뒤로 마그달레나 강이 흐르고 있었다. 그의 생애 동안 결코 볼 수 없으리라 생각했던 콜롬비아에서 가장 넓고 긴 강이었다.

　호세 이그나시오는 보고타의 불법 거주자 지역의 너절한 움막에서 태어났다. 운 좋게도 그는 야노스로 떠난 친구를 통해 과학자 숙소의 주방을 관리할 사람이 필요하다는 사실을 알게 되었다. 그리하여 어머니 마리아 엘리사는 가비오타스 주방장이 되었으며, 이그나시오 자신도 거리를 떠돌아다니는 대신 가비오타스에서 건축 일을 하고, 사바나를 가로지르는 물자 수송 트럭을 운전하는가 하면 가비오타스에서 만든 기구를 시장에 운반하는 일을 도왔다. 나중에는 태양열 집열판을 설치하는 법을 배웠다. 가비오타스 덕택에 그는 불안정한 삶을 버리고 흥미로운 삶과 참된 미래를 얻게 되었다. 그는 페페 고메스가 맡긴 현재의 일을 하기 위해 가비오타스의 수리기술 연구소에서 현장 기술자로 일하도록 훈련받았다. 그 일은 예상보다 훨씬 재미있었다.

그는 보트가 떠나는 것을 보기 위해 몸을 돌렸다. 보트 안에는 그 말고도 두 명의 기술자인 에르난 란다에타와 오마르 마린의 형 아구스토가 타고 있었다. 배는 강변에 아름다운 하얀 교회가 있는 보카델로사리오 마을을 향해 하류로 내려가고 있었다. 호세는 그곳에 이미 네 개의 슬리브 펌프를 설치한 바 있다. 이윽고 사공이 강가에 길고 좁은 진수대를 세우고 쇠파이프, 곡괭이, 삽, 모기장, 해먹 그리고 플라스틱 더미와 아연 도금한 파이프를 내렸다. 카날레탈은 물마루에 자리 잡고 있었는데, 그것은 오리와 물수리가 가득한 강을 갈대가 많은 넓은 습지와 분리시키고 있었다. 이토록 물이 많은 지역에서 물이 가장 큰 문제가 되다니, 정말로 이해할 수 없는 일이었다.

마그달레나 강의 중심 계곡인 마그달레나 메디오 근처 여기저기 흩어져 있는 마을에서 주민들의 주된 사망 원인은 오염된 물이었다. 여인들은 고여 있는 습지에서 물을 퍼올리든지 생활쓰레기, 석유찌꺼기, 농약 등으로 거무스름하게 변해버린 강에서 물을 긷든지 둘 중 하나를 택해야 했다. 가비오타스는 카날레탈 주민들이 집에서 몇 발자국 떨어지지 않은 곳에서 깨끗한 물을 얻을 수 있도록 깊은 우물을 팔 계획을 세우고 있었다. 그에게 이 같은 일은 삶의 의미를 확인시켜주는 작업이었다. 호세 이그나시오는 이런 생각을 하며 그날 아침 강에서 본 것을 떨쳐버리려고 애썼다.

일행과 함께 막 배에 오를 때였다. 선창가 물속에서 갑자기 사체 하나가 불쑥 떠올랐다. 사람들은 못 본 척했지만, 머리가 떨어져나간 모습을 볼 수밖에 없었다. 누구의 소행인지 아무도 몰랐다. 하지만 민병대가 그랬다는 것쯤은 짐작할 수 있었다. 민병대들이 푸에르토델리오라는 마을에서 대량 학살을 저질렀다는 소문이 있었기 때문이다. 그렇다고 해서 특히 마그달레나 메디오에서 게릴라들의 잘못이 없는 것은 아니었다. 가비오타스의 기술자들이 고용한 그 지역의 운전사가 영문도 모른 채 콜롬비아무장혁명군에 의해 살해된 적도 있기 때문이다.

가비오타스인들이 작업기지로 삼은 이곳, 인구 2만 명의 강변 포구인 산파블로에 처음 도착했을 때 모택동주의 인민해방군(EPL)이 찾아왔다. 그들은 사복차림이었지만 자동 피스톨, 기관단총, 수류탄, 쌍안경, 무전기 등으로 경찰보다 무장을 잘 하고 있었다. 그리고 정중하지만 철저한 조사 끝에 가비오타스가 인도주의적 사명을 띠고 이곳에 왔으니 무사통과를 허용한다고 말했다. "적어도 우리에게는 그렇소."

그 사명의 공식적인 명칭은 '국립재건계획(Plan Nacional de Rehabilitación)'이었다. 가비오타스가 맡은 이 인도주의적 사명은, 벨리사리오 베탕쿠르 대통령이 재임 시 생각해낸 이름인 '모든 이를 위한 물(Agua Para Todos)'이라고 불리기도 했다. 그것은 갈증과의 전쟁이었다. 목표는 콜롬비아 전역의 외딴 마을에 깨끗한 물을 공급해주기 위해 슬리브 펌프, 램 펌프, 풍차, 심지어 시소 펌프 등 해당 지역에 적합한 펌프 시설을 설치하는 것이었다.

베탕쿠르의 임기는 1986년 10월에 끝났다. 그의 후임자 비르길리오 바르코 대통령은 게릴라를 사면하는 대신 정부가 오랫동안 돌보지 않던 지역에 기간시설과 대민지원사업을 벌임으로써, 평화적인 수단으로 폭동을 잠재우기 위해 '국립재건계획'을 추진했다. 그 계획에는 콜롬비아 군대가 게릴라 지역을 구별하기 위해 쓰던

지도를 사용했다. 정부나 게릴라 중에 누가 농민에게 더 잘 봉사하느냐를 두고 새로운 형태의 전쟁이 벌어지는 참이었다.

이 새로운 시도에 '모든 이를 위한 물' 계획이 포함되었는데, 그리하여 가비오타스의 기술이 전국적으로 알려지게 되었다. 하지만 국립재건계획은 그 야심만만한 호칭에 어울리지 않게 예산이 턱없이 모자랐다. 정부예산을 궁핍한 오지 개발에 사용하는 것을 자원 낭비라고 여기는 사람이 아직 많았던 것이다. 여러 세대가 지난 다음에야 효과가 나타나는 고비용의 장기 프로그램에 재정 지원을 하는 것보다 차라리 군대에 돈을 더 주어서 지방의 폭도들을 꼼짝못하게 눌러두는 것이 낫다는 것이다.

파올로 루가리는 유엔으로 가서 콜롬비아가 '모든 이를 위한 물' 계획을 제대로 수행할 수 있도록 재정 지원을 해달라고 부탁했다. "그러지 않으면 아무 일도 일어나지 않을 겁니다. 물을 필요로 하는 마을은 보고타에서 파견한 조사단이 현장 방문을 하러 올 때까지 기다려야 합니다. 방문을 마친 그들은 돌아가서 결정할 겁니다. 마침내 그들이 지원하는 데 동의하게 되면 측량사를 보낼 터인데, 그들 역시 도시에서 올 겁니다. 수문학자도 보내고 또 파이프라인을 놓기로 계약한 회사측 사람들을 보낼 겁니다. 그리하여 막상 수도시설이 설치될 무렵에는 원래 계획보다 15배나 되는 자금이 드는 데다 시대에 뒤진 것을 설치하게 될 겁니다. 그 무렵이면 마을이 변해 있을 테니까요."

반대로 가비오타스에서는 기술자로 훈련받은 농민 팀이 파이프, 시멘트, 펌프, 풍차 등 필요한 것을 모두 트럭에 싣고 마을로 직접 갈 수 있도록 계획했다. "주민들이 동의하면, 모두 그 지역에서 열심히 일하기 시작합니다. 그렇게 되면 정부가 2년 걸려서 할 수 있는 일을 일주일 안에 해낼 것입니다. 그들이 한 마을에서 설치하는 동안 이웃 공동체들을 초대해서 그 과정을 보여줍니다. 그들은 또한 수인성 질병 대처법 강좌도 열 겁니다. 한 마을에서 작업이 끝날 무렵에 그들은 다음 마을에서 이미 조직사업을 하게 됩니다."

1970년대와 1980년대 초 가비오타스의 확장기금을 마련할 때 유엔개발계획의 루이스 타이스가 도움을 주었는데, 그는 '빈곤 극복을 위한 유엔 지역 기획'을 맡고 있었다. 타이스는 유엔개발계획에서 얻은 체험을 통해 가난은 윤리적인 문제일 뿐 아니라 구조적인 문제이기도 하다는 사실을 알게 되었다. 부가 상류층으로 집중되는 속도는 점점 더 늘어나는 대중에게 확산되는 속도에 비해 훨씬 빨랐다. 파급되고 있는 절망을 적절한 시점에서 저지하지 않으면 나머지 사회의 최선을 위한 노력이 좌절될 것이며, 그렇게 되면 발전은 더 이상 이루어지지 못할 것이다. 따라서 모든 사람에게 깨끗한 물을 제공해주려는 가비오타스의 계획은 인간의 가장 기본적인 요구를 다루었으므로 유엔은 지원을 결정했다.

그런데 유엔이 가비오타스에 원하는 것이 또 있었다. 호르헤 삽이었다. 삽은 가비오타스를 위해 라틴아메리카를 두루 돌아본 사람이었다. 그는 아메리카 대륙의 빈곤을 종합적으로 연구하는 과학기술 평가자로 적임자였다. 태양열 냉장고를 제외하고 모든 것이 완성된 병원 그리고 그가 개발한 수경재배법이 도시에 퍼지면서 삽은 휴가를 청했다. "모든 이를 위한 물'은 어떻게 하구요?" 파올로 루가리가 물었다.

"그 일은 기술과 관계있는 게 아닙니다." 삽이 말했다. "조직적이고 사회적인 능력이 필요한 것이니 반드시 엔지니어가 필요한 것은 아니지요. 그 모든 것을 효율적으로 관리할 수 있는 조정자가 필요할 뿐입니다. 당신 곁에는 이미 페페 고메스 같은 사람이 있지 않습니까!"

페페 고메스는 증조부보다 훨씬 더 나은 풍요로움을 누렸음에 틀림없다. 그는 가비오타스에서 급료를 받은 것은 아니지만 비야 시엔시아에 집이 있었다. 거기에서 내려다보면 세계에서 가장 큰 농장, 콜롬비아의 야노스가 끝도 없이 펼쳐져 있었다. 그는 참으로 평온한 곳, 향기로운 꽃들이 만발하고 온갖 새들이 지저귀는 공동체에 살고 있었다. 이제 그 마을은 처음 보았을 때보다 훨씬 멋있게 변했다. 페페 고메스가 조정자가 되면서 처음 한 일은 엄청난 양의 페인트를 사들인 것이다. "집들이 모두 흰색이다 보니 마치 수도원 같습니다. 다양한 색의 페인트를 많이 사야겠습니다."

"그만두시오." 루가리가 투덜거렸다.

"당신은 보고타로 가기나 하십시오. 우리끼리 해내겠습니다."

파올로 루가리는 투덜거리며 성큼성큼 걸어가버렸다. 그런데 나중에 몇몇 집이 여러 가지 색으로 단장된 것을 보고는 아주 근사하다고 했다.

페페는 여러 마리의 말과 사바나를 가로지를 수 있는 산악용 자전거를 가지고 있었다. 그리고 보고타에 있는 친구들은 미심쩍어했지만 비행기도 가지고 있었다. 가비오타스가 '모든 이를 위한 물'을 수행하기 위해 빌린 '날개 달린 벤츠'. 싱글 엔진 파이퍼 다코타였다. 그에게는 이를 위한 사설 활주로도 있었다. 그리고 아주 환상적이고 보람 있는 기획을 담당하고 있었다.

수십 명의 기술자들이 훈련을 받았다. 호르헤 삽이 유엔의 대표로 라틴아메리카 전역을 다니며 자랑스럽게 말했듯이, 여덟 팀으로 이루어진 가비오타스인들이 '모든 이를 위한 물'이라는 기치 아래 야노스에서 시작하여 콜롬비아 구석구석을 돌아다니며 일하고 있었다. 4개월도 채 안 돼 야노스에 있는 비차다, 메타, 카사나레 지역의 70개 마을에 가비오타스 펌프가 설치되었다. 가비오타스의 공장에서는 연붉은색의 램 펌프, 노란색 슬리브 펌프, 푸른색 시소 그리고 윤기 나는 알루미늄 풍차 부품들이 박스에 담겨졌고, 가비오타스 기술자들은 이제 안데스를 넘어서 '국립재건계획'을 위해 일할 준비가 되어 있었다.

그들은 지프, 버스, 모터보트, 통나무배 등을 타고 다녔는데, 들판에서 두 달 동안 일하고 일주일 휴가를 얻어 집으로 돌아올 때도 있었다. 그들은 아마존 지역 같은 머나먼 남쪽에서 일하는가 하면, 산안드레스, 프로비덴시아, 니카라과의 카리브 해 연안에 있는 콜롬비아의 섬마을 등 북쪽 끄트머리에 가서도 일을 했다. 어떤 마을에 가든 그들은 가장 나이 많은 농부를 찾아가 수질이 가장 좋은 곳이 어딘지, 풍차가 돌 수 있을 정도로 바람이 세게 부는지, 학교 운동장에 시소를 설치해도 좋은지 등을 알아보았다. 그리고 그 지역에서 가장 적극적으로 나서는 사람을 눈여겨보았다가, 그들을 땅 파는 사람, 자전거 수선공, 기계공 등으로 고용했다. 그 대가로 현금뿐 아니라 도구와 부품을 주어 자신들이 떠나고 난 뒤에도 그 장비를 계속 관리하도록 했다.

이제 그들은 가비오타스 그룹으로 알려졌다. 사람들은 흰 모자를 쓰고 녹색과 노란색이 어우러진 경치 속에서 제비갈매기가 날아가는 모습의 가비오타스 로고가 박힌 티셔츠만 보고도, '아, 가비오타스인들이구나!' 하고 알아볼 수 있었다. 우물을 파기 위하여 그들은 공기압축기 대신 괭이, 삽, 가비오타스에서 디자인한 수공 드릴, 우물 밑으로 내려가기에 적당한 좁은 대나무 사다리만 사용했다. 때때로 정부군은 그들에게, 특히 게릴라 출몰 지역으로 알려진 마을에서 잭나이프와 무전기를 가지고 무얼 하냐고 물을 때도 있었다.

"당신들은 왜 적군에게도 물을 주는 거요?"

"전 국민에게 물을 제공해주라고 대통령이 우리를 고용했소."

게릴라들이 가비오타스인들을 먼저 알아볼 때도 많았다. "우리 여자들 근처에나 오지 마시오." 하고 콜롬비아무장혁명군 사령관이 페페 고메스에게 말하기도 했다.

페페는 어떤 때 남서 콜롬비아에 있는 에콰도르 경계 가까이에서 작업을 시작하여, 파이퍼를 타고 북카리브 해 연안에 있는 설비를 검사하고 나서 비차다로 돌아와 가비오타스에서 자기도 했다. 처음 두 해에는 주로 콜롬비아의 주요 동맥인 마그달레나 강의 중앙 계곡에서 작업을 했다. 마그달레나 메디오는 나라에서 가장 토질이 좋은 데다가 중요한 석유산지였기 때문에 문제가 많은 지역이었는데, 그만큼 정부에서 가비오타스의 도움과 모범을 가장 필요로 하는 곳이었다.

안데스 산맥이 에콰도르에서 콜롬비아로 들어간 다음 세 개의 산계가 부채꼴로 퍼지는 근처의 수원지에서 시작한 마그달레나 강은, 안데스 산이 널찍한 중심 계곡인 마그달레나 메디오에서 평평하게 퍼지면서 그 풍요로운 퇴적물을 엄청 많이 옮겨놓았다. 마그달레나 메디오는 푸른 풀밭이 많아 목축업자들의 천국이었고, 따라서 게릴라들이 그들의 전쟁자금을 조달하기에 안성맞춤이었다. 콜롬비아무장혁명군 소대는 부유한 농장주의 집에 쳐들어가서 다달이 미화 3000달러에 해당하는 '보호' 비용을 내든지 납치를 당하든지 둘 중 하나를 택하라고 강요하곤 했다. 1980년대 초 몸값이 8000만 페소에 달하기 시작하자 농장주들은 자위대를 조직하기 시작했다.

1980년대 중반 마약 거래자들 무리가 '반농지개혁'으로 이름난 마그달레나 메디오에 도착했다. 그들은 불법 농작물을 키우기 위해서가 아니라 시골에 영토를 마련하기 위해, 지가에 관계없이 농장과 목축지를 사들임으로써 넘쳐나는 돈을 세탁했다. 농지를 팔지 않겠다는 농부에게는 자녀에게 어떤 일이 일어날지 모른다고 은근히 협박했다. 게릴라가 다달이 보호 비용을 부과하려 들자 무장한 폭력단이 대응해 왔다. 마약업자의 사병과 몇몇 농장주의 자위대가 자연스럽게 연합하여 준군사조직(우익 민병대)이 생겨났다.

민병대는 게릴라 활동의 중심지로 여겨지는 곳을 선제공격하기 시작했다. 수백 명의 농부가 살해되었고 수천 명 이상이 추방당하자, 마약 농장주들은 이 농민들이 버리고 간 땅도 차지해버렸다. 마그달레나 메디오에는 막대한 양의 석유가 매장되어 있기도 했다. 폭이 1600미터나 되기 때문에 배가 여기저기 통행할 수 있는 강에는 석유를 정제하고 선적할 수 있는 항구들이 있었다. 정유산업체 노동조합의 지도자들은 노동자 편에 서는 의원들이나 시장들과 마찬가지로 우익 민병대에 의해 살해될 때가 많았다. 그에 대한 반응으로 게릴라들은 좌익 노동조합원들과 소작인들을 그들의 동의 여부와 상관없이 보호해주겠다고 맹세했고, 따라서 테러가 소용돌이치며 급증했다. 1986년 가비오타스인들이 마그달레나 메디오에 도착하기 얼마 전, 사면된 게릴라들에 의해 결성된 애국연합당 출신의 첫 국회의원이 살해되었다. 그런 식으로 2년 동안 애국연합당원 600명이 살해되었고, 10년 사이에 총 사망자 수는 2000명을 넘어섰다.

콜롬비아에서 가장 유명한 거부의 손자 페페 고메스는 콜롬비아무장혁명군 등 게릴라 집단을 자주 만나는 곳에서 거의 3년 동안일했는데도 그들은 그를 전혀 알아보지 못했다. 페페는 반바지에가비오타스 모자와 셔츠를 입고 보통 사람들 속에 섞여 마그달레나 강을 건너다녔다. 국립재건계획의 의장인 라파엘 파르도가 가비오타스인들이 일하는 모습을 보고 싶다고 말하자, 페페는 그를자기처럼 변장시켜 몰래 잠입하게 했다. 라파엘은 나중에 콜롬비아의 국방장관이 된 사람이다. 페페는 카날레탈에서 펌프 설치작업을 영화로 찍었는데, 이때 게릴라 측은 밀짚모자를 쓴 어부들을동원하여 카누에서 투망으로 작업하게 하는 등 촬영을 도왔다.

어쨌든 가비오타스인들은 내전으로 얼룩진 나라 안을 비무장 상태로 돌아다니며 일하는데도 아무런 해를 입지 않았다. 게릴라, 정부군 및 민병대들은 카키색 옷을 입거나 변장을 했고 또 이스라엘산 자동화기를 좋아했기 때문에 누가 누군지 알아보기 힘들었다. 그들의 무기는 아주 충분해 보였다. 1980년대 말 더러운 전쟁이 깊어가면서, 가비오타스 공동체는 그 어느 때보다 평화와 이성의 오아시스와 같은 존재로 여겨졌다.

가비오타스의 기술을 전수받은 마을의 수는 600곳에 달했다. 마그달레나 메디오에서 일하고 있는 몇몇 팀은 은퇴한 경찰간부와 함께 여행을 했는데, 양편의 역사를 모두 알고 있는 것 같은 그는 기술자들을 위해 길을 터주었다. 민족해방군의 통제를 받는 지역에서 일할 때는 특히 주민들의 환영을 받았다. 그들은 석유 파이프라인을 파괴하는 전술로 콜롬비아 강을 심하게 오염시키고 있었다.

민족해방군은 정부가 외국 회사에 석유탐사기술을 전수받는 대신 정제되지 않은 원유 절반을 주는 계약을 통해 콜롬비아의 이권을 헐값에 팔아버리고 있다고 주장했다. 그들은 파이프라인 파괴로 인한 석유 유출 피해는, 이윤을 펌프질해갈 뿐 나라에 아무 도움이 되지 않는 미국과 영국의 석유회사가 남긴 말썽에 비하면 별것도 아니라고 주장했다. 그들의 파괴활동이나 석유회사 간부들에 대한 납치 행위 등은 콜롬비아의 석유정책에 별다른 영향을 미치지 못했다. 하지만 민족해방군은 수백만 달러의 몸값으로 수입을 꾸준하게 올리고 있었으므로, 지역민들은 자기 집 근처에서 석유가 발견될 때마다 이중으로 공포를 겪었다. 게릴라가 득세하게 될 뿐 아니라 석유로 인해 자신들의 물과 토지가 오염될 게 뻔했기 때문이다.

비차다의 북쪽에 있는 야노스에서 석유산업이 활성화되면서 민족해방군도 따라왔다. 그들의 활동이 가비오타스가 있는 이 남쪽 지역에까지 미칠까? 1970년대 말 무렵 가비오타스에서 10킬로미터밖에 떨어지지 않은 곳에 국립석유회사인 에코페트롤과 계약한

탐사 장비가 모습을 드러냈다. 야네로 운전수들과 노동자들이 그 지역 임금의 다섯 배를 받으며 고용되었고, 그와 함께 술의 소비량이 급증했다. 2년 동안 엄청나게 많은 타이어를 실은 트럭들이 굉음을 내며 가비오타스를 가로질러 달렸다. 새로 심은 나무들이 쓰러지고, 자전거를 타고 다니던 사람들이 깜짝 놀라 길가로 피하곤 했다. 그런데 1980년이 되자 그들은 홀연히 떠나버렸고, 지역 경제는 엉망이 되어버렸다. 에코페트롤이 무엇을 발견했는지는 아무도 모른다. 석유는 국가의 전략 자원이었기 때문에 석유회사가 미래의 어느 시점에서 소유권을 주장할 때까지는 자기들이 조사한 내용에 대한 어떠한 공표도 하지 않았다.

가비오타스인들은 환경보호에 대한 그들의 순수한 사명감으로 인해 보호받기는커녕 오히려 그 때문에 위험에 처할 수도 있다는 사실을 잘 알고 있었다. 최근에 민족해방군 게릴라들이 엘코쿠이 국립공원의 직원을 모두 잡아들였다. 그들은 자연보호란 말은 엘리트들이 인민들로 하여금 토지에 접근하지 못하게 하려고 만들어낸 개념이라고 선포했다. 그러고는 다른 사람들이 보는 앞에서 생물학자이자 유명한 야네로 하프 주자인 공원 관리인을 무릎 꿇게 하고 이 죄를 고백하게 한 다음 목 뒤에 총을 쏘아 간단히 처형시켜버렸다.

가비오타스의 국립재건계획 기술자들은 민병대가 야영하고 있는 학교에 시소를 설치하기도 했는데, 그들은 자신들이 최선을 다해 민중을 돕고 있다고 쓰여 있는 유인물을 지니고 다녔다. 안전을 확신할 수 있는 곳은 하나도 없었다. 메데인에서 가장 큰 대학교의 예방의학부는 도시 외곽의 빈민 지역에서 '불온한' 조직활동을 했다는 이유로 거의 절반이 민병대들에 의해 제거되었다. 그들의 주요 활동은 물을 마시거나 조리할 때 깨끗한 물을 쓰라고 지역 사람들을 계몽한 것이었다.

가비오타스인들은 적군이 이동하는 것을 보지 않았느냐는 질문을 여기저기서 받았고, 그럴 때마다 페페 고메스는 "며칠 전 라이플을 닦고 있는 것을 보았소." 하고 대답하곤 했다. 사실상 페페의 가장 큰 전투는 불온분자들이 아니라 정부 각료들과의 싸움이었다. 정부에서는 가비오타스 펌프를 제공받을 마을을 추첨으로 선정했다. 때때로 기술자들은 물의 염분 함량이 높은 곳에서 일할 때도 있었는데, 마그달레나 메디오에 발을 들여놓은 적이 없는 보고타의 관리들이 그런 사실을 알 리가 없었다. 그럼에도 불구하고 국립재건계획의 계약에 의해 가비오타스가 어떠한 내용이라도 바꾸는 것을 허용하지 않았다.

페페가 기획부서 관리들에게 전화도 하고 편지도 쓰면서 애써보았지만 소용이 없었다. 페페는 지속적인 서비스 계약을 정부에 탄원하기도 했는데, 그것은 가비오타스가 사실상 원가로 제공하는 것이었다. 시설의 관리와 유지를 각 공동체가 책임져야 한다는 데는 모두 동의했다. 하지만 페페는 아무리 단순한 것이라도 새로운 기술이 확고하게 자리 잡는 데는 여러 해가 걸린다고 주장했다.

그러나 유엔 자금이 다 떨어져 후속 작업을 할 수가 없는 데다 정부에는 다른 근심거리들이 많았다. 피살자의 수가 하루 50명 선을 넘어섰다. 1984년 법무부 장관이 총에 맞아 쓰러진 후, 정치가들은 경호원 무리를 대동하지 않고는 감히 밖에 나가지 못했다. 하지만 4년 후 검찰총장은 그 많은 경호원을 데리고 다녔음에도 불구하고 총에 맞아 죽었다.

신문 광고에는 방탄 재킷을 입고 방탄 타이어를 갖춘 장갑차를 모는 모델이 나왔다. 문화면에는 '폭력학자(violentologists)'들의 강연 예고가 실렸는데, 그들은 죽음을 콜롬비아에서 가장 잘 나가는 성장산업으로 묘사했다. 방탄 자동차, 경호원, 메데인을 여행할 때 들어야 하는 단기 생명보험 패키지, 무기 판매, 경호 시스템, '장례 기업' 등등.

오토바이에 탄 암살자들이 마치 용역서비스처럼 고용되었다. 여러 해 동안의 평화의 몸짓과 재건 프로그램 이후, 콜롬비아는 더 깊은 소용돌이로 빠져들 뿐이었다. 익명의 암살자들이 4륜구동 캠핑용 자동차를 타고 마을에 들어와 바와 아이스크림 가게, 가정집에 대고 마구 총질을 하고 돌아다녀도 아무런 제재를 받지 않았다. 어느 일요일 마그달레나 메디오의 어떤 마을에서 43명이나 되는 주민이 사망했는데, 그중에는 어린이와 노인도 있었다.

1990년, 세사르 가비리아가 새 대통령이 되었다. 그는 콜롬비아가 처한 상황을 경제적 조치로 해결하고자 했다. 새 대통령은 전임자의 사회발전 프로그램을 단계적으로 제거하고 국내 시장을 세계에 개방했다. 이것은 조지 부시 미국 대통령의 '새로운 세계 질서' 구도에 따른 것으로, '아메리카를 위한 기업'이라 알려진 전략에 호응하여 내려진 결정이다. 농촌 지역을 개발하여 국가를 안정시키려던 국립재건계획은 인기는 있었지만 비용이 너무 많이 들기 때문에 예산을 대폭 삭감했다. 그 대신 게릴라 지역의 평화 유지를 위해 군대를 더 많이 주둔시키고 그를 위한 예산도 늘렸다.

사회발전 프로그램을 추진했던 정부의 정책 또한 공적 분야를 지원하기보다 사적인 분야에 장려금과 신용대부를 해주는 의존적 재정정책에 자리를 내주게 되었다. 그리하여 가비오타스가 콜롬비아 정부와 맺은 첫 계약인 '모든 이를 위한 물' 계획은 파기되고 말았다.

❧

1989년 초, 중국–콜롬비아 친선협회 회장인 페페 고메스가 중화인민공화국 대사를 포함한 중국 외교관들을 가비오타스로 안내했다. 그들은 병원에서 중국인들과 흡사한 외모의 과이보 인디언 가족을 만났다. 한 과이보 노인이 혹시 자신과 조상이 같을지도 모르는 대사를 찬찬히 살펴보았다. 그러고 나서 인디언인지 백인인지 궁금해했다.

페페가 그 질문을 통역해주었다. "당신은 어떻게 생각합니까?" 깜짝 놀란 대사가 인디언에게 물었다. 인디언들은 자기들끼리 수군거리더니 마침내 양복을 입었으니 백인이라고 대답했다.

중국인들은 이를 아주 재미있게 여겼고, 가비오타스에 매력을 느꼈다. 대사가 가비오타스를 보고 '사회주의 천국'이라고 하는 바람에 파올로 루가리는 깜짝 놀랐다.

"사람들이 우릴 보고 공산주의자라고 하겠군." 하고 루가리는 중얼거렸다. 중국 외교관들이 다녀간 후, 이번에는 콜롬비아 우익 정치가의 우두머리격인 알바로 고메스가 방문했다. 그는 가비오타스가 '심오한 보수주의적 원칙'을 구체화했다고 선포했고, 루가리의 기우는 어느 정도 누그러졌다. "사람들은 왜 우리를 분류하려는지 모르겠소. 우리는 이념주의자가 아니에요. 모든 이념은 문제를 불러일으킬 뿐이지요."

"그런 생각 역시 편집증적인 거예요." 페페 고메스가 말했다. 여느 때와 달리 파올로는 싸움에 말려들지 않았다. 지난 6년 동안 파올로와 페페 고메스는 사소한 것을 가지고 종종 다투곤 했다. 매점에 상품을 구비하는 일에 대해, 가비오타스 영화를 찍는 일에 대해, 공동체 센터에서 맥주를 마시도록 허용해야 할지 말아야 할지에 대해, 위성 안테나를 구해야 할지 말지에 대해, 구급차로는 랜드로버가 나은지 지프가 나은지에 대해, 가비오타스 학교에서 대학 입시 준비를 시키는 것이 좋은지 혹은 어떠한 상황에도 대처할 수 있는 자발적인 학습자로 키울 것인지 등등을 놓고 사사건건 의견이 엇갈렸던 것이다.

"사람들은 지식보다 학위가 중요하다고 세뇌를 받아왔소." 파올로는 고함을 지르곤 했다. "그들은 생각하는 방법도 배우지 않고, 호기심도 무뎌졌다구요." 그는 가비오타스 학생들이 야노스에서의 새로운 삶에 필요한 모든 것을 스스로 할 수 있도록 목공소, 공장, 수경재배 농장, 심지어 병원에서도 배워야 한다고 믿었다. "세상에는 전문가가 너무 많습니다. 우리에게 필요한 사람은 모든 연관성과 가능성을 볼 수 있는 만능인(generalist)입니다."

"그런데 엔지니어가 되고 싶어하는 사람이 있을 때는 어떻게 합니까?"

"만약 창조적인 교육을 받았다면 그렇게 될 것입니다. 학위는 필요 없습니다. 루이스 로블레스를 보세요. 우리의 목표는 사람들에게 가비오타스식 교육을 제공하는 것입니다. 세상이 하나의 커다란 기회라는 것을 가르쳐주는 것이지요."

"그렇다면 당신은 왜 세상을 하나의 가비오타스로 만들 수 있는 기회를 추구하지 않았습니까? 당신은 쿠알라룸푸르, 우간다, 카리브 해, 중국 등지에서 수많은 편지를 받지 않았습니까? 그들은 자체적인 가비오타스를 시작하고 싶어했는데……."

파올로는 깊은 숨을 쉬었다. "풍차를 파는 것과 가비오타스의 정신을 그대로 심어주는 것은 다른 일이에요. 가비오타스 정신을 어떻게 팔 수 있습니까? 태국 정부 등 모든 나라가 우리를 프로그램과 관련지어서 생각하는데, 우리에게는 프로그램이 없어요. 가비오타스는 카오스에서 무작위로 태어난 것들의 총체입니다. 가비오타스는 '불확정성의 원리'입니다. 그것은 기회가 만들어지는 장소, 경쟁 대신 협동이 들어서는 장소입니다."

"그렇다면 당신과 나는 왜 항상 다투는 겁니까?" 페페가 몸을 뒤로 젖히고 태양빛을 가리면서 물었다.

파올로는 조정자 사무실 앞의 정원을 왔다갔다하다가 멈추어 섰다. "당신이 너무 단선적이니까 그렇지요. 당신은 대학에서 전통적인 사고방식을 배웠어요. 그것도 양키 대학에서! 가비오타스는 단선적인 현상이 아닙니다. 그것은 어느 것도 계획한 바 없이 발전해온 것입니다."

"그렇군요."

그런데 이제 페페 고메스가 떠나려 한다. 파올로는 시원하기보다는 섭섭했다. 아니, 상실감을 크게 느꼈다. 그들이 다툰 것은 결코 개인적인 감정 때문이 아니었다. 그들은 결코 적이 아니었다. 파올로가 중국에서 잠을 이루지 못할 때 페페의 방에 가서 밤새 이야기를 나누었고, 페페의 결혼 생활이 파국으로 끝났을 때 파올로는 칼리 거리를 밤새 함께 걸어주었다. 이제 페페는 중국 대사로 임명될 터였는데, 아무리 서운하더라도 가비오타스 때문에 그 기회를 거부할 수는 없었다.

1989년 페페가 파이퍼를 타고 마지막으로 비차다를 떠나는 날, 그는 보고타로 가는 내내 눈물을 멈추지 못했다. 북경으로 떠나기 전 중국 대사관에서 열린 공식 만찬에서 그는 가비오타스에서의 삶이 자신의 관점과 사고를 어떻게 바꾸어놓았는지에 대해, 중국 대사가 스페인어를 몰랐기 때문에 영어로 설명했다. "인생은 결코 단선적인 체험이 아닙니다."

가비오타스에서 페페 고메스는 중학생들을 가르쳤고, 마르셀라 살라사르가 수술하는 것을 도와주었고, 오마르 마린과 함께 가축을 밧줄로 묶어 낙인을 찍고 면역주사를 놓아주는 일을 했다. 그는 사람들과 함께 과일을 수확했고, 도서관을 시작했으며, 매점을 아이스크림과 약으로 가득 채웠으며, 벌을 키우고, 야네로들 사이에 위대한 연주자들이 있다는 사실을 발견했을 때는 현악기 등 악기를 마련해주었다. 어느 건기에는 그들 중의 한 사람인 반돌라 마스터 카를로스 세이하스와 함께 말안장 위에서 거의 한 달을 보내기도 했다. 그들은 목마른 말들에게 매일 물을 먹이기 위해 인근 목장에서 물이 나오는 가비오타스 풍차 탱크까지 말들을 몰았다. 그는 세이하스로부터 웅덩이의 물을 마시기 위해 등자에 기대는 법, 거북이 스튜를 등딱지 안에 넣고 요리하는 법, 가오리나 피라니아의 위험을 테스트하기 위해 가장 약한 말을 앞세우고 강물을 건너는 법 등을 배웠다. 그날 밤 중국 대사관에서 이 모든 것을 생각만 해도 다시 눈물이 나왔다.

파올로 루가리로서는 다른 곳에 가비오타스를 시작하는 것은 고사하고 가비오타스 하나만 유지하는 데도 문제가 많았다. 1980년대 말 국립재건계획하의 프로그램들이 사라지면서 마리오 칼데론의 중앙대부은행을 통해 재정지원을 받던 연방 기획들, 즉 보고타와 메데인에 수천 개의 태양열 주택을 세우고자 했던 기획들도 중단하게 되었다. 정부는 공공주택 프로그램 사업에서 발을 빼고 있었고, 이제 중앙대부은행은 사적인 건축공사에 재정 지원을 해주게 되었다. 1990년, 실망한 마리오 칼데론은 은행을 떠나 비영리단체 전국연합을 지도 감독하는 일을 하게 되었다.

가비오타스가 아주 성공한 사례에 속한다고 평가하던 유엔개발계획도 새로운 계획에 재정 지원을 해주지 않았다. 그렇게 성공을 거두었으니 이제 스스로 살아남을 수 있다는 것이었다. 가비오타스도 거기에 동의했지만 갑자기 세상이 없어진 것 같았다. 1986년 국제 유가의 급락으로 원유가는 그전 가격의 반 정도로 떨어졌다. 그러고는 사람들로 하여금 재활용할 수 있는 대체 에너지에 관심을 갖게 했던 그 가격으로 다시 올라가지 않았다. 콜롬비아에서는 1980년대와 1990년대에 국내 여기저기서 다량의 원유와 천연가스가 발견되었다. 콜롬비아의 석유 생산량이 남아메리카에서 으뜸가는 석유 공급원으로 알려져 있던 베네수엘라에 버금가는 수준에까지 올랐다는 에코페트롤의 발표가 나오자 에너지 보존에 대한 관심은 더욱 줄어들었다.

가비오타스 태양열 집열기의 판매율이 떨어졌을 뿐 아니라 시장이 혼란스럽게 바뀌었다. 가비오타스는 진정 값싼 에너지를 필요로 하는 사람들에게는 태양열 에너지를 공급해주지 못하고, 5년에 걸친 할부금 상환이 충분히 가능한, 환경 문제에 의식이 있는 엘리트들에게 공급할 때가 더 많아졌다. 콜롬비아 석유 거래량의 50퍼센트를 소화하는 주체로서 시장의 상황에 정통한 정부도, 이제는 태양열 에너지를 위한 세금 감면을 해주지 않았다. 1990년 콜롬비아 헌법이 개정될 때, 이스라엘처럼 8층 이하 건물에는 태양열 온수 집열판을 설치해야 한다는 의무조항을 집어넣자는 가비오타스의 제안은 결국 통과되지 못했다.

가비오타스 풍차 주문도 끊겼다. 야노스에서 살 만한 사람들은 이미 풍차를 가지고 있었다. 소형 수력 터빈과 풍차를 새로 구입할 사람이 나올 거라는 가비오타스의 희망 역시 새 정부의 경제정책에 의해 좌절되고 말았다. 콜롬비아 농부들은 조지 부시 행정부가 콜롬비아를 부추겨 채택하도록 한 신자유주의 무역 정책 하에서는 미국의 거대 농업회사들이 홍수처럼 쏟아붓는 값싼 곡물 및 식료품과는 도저히 경쟁할 수 없다는 사실을 깨닫게 되었다. 파산한 농부들 중에는 미국인이 생산할 수 없는 작물, 즉 코카 재배로 몰려드는 사람이 많았는데, 불법적인 코카 거래를 통해 미국의 돈이 유입되긴 했으나 이미 황폐해진 콜롬비아 농업 경제에는 전혀 도움이 되지 않았다.

이도 저도 할 수 없는 농부들은 마약 사업가들에게 토지를 팔았다. 다행히도 가비오타스는 마약 사업가들에게 펌프나 풍차를 팔아야 할지 말아야 할지 고민할 필요가 없었다. 그들은 엄청나게 넓은 토지에 거의 아무것도 재배하지 않았기 때문이다. 마약 거래자들은 전시용 젖소 몇 마리와 마구간을 소유하고 있었는데, 마구간에는 값비싼 말들이 가득했다. 마약 상인들은 300년이나 된 전설적인 커피 농장을 사들인 다음 방목을 위해 덤불숲을 거침없이 파괴하기도 했다.

1989년 유엔의 '빈곤 극복을 위한 지역 계획'은 세 권의 책을 발행했다. 거기에는 호르헤 삽을 포함한 유엔 연구가들이 전 세계를 돌아다니며 개발도상국에 적합한 기술을 수집한 내용이 가득 실려 있었다. 그중 50가지 이상은 가비오타스에서 개발한 것이었다. 파올로 루가리가 호르헤에게 말했다. "당신은 우리가 이 모든 것으로 생계를 꾸려갈 수 있을 거라고 생각할 거요."

"그렇게 간단하지 않습니다, 파올로. 우리는 아름다운 것들을 많이 개발해냈지만, 아름다운 실패작들입니다."

보고타 사무실 책상에 앉아 있던 파올로가 날카로운 눈을 들었다. 창밖에서는 다양한 모델의 알루미늄 풍차가 밝은 노란색 지지대와 금속 삼각대 사이를 빙빙 돌고 있었다.

"제 말이 무슨 뜻인지 아실 겁니다." 삽이 말했다. "카사바 분쇄기 생각나시지요?" 그것은 꿈의 기계 같았다. 여성이 가족의 식사를 마련하기 위해 카사바 뿌리의 전분 껍질을 까는 데 매일 열 시간이 걸렸다. 그런데 운동연습용 붙박이 자전거를 닮은 이 가비오타스 기계를 사용하면, 껍질을 까는 시간이 10분의 1 정도로 줄어든다. 그야말로 기적같은 기술이었다. 하지만 그것이 문화적 측면에서 볼 때 실패였다는 것을 그 누구도 예상하지 못했다.

농부들 사이에는 여성이 자전거를 타면 생식기를 다칠 수도 있다는 편견이 퍼져 있었기 때문에, 자전거는 남성이나 타는 것이라고 여겨져왔다. 그리하여 새로운 분쇄기로 카사바를 처리하는 일은 남성에게 돌아갔고, 여성은 자신의 노동으로 가족을 먹여 살린다는 자부심을 가질 수 없게 되어버렸다. 집안일의 담당자로서 기본 역할을 상실하게 된 것이다. 설사 여성이 기계를 작동하더라도 남아도는 시간을 감당하지 못해 불안해한다고 남성들은 불평했다. 그런가 하면 여성 스스로도 전에는 카사바를 처리하는 과정에서 아이들에게 카사바 줄기 닦는 일을 시키면서 함께 일하는 가운데 정이 돈독해졌는데, 이제는 그런 것이 사라졌다고 아쉬워했다.

"말도 안 됩니다." 파울로가 말했다. "별로 팔리지 않았다는 것은 인정합니다. 그렇다고 해서 그것이……."

"마이크로 터빈 역시 실패입니다."

"하지만 그건 당신 작품이잖소?"

"압니다. 그것 때문에 제가 가비오타스에 오기도 했지요. 우리는 소형 수력 터빈을 만들었는데 그건 기술적으로는 성공이었지만 사회적으로는 실패였어요. 터빈은 터빈 하나로 끝나는 것이 아니라 수로, 댐, 동력선 등 시스템의 일부입니다. 그리고 그 시스템은 거의 전적으로 국가가 관리하고 있습니다. 전기가 나가면 회사에 전화를 해서 불평합니다. 전력 생산의 책임을 소규모 소비자에게 전가하는 것이 실패였지, 기계 자체는 문제가 되지 않았습니다. 외딴 농촌의 오수처리 공장과 같지요. 만약 고장이 났다고 합시다. 그것을 다시 작동하기 위해서는 생물학이나 화학에 대한 그 지역 교사의 수준을 넘어서는 전문가가 필요합니다. 하나가 고장 나면, 처음 재정 지원할 때 책임진 사람이 그것을 고치게 되어 있습니다."

호르헤는 어깨를 으쓱했다. "하나의 소형 터빈은 댐, 송전선, 변압기를 의미합니다. 이중 하나가 없어 불이 나갔는데 보고타에서 기술자가 오지 않는다고 칩시다. 그럴 때는 누가 고칩니까? 우리가 국제회의에서 그것을 여러 나라의 연구소들에 시범용으로 판매하고 있는 동안, 농부들은 여전히 디젤 발전기를 사들이고 있었습니다. 디젤 발전기는 하나의 독립된 세트입니다. 그것을 트럭으로 운반하여 콘크리트 판 위에 놓으면 전기가 생산됩니다."

파올로는 눈을 감았다. "또 없소?"

"있지요, 바이오 가스 생성기요."

여기에 대해서는 전에 인도에서도 들은 적이 있다. 그들은 나중에 가비오타스 절수 물꼭지의 모델이 될 기구를 보기 위해 우타 프라데시에 있는 학교에 간 적이 있었다. 학생들이 손을 닦고 싶을 때 수도꼭지에서 삐져나온 크롬 도금된 손잡이를 누르면 물이 뿜어져 나왔다. 그리고 손잡이를 놓으면 물이 그쳤다.

그날 오후 자동차로 델리로 돌아오면서 호르헤는 사람들이 소똥에 불을 지펴 요리하는 것을 보았다. 그는 생각에 잠겼다. 나중에 계산을 해본 결과, 인도인들은 말린 배설물을 직접 연소시킴으로써 가비오타스인들이 소똥을 물과 섞어 바이오 가스를 만들어쓰는 것보다 훨씬 많은 에너지를 얻는다는 것을 인정하게 되었다. 바이오 가스가 훨씬 덜 효율적이었는데, 그것은 소똥을 단지 말려서 태우기만 할 때보다 훨씬 많은 소가 필요하다는 것을 의미했다.

파올로는 인도와는 달리 몽고, 중국, 남아메리카의 농부들은 소똥을 가지고 요리하지 않는다는 사실을 즉시 지적했다.

"맞습니다." 삽이 동의했다. "인도에서 소똥이란 말은 '자원', 또한 많은 가축을 소유하고 있음을 의미하지만 라틴아메리카에서 그것은 그야말로 아무짝에도 쓸데없는 똥에 지나지 않습니다. 하지만," 그가 덧붙였다. "매일 가축우리에서 소똥을 그러모아 물에

섞고, 그것을 바이오 탱크에 쏟아붓는 것 역시 그들의 문화는 아닙니다."

"그것 역시 훌륭하게 작동하는 기계였지만 문화적으로는 실패였습니다." 이제 호르헤는 보고타의 사무실에서 파올로에게 상기시켰다. "사실 야노스에서는 그것 때문에 또 다른 문제가 생겼습니다. 나무를 쓸 때와는 달리 가스로 요리를 하면 음식에 향내가 배지 않습니다. 음식에 그 향내가 없으면 문화적 정체성을 잃습니다." 파올로가 반박하기도 전에 그는 말을 맺었다. "문제는 바이오 가스를 사용하기 위해서는 비용이 많이 든다는 겁니다. 탱크, 버너, 스토브 등등에 투자해야 하고, 장작을 땔 때보다 불꽃이 약합니다. 바이오 가스 버너가 생산하는 에너지는 보통 0.5킬로와트 정도 될 겁니다. 반면에 일반적인 장작에서는 10킬로와트 정도의 에너지를 얻을 수 있습니다. 바이오 가스가 깨끗하고 자원이 풍부하기는 하지만, 에너지가 20분의 1밖에 안 된다는 것은 농부에게 상당히 중요한 문제입니다."

"스테인리스 압력솥과 광전지를 사용하는 주방 역시 보통 야네로 가정에서는 감당하기 힘든 비용입니다." 그러자 루가리가 반박했다. "하지만 그것은 유리 진열장에 놓고 어디까지 가능한지 보여주기 위한 것이잖소?"

"압니다. 사실 제가 말하고 싶은 건 그게 아닙니다."

호르헤는 가비오타스로 돌아가지 않고 유엔에 계속 머물겠다는 말을 하고 싶었던 것이다.

"예전 같지 않습니다. 파올로, 우리는 상업적이 되었습니다. 그렇다고 잘못되었다는 건 아닙니다. 하지만 연구 정신, 새로운 작업

방식을 창조해내는 기쁨이 사라졌어요. 이제 우리는 계약자들을 만족시키기에만 급급할 뿐입니다. 나는 산업공학의 세계를 피해 가비오타스로 갔습니다. 그 세계가 싫었기 때문이지요. 그런데 이제 우리가 산업주의자가 되었다구요."

"공동체도 이루었잖소?" 루가리가 반박했다. "우리는 자급자족해야 하오. 우리 스스로 돈을 벌지 않으면 연구를 계속할 수가 없소."

"그건 사실입니다. 하지만 아무도 사들이지도 않는데 연구한들 무슨 소용이 있습니까? 보조금도 없는데……. 태양열 에너지에 대한 수요는 다음 세대에나 기대할 수 있을 것 같습니다."

호르헤는 자기가 가비오타스의 사명을 버리는 게 아니라, 가비오타스의 지식과 정신을 전 세계에 전파하려는 것뿐이라고 말했다.

홀로 남은 파올로는 보고타 사무실과 태양열 패널 공장 주위에 무성하게 자란 잔디를 바라보고 있었다. 판매용으로 전시해놓은 풍차와 펌프 모델 옆에 스페인어와 영어로 하얀 글씨가 적혀 있었다. "가비오타스에서는 잔디를 깎지 않습니다. 그러므로 꽃들이 피어날 수 있고, 새들이 먹이를 찾을 수 있으며, 침식으로부터 토양을 보존할 수 있습니다." 루가리는 순수하게 상업적인 기업이라면 자기들 생산품 옆에 그런 문구를 써놓지는 않을 거라고 생각했다. 그들은 목표를 잃은 게 아니라 그저 자급자족하기 위한 돈이 필요할 따름이었다. 가비오타스에는 먹여 살릴 식구가 250명이나 있었고 다달이 급료도 주어야 했다. 이제 그들은 유엔 보조금이나 국가의 재정 지원 없이, 정부가 극구 선전하는 개방된 시장에서 경쟁하는 수밖에 다른 도리가 없었다.

연구와 개발을 위한 비용이 점점 줄어들자 사람들도 줄어들었다. 엔지니어들이 하나둘 떠났던 것이다. 하이메 다빌라의 마지막 작품은 태양열 빨래건조기였다. 그는 가비오타스의 태양열 에너지 황금 시기에 함께 있었지만, 지금은 유엔 보조금도 없고 눈앞에 떠오르는 새로운 기획들도 없었다. 루가리와 삽은 논쟁을 하고 있었다. 게다가 후아나가 최근 첫아이를 낳게 되자, 다른 곳에서의 삶에 대해 생각하기 시작했다. 엔지니어인 형이 초코의 금광에서 손짓하고 있었다. 하이메는 뜻밖의 횡재에는 관심이 없었지만 소득이 필요했다. 그리고 엔지니어로서 전통적인 금 추출 방법, 즉 수은으로 남아메리카 강물을 오염시키는 방식 대신에 환경친화적인 대안을 발견하는 것도 흥미로운 도전으로 여겨졌다. 그리하여 하이메는 값싸고 환경친화적인 토양 세척기, 즉 수은이 생태계에 누출되지 않도록 하는 밀폐된 세척기를 구상하기 위해 여러 밤을 늦게까지 앉아 있었다.

알론소 구티에레스는 가족을 방문하기 위해 커피 지대에 있는 고향에 갔다. 거기서 그는 유럽의 미식가용 커피를 제조하는 회사의 연구원 자리를 제안받았는데, 조건이 좋아 구미가 당겼다. 그들은 냉동건조 처리과정을 개발하여 완성하고 있었다. 알론소에게는 보조 연구원도 딸릴 것이고, 그가 공장 어디에서든 개선될 필요가 있다고 여기는 부분이 있으면 혁신을 시도해볼 수 있다는 제안을 받았다. 그는 그 시설들을 둘러보면서 커피 찌꺼기들이 모두 건조실 바깥에 있는 것을 보았다. "이걸로 무얼 합니까?" 그가 물었다. "글쎄요." 하는 대답과 함께 "왜요?" 하는 질문이 나왔다.

"그저 궁금해서요." 알론소는 희미한 미소를 지으며 대답했다.

"그에게 말해줄 수 있소?" 파올로가 테레사 발렌시아에게 물었다.

그들은 가비오타스 학교에 있는 테레사의 사무실 문간에 앉아 쏟아져내리는 비가 앞마당을 흠뻑 적시는 모습을 바라보고 있었다. 아름다운 정원에는 어린이들이 심어놓은 카리브산 소나무 묘목들에다 갖가지 식물과 꽃들이 앞다투어 자라고 있었다. 최근 정부의 삭감 정책으로 학교는 적지 않은 타격을 입고 있었다. 근처 수십만 헥타르 안에 겨우 몇 개 있는 학교에 거의 20년 동안 지급되던 연방 보조금이 중단되었기 때문이다. 1990년대부터는 지역의 학교들이 수업료, 교과서, 기숙사비를 자체 부담해야 했다. 집들이 너무나 멀리 떨어져 있었기 때문에 어린이들이 주중에는 기숙사 생활을 해야 했다. 하지만 야네로들에게 혹은 아무것도 없는 과이보들에게 이 모든 것을 어떻게 부담시킬 수 있겠는가?

"알론소는 가비오타스를 아주 좋아합니다." 테레사가 안심시켜주었다. "그는 여기가 자기가 살 곳이라고 합니다. 우리 집 옆에 그의 땅도 있지요."

"그렇다면 왜 마니살레스에서 일하고 있습니까?"

"도전이 필요하기 때문이지요. 엔지니어들은 예술가들 같아요. 적어도 가비오타스 엔지니어들은요. 알론소에게 그것은 지조의 문제가 아니라 창의력의 문제예요. 그에게는 도전과 변화가 필요해요. 그는 회사에서 작업장과 연구조교를 제공받았답니다. 그는 마치 장난감 나라에 있는 어린아이 같아요."

비가 멈추었다. 그들은 일어나서 오렌지, 탄젤로, 라임, 망고나무

등이 우거진 숲으로 걸어갔다. 테레사는 루가리의 큰 보폭에 맞추기 위해 종종걸음을 쳐야 했다. 그들은 어떻게 하면 교과서를 구할 수 있을지에 대해 이야기했다. 파올로는 땅에 떨어진 망고를 하나 집어들었다. "이걸로 통조림을 만들어야 하는데……. 아니면 잼을 만들든지." 하면서 테레사의 얼굴 바로 앞에서 망고를 흔들었다. "음식을 낭비하는 것은 어리석은 일이지요."

테레사는 파올로의 팔짱을 끼며 "서두르지 마세요." 하고 부드럽게 말했다. "여기 있는 사람들은 모두 바빠요. 할 일이 산더미 같지요. 사람이 할 수 있는 일에는 한계가 있게 마련이에요."

파올로가 말없이 고개를 끄덕였다.

"어쨌든 나는 머물 겁니다."

파올로는 눈에 띄게 마음이 놓인 시선으로 그녀를 바라보았다. 엔지니어실에는 사람이 모자랐고, 사람들은 3개월 동안 월급을 받지 못하고 있었다.

"여기는 아주 좋은 곳이에요." 그녀가 계속 말했다. "우리는 해낼 겁니다. 게다가 지금은 파이프와 알루미늄을 싣고 덜커덩거리며 달리던 트럭들이 없으니 훨씬 조용해요."

맞았다. 가비오타스는 개똥지빠귀, 풍금조, 키스카데, 되새류 등의 아름다운 노랫소리로 흠뻑 젖어 있는 것 같았다. 루가리는 물자를 공급하고 상품을 내가는 일을 트럭 말고 다른 방법으로 할수는 없을까 하고 여러 해 동안 고민하고 있었다. 광활한 사바나에서 트럭은 시끄럽고, 비용이 많이 들고, 망가지기 쉽고, 에너지가 많이 든다. 게다가 먼지가 많이 나고 진흙탕 길을 헤쳐가야 한다. 얼마 전 그는 마침내 이 문제를 해결했다. 비행선을 만들면 되는 것이다. 엔지니어들의 말에 의하면 평평한 사바나를 가로지르는 크고 조용한 비행선이야말로 최소의 에너지로 많은 양의 화물을 운반하는 최선의 방법이라는 것이다. 기상관측소에는 이미 기상용 풍선을 올리기 위해 마련해놓은 수소발생기가 있었다.

그러나 현재 가비오타스에는 진행되고 있는 일이 별로 많지 않으므로 주위가 아주 조용하다. 어떻게 하면 비행선을 제작하는 데 필요한 자금을 마련할 수 있을까? 돈도 없는데 어떻게 바로 설치가 가능한 관개수로, 태양열 사우나, 원심분리기 화장실, 원격조종 펌프 등 줄줄이 이어진 아이디어를 개발할 수 있을까?

조프리 할러데이는 여전히 태양열 냉장고의 문제점을 해결하기 위해 애쓰고 있었고, 소형 태양열 주전자의 개발은 거의 마무리 단계였다. 루가리는 연구를 계속할 예산이 없다는 사실을 말해야겠다고 생각했다. 이제부터 만드는 것은 모두 이윤이 있어야 한다. 그리고 신속해야 한다.

최선을 다했다. 조프리는 서민들도 살 수 있을 정도로 값싼 태양열 온수 집열기를 만들기 위해 3개월 동안 작업한 결과, 전체가 유리로 된 시제품을 선보일 수 있었다. 그러나 유리관의 봉인이 붙어 있을 거라고 확신하기까지는 적어도 몇 달의 시험기간이 필요한데 그 기간을 단축할 방도는 없었다. 그러는 동안 조프리 역시 가비오타스가 지금까지는 실험하고 연구하는 가운데 순수한 기쁨을 느껴왔는데 이제는 다른 건축회사나 엔지니어링회사와 다름없이 그저 살아남기 위해 애쓰고 있다는 것을 느끼게 되었다.

그들이 환상적으로 열심히 일할 때는 일이 그저 놀이처럼 여겨지기도 했다. 이를테면 1986년 7월 교황이 콜롬비아를 방문하기 전 2개월 동안 보고타 공원에 어린이들을 위한 전시관을 지을 때가 그러했다. 그들은 과학과 기술의 상호작용을 연구하기 위해 샌프란시스코로 날아가서 아메리카 태양열 에너지 전시회를 보기 위해 에너하임에 잠시 머물렀다가, 넘쳐나는 아이디어를 품고 집으로 돌아왔다.

모두 서로 다른 주제를 선택한 다음 작업에 들어갔다. 그들은 사흘에 한 번씩 만나서 서로의 계획을 분석했다. 여느 때와 마찬가지로 구상할 때 도면을 그리는 사람은 하나도 없었다. 그 시기에 가비오타스에서 찍은 유명한 사진을 보면 알론소, 하이메, 조프리가 막대기를 들고 모래 위에 아이디어를 스케치하고 있는 모습이 나온다. 거의 대부분 그들은 설계를 하지 않고 직접 작업으로 뛰어들었다. 캘리포니아에서 돌아온 지 한 달 만에, 그들은 보고타의 새 어린이박물관에 총천연색 강철과 유리로 된 과학관을 세웠다. 거기에는 완전한 태양열 부엌이 있었으며 테크노 투어를 통해 식물이 어떻게 광합성 작용을 하는지, 태양열 집열기가 어떻게 열을 모으는지, 레이저 광선들이 어떻게 집중하는지, 태양이 어떻게 광전지 라디오에서 쿰비아 음악이 나오게 하는지를 보여주었다.

2년 후 가비오타스가 리사랄다 지방 서쪽에 노천 과학공원을 세워달라는 부탁을 받았을 때, 그들은 고등학교 물리 교과서를 집어들고 그것을 3차원 세계에서 보여주기로 결정했다. 어린이들은 크롬으로 만든 공이 소용돌이치는 물을 펌프질할 수 있는 시소에서, 최면술에 걸릴 정도로 느린 속도로 수평축과 수직축이 동시에 돌아가는 거대한 바람 조각에서, 빛과 음파를 만들어내며 파동하는 강철 케이블에서, 1킬로미터 거리 밖에서 속삭이는 말을 들을 수 있는 거대한 섬유 유리 파라볼라 안테나로부터 많은 것을 배울 수 있을 터였다.

그것은 정말로 흥미진진했다. 콜롬비아는 그들을 기리기 위해 기념우표를 발행했다. 1988년 가비오타스병원을 지은 여성 건축가 에스페란사 카로가 일본에 있는 대학원으로 떠난 후 또 다른 영국인 이민자의 아들인 사이먼 브라이트가 그 자리를 채웠다. 조 프리는 그와 함께 '달빛 집열기(Lunar Collector)' 시제품을 디자인했는데, 그것은 밤공기에 열을 강제로 방출시켜 물을 거의 얼 정도로 식히는 것이었다.

그런데 행복에 도취된 실험의 나날이 새로운 방식의 냉담한 명령에 자리를 내주고 말았다. "다른 사람들처럼 돈을 벌어야 한다면, 왜 다른 사람들처럼 광고를 하지 않는 겁니까?" 조프리가 물었다.

모두 같은 질문을 하지만 그 점에서 루가리는 요지부동이었다. "우리는 일반 회사가 아니라 재단법인이오. 광고를 하면 비영리단체라는 이름을 잃게 될 거요. 더 나쁜 것은 우리의 신용을 잃게 된다는 것이오. 사람들은 가비오타스 기술이 참으로 다른 삶의 방식이 아니라 또 하나의 소비상품에 지나지 않는다고 생각할 거요."

루이스는 그 소리를 지겹도록 들었다. 비영리단체라는 위상이 그들에게 크게 도움될 때도 많았다. 그러나 1990년 콜롬비아의 새 헌법은 가비오타스의 비전을 공공사업에 투입시킬 기회를 사실상 박탈하고 말았다. 이제 헌법은 면세로 자금을 조달하는 정치가들의 개인재단이 무분별하게 늘어나는 것을 막기 위해, 정부와 비영리 기관과의 일체의 계약을 금지시켰다. 가비오타스에서 흥미로운 일이 없어지자, 루이스는 보고타에 놀이 공원을 설계하라는 제안을 받아들인 적도 있었다.

"루이스, 당신이 떠나는 것이 이번이 처음은 아니오. 세 번째요."
파올로가 말했다. "그러나 당신은 돌아올 거요."

하지만 루이스는 확신이 서질 않았다. 그는 야노스를 아주 좋아
했고 가비오타스에서 동쪽으로 90킬로미터 떨어진 곳에 자기 농
장도 있었다. 가비오타스에는 자기 트럭과 오토바이 그리고 파올
로 루가리가 싫어하는 시끄럽고 연기 나는 기계들도 있었다. 그런
데 코카 재배자들이 그곳을 파고들어 그가 없을 때 농장 안의 시
냇물을 따라 불법 작물을 심기 시작했고, 게릴라들이 그 마약 밭
을 보호하고 있었다. 페페 고메스가 중국의 작업장에서 일해보라
고 루이스를 초대했다. 여기에 응하면 가비오타스만이 아니라 콜
롬비아를 떠나는 것이었다.

"어떻게 하면 좋소?" 파올로가 마리오 칼데론에게 물었다. "모두
떠나고 있소." 조프리 할러데이는 떠나지 않을 것 같았다. 조프리
할러데이, 사이먼 브라이트 그리고 하이메 다빌라는 보고타에서 태
양열 집열판 사업과 태양열 건축 디자인 회사를 시작하고 있었다.

루가리의 친구이자 재정관리인이며 허심탄회한 상담자였던 칼
데론은 그의 은행을 통해 수많은 태양열 공공주택 사업을 지원했
으며 또 가비오타스를 먹고 살게 해주었는데, 이제 그도 콜롬비아
를 떠나게 되었다. 1991년 그리스 대사로 발령이 난 것이었다.

칼데론은 넥타이를 만지작거리면서 2층짜리 보고타 아파트의
창밖을 내다보고 있었다. 아래에서는 무장한 경비가 방문자들을
검문하고 있었다. 그는 돌아서며 말했다. "그들은 가더라도 파올
로 당신은 머물러야 하오. 당신이 거기서 이루어놓은 일을 멈추면

안 되오. 태양열 주전자 같은 놀라운 발명품은 세상을 바꾸어놓을 수 있소. 슬리브 펌프도 마찬가지요."

"나도 그렇게 생각해왔소. 하지만 가비오타스는 세계 지도에서 하나의 작은 점에 지나지 않소. 잊히기 너무 쉬운 거요. 아니면 으깨지든지."

"그리스 문화도 하나의 작은 지역 차원에서 시작했소. 당신은 혁명적인 것을 창출하고 있는 거요."

"세상이 관심을 가져주지 않는다면 그게 무슨 소용이오? 가비오타스는 고립된 섬이 아니오. 다른 곳도 마찬가지요. 생태계 안에 있는 모든 것이 그렇지요."

파올로는 칼데론의 소파에 푹 주저앉아서 아무 생각 없이 자기 손을 들여다보고 있었다. "우리는 야노스에서도 사람이 살 수 있다는 것을 보여주었소. 사실 가비오타스인들은 대부분의 사람들보다 잘 살고 있소. 할러데이와 다빌라는 떠날 때 너무나 서운해했소. 페페도 마찬가지요. 하지만 우리가 태양열 집열판이나 풍차를 먹고 살 수는 없지 않소? 세상이 우리를 필요로 하는 만큼 우리도 세상이 필요하오." 그는 한숨을 내쉰 다음 가볍게 웃었다. "내가 얼마나 오만했는지 알겠소. 세상은 가비오타스를 별로 필요로 하지 않는 것 같소."

칼데론은 파올로 앞에 있는 의자에 앉았다. "아니오. 그렇지 않소. 지금 당장 보지 못할 뿐이오. 석유가 너무 많기 때문이지요. 하지만 석유를 계속 사용하다 보면 언젠가 모자라게 될 거요. 그동안 당신은 태양열 에너지를 보존하고 발전시켜야 하오. 아무나 석유를 쉽게 구입할 수 있는 건 아니오. 그것은 제한된 곳에만 있을 뿌이오. 하지만 태양은 누구나 가질 수 있는 거요. 언젠가 사람들은 그것을 사용하게 될 거요."

❧

파올로 루가리는 가비오타스를 운영하고 있는 다양한 작업 집단의 리더들과 함께 9년 전인 1982년에 심어놓은 소나무 숲을 터 덜터덜 걷고 있었다. 부모들이 돌보지 않는 사이에 훌쩍 자라버린 어린아이들처럼, 스벤 제텔리우스가 심어놓은 카리브산 소나무 묘목들이 폼필리오 아르시니에가스와 동료 작업자들이 아주 정성스럽게 보살핀 덕분에 2.5미터에서 3미터, 심지어 6미터 높이까지 쑥쑥 자라나고 있었다.

"우리는 정말 위기에 처해 있소." 루가리가 말했다. 그들도 알고 있었다. 그들은 여러 달 동안 열심히 일하고도 임금을 받지 못했는데 마침내 거기에 대해 물어보기로 했던 것이다.

"보고타에서 태양열 패널을 팔기로 소규모 계약을 했소." 파올로가 말했다. "폼필리오의 형 엑토르가 거기서 공장을 운영하고 있소. 모든 사람의 임금을 지불할 돈이 충분히 있고, 적어도 다음 몇 달 동안은 임금 걱정을 하지 않아도 될 거요. 하지만 앞으로 나아질 거라고 약속하지는 못하겠소. 나에게 아이디어가 몇 가지 있기는 한데…… 곧 사람들을 만날 거요. 하지만 여러분은 자유롭게 떠나도 돼요. 여러분도 잘 알고 있으리라 믿소."

파올로는 임금을 지불하기 위해 자기 이름으로 대출했다는 사실은 말하지 않았다. 밀짚모자를 쓰고 베옷에 바닥이 평평한 슬리퍼를 신고 있는 이 모든 야네로들을 둘러보며, 거기에 대해서는 전혀 후회하지 않았다. 수경재배 농장에서 채소를 생산하고 있던 형이 살해당하자 카를로스 산체스의 빳빳한 머리카락이 하룻밤 사이에 세어버렸다. 그의 아내 마리엘라는 지금 주방을 관리하고 있는데, 마요네즈나 케첩 같은 것을 살 돈이 없을 때도 어떻게 해서든 사람들이 끼니는 거르지 않게 해주었다. 오마르 마린과 그의 목동들은 계속 소들을 키워 가비오타스인들로 하여금 2주일에 한 번은 고기를 먹게 해주었다. 엔리 모야는 이제 전기 상회를 운영할 수 있을 정도로 자랐다. 글라디스 마르체나는 열한 살 때 미션 스쿨에서 학비를 내지 못하게 되자 그의 부모가 여기에서 접시닦이라도 하게 해달라고 부탁했었는데, 이제 자격을 갖춘 간호사가 되어 아기를 받고, 뱀에 물린 상처를 치료해주고, 자궁적출 응급수술을 도와주고 있다. 지금 땅을 딛고 있는 자신의 맨발 아래 가시덤불이 있다는 것을 알아채지 못하고 있는 아브람 벨트란은 가비오타스가 필요로 하는 일은 무엇이든 할 수 있는 것처럼 보였다.

"내가 원하는 건 이거요. 잠시 동안 조정자 없이 계속 살 수 있겠소? 모두 페페를 그리워한다는 건 알고 있소. 하지만 여러분은 놀라울 정도로 일을 잘 해냈소. 그리고 모든 위기는 기회라는 것을 명심해야 하오. 아마 조정자가 필요 없다는 사실, 여러분 스스로 결정을 내릴 수 있다는 사실을 깨닫게 될지도 모릅니다."

그들이 침묵하는 모습을 보고 루가리는 자기가 어리석은 말을 했다는 사실을 깨달았다. 여러 해 동안 그들은 하루하루 스스로 결정을 내려왔었다. 루이스 아델리오, 곤살로 베르날, 페페 고메스 등 그 어떤 조정자도 마치 혼돈의 우주 먼지 속에서 질서정연한 태양계가 만들어졌듯이 이처럼 자발적으로 구체화된 공동체를 만들어낼 수는 없었다.

가비오타스에서의 협동은 조화로웠다. 그 어느 분야도 다른 분야를 압도하지 않고 제 역할을 해냈다. 페페가 떠난 지 거의 2년이 되었는데도 공동체는 계속 조화롭게 운영되었다. 감옥도, 판사도, 경찰도 없었지만 범죄도 없었다. 따라서 자물쇠도 없었다. 교회도 없었지만 서로 합의된 윤리는 있었다.

심지어 결혼도 없었다. 여기서는 모두 결혼에 관심이 없었다. 여러 해 사이에 몇몇 파트너들이 바뀌었을 뿐이다. 오마르의 동료 미리암은 란다에타 형제들 중 한 사람과 같이 살았는데, 이제는 다른 사람과 살고 있다. 루가리는 그 네 사람이 바로 그날 점심을 함께 먹는 것을 보았다. 그런데도 가정들은 잘 유지되고 있었고 어린이들은 예의 바르게 행동했다. 몇몇 의아스러운 사례들이 있긴 했다. 후안 노보아와 같은 보고타의 길거리 출신 아이들은 여기에 일하러 왔다가 너무나 적응을 잘 하여 떠나려 하지 않았다. 후안과 메리는 이제 두 번째 아이를 기다리고 있다.

"보세요, 대장." 카를로스 산체스가 말했다. "우리는 우리를 대신해서 생각해줄 조정자는 필요 없습니다. 전체를 파악하고 있는 사람이 조직을 도와주기만 하면 됩니다. 그리고 당신은 여기 오래 있지 않지요. 특히 지금은." 가비오타스에는 파올로를 위한 집조차 없었다. 가비오타스에 오면 손님 숙소에 머물렀고, 손님방이 다 차면 빈 침실이나 해먹에서 그냥 누워 자곤 했던 것이다. "우리는 이해합니다. 당신은 우리를 위해 시내에서 일하고 있지요. 누군가는 그렇게 해야 하지요."

거의 모든 사람이, 심지어 마지못해 신발을 신고 있는 아브람 벨트란까지도 한두 번은 보고타에 간 적이 있는데, 루가리가 그들의 땀구덩이 삶과 멀리 떨어진 곳에서 왕처럼 생활하고 있지 않다는 것을 알고 있었다. 여러 해 동안 여러 여자 친구들에 대한 말이 있기는 했지만 결혼을 하지는 않았다. 그는 사무실에서 몇 블록 떨어진 검소한 아파트에서 살고 있었고, 가비오타스 소유인 작은 도요타를 몰고 다니며 책장에 둘러싸여 비교적 안락한 수도자처럼 생활하고 있었다. 그가 지닌 것 중 값나가는 것에 속하는 것은 가브리엘 가르시아 마르케스가 '세상을 창조하는 사람, 파올로 루가리에게'라는 서명과 함께 선물로 준《백년 동안의 고독》이라는 책 뿐이었다.

"우리는 여기 있을 것이오, 대장." 카를로스가 계속 말했다. "당신이 떠나라고 하지 않는 한 말이오. 위기는 전에도 있었소."

파올로는 미소를 지었다. "당신들이 떠나고 말고는 나에게 달린 게 아니오. 이곳은 당신들 것이오. 기억하오?"

그들은 기억하지 못했다. 그리하여 파올로는 오래전 그 땅을 '가비오타스 센터'라는 재단법인의 이름으로 등기했다는 사실을 다시 한 번 설명했다. "여러분이 재단이오. 이것은 우리 모두의 것이오." 다시 침묵이 흘렀다. 야네로들은 집단적인 소유의 개념을 잘 알아듣지 못했고, 파올로는 그 사실을 잘 알고 있었다. 때때로 그는 땅에 대한 소유욕은 선천적인 것일지도 모른다는 생각이 들었다. 그러나 과이보 같은 인디언들은 그렇지 않다는 사실을 알고 있다. 만약 이러한 소유욕은 선천적인 것이 아니라면 습관성임에 틀림없다. 야네로들은 모두 추방자이거나 그들의 자녀들이었다. 그들은

'라 비올렌시아' 등으로 인해 땅을 잃었고, 그 때문에 고향을 갈망했다.

가비오타스인들 중에는 야노스 주위의 작은 땅덩어리를 소유한 사람들이 많다. 그들이 살아남도록 하기 위해서는 가비오타스가 그 작은 위성들의 태양이 되어주는 게 좋다. 그들 집단의 미래를 위해 만족스런 일과 의식주 그리고 집단적인 아이디어의 원천이 되어주는 것이다.

그는 소나무 숲을 둘러보았다. 몇 년 전까지만 해도 지평선 저 멀리까지 열려 있는 사바나에 지나지 않던 곳에, 아직은 커다란 잡초처럼 솟아 있을 뿐이지만, 틀림없는 소나무 숲이 커가고 있었다. 이제 가비오타스에는 소나무만 남았다고 해도 과언이 아니다. 그 것을 가지고 무언가를 시도해야 한다.

마치 커다란 비밀을 감추고 있는 양, 소나무들이 바람결에 속삭이면서 그의 머리 위로 불쑥 떠올랐다.

나

무

"우리가 지속가능한 숲에서 소나무 심는 방법을 세계에 보여줄 수 있다면,
인류에게 생산적인 삶을 제공할 수 있을 겁니다.
지금 사람들은 세계 곳곳의 열대우림을 찢어발기고 있습니다.
하지만 우리는 어떻게 하면 그것을 복구할 수 있는지 보여주고 있습니다."

1996년 2월 20일 아침, 우리미카 강가의 숲 속에는 주홍뺨앵무새들이 잔뜩 모여 있었다. 새벽이 되자 앵무새들은 가비오타스를 온통 노랫소리로 채우며 일제히 마을 상공으로 날아들었다. 목이 길고 우아한 왜가리 두 마리가 학교 앞에 있는 작은 축구장에서 휘파람을 불며 느긋하게 아침식사를 하다가, 물에 빠진 사람처럼 깜짝 놀라 달아나버렸다. 왜가리들이 새로 설치한 태양열로 작동되는 무선전화 송신탑을 지나면서 어색한 날갯짓으로 공기 돌풍을 일으키는 바람에 키다리 괄란다이 나뭇가지에서 그네를 타던 오로펜돌라가 세 개의 긴 둥지에 멈추어 섰다. 잠시 후 오로펜돌라가 둥지 꼭대기에 나타나더니, 힘찬 울음으로 아침을 깨우는 자연의 소리들에 합세했다.

　이윽고 뜨거운 태양 광선이 적도의 깊은 밤을 얇게 베어내고 가비오타스 독신자 숙소의 이끼 덮인 기와지붕에 서린 이슬을 증발시켜버렸다. 숙소 안에서는 송진 채취자들이 해먹에서 굴러 떨어지듯 내려서서 방 밖으로 나와, 태양열 샤워기 아래서 몸을 빙빙 돌려가며 씻은 다음, 벗은 갈색 어깨에 타월을 걸친 채 창밖으로 떠오르는 태양을 바라보고 있었다. 루이스 아델리오 치피아헤는 과이보였다. 송진 채취자 중에는 과이보가 여럿 있었다. 그는 청바지와 가비오타스 로고가 인쇄된 흰 티셔츠를 입고 고무장화를 꺼내 신었다. 커피 잔을 가지고 식당으로 향하는데 무르익은 구아바 열매가 지붕 위로 떨어졌다. 그것을 보며 아차 하는 생각이 들었다.

루이스 아델리오는 대나무 장대를 찾은 다음, 관리실 뒤에 있는 구아바 나무 숲에서 나무를 탁탁 치고 있는 동료들과 합세했다. '구아바의 날'에는 달고 즙이 많은 구아바 열매를 네 개 이상 가져와야만 식사할 자격이 주어졌다.

식사하러 줄을 서니 게시판에 새로 쓴 포스터가 붙어 있었다. 거기에는 구아바의 화학적 성분, 가비오타스에서 자라고 있는 구아바 종 네 가지 그리고 구아바 열매에는 비타민 C가 많다는 등의 설명이 적혀 있었다. 아침식사로는 감자 수프, 튀긴 달걀, 핫 롤스, 핫 초콜릿, 단단하고 빨간 '설탕 조림 구아바' 한 조각을 얹은 딱딱한 치즈 조각이 있었다. 모두 숲으로 또는 새로 지은 송진 공장으로 일하러 간 사이, 요리사들과 학교 어린이들은 아침 먹을 자격을 상징하는 구아바 열매를 가지고 구아바 주스, 구아바 쿠키, 구아바 잼, 구아바 케이크와 파이, 설탕 조림을 만드는가 하면, 구아바를 꿀 시럽에 재워두기도 했다. 이 모든 것을 오후 간식 시간에 내놓아 모든 사람에게 맛보일 터였다. 지난해 '구아바의 날'에는 막 간식 시간이 될 무렵 화재경보기가 울렸다.

화염과 싸우러 나간 사람들은 이틀 후에나 돌아왔다. 열대 사바나에 불이 났을 때 바람이 불지 않으면, 그 불은 부드러운 오렌지

파도처럼 풀밭을 핥아먹듯 넓게 퍼져나가다가 검은 시트 같은 자국을 남기면서 서서히 꺼진다. 하지만 그날따라 동쪽 지평선 부근 베네수엘라 쪽에서 불어오는 폭풍의 영향으로 6미터나 되는 불꽃이 걷잡을 수 없이 일렁이며 전진해갔다.

불은 병원 저 너머 목초지에서 시작되었는데, 하늘에서 굴러 떨어진 번갯불에 의해 발화되어 눈부시게 밝은 당구공처럼 사바나를 가로지르며 타올랐다고 탑을 지키던 보초가 말했다. 이와 같은 불지옥이 끊임없이 불어대는 무역풍에 힘입어 한때 열대우림이었던 이곳을 사바나로 만들었다. 처음에 가비오타스인들은 거주지 주위의 풀을 베어 큰 방화선을 만들어놓아 불길이 자연적으로 잡히도록 했다. 지금은 구해야 할 게 하나 더 생겼는데, 그것은 새로 조성한 숲이었다. 그 숲은 나중에 가비오타스를 기적적으로 구해주게 될 것이었다.

가비오타스인들은 야자나무 잎, 대나무 끝에 고무판을 달아 만든 바테푸에고(batefuego), 트랙터가 끄는 1만 9000리터 용량의 소방차 그리고 쟁기 등을 가지고 필사적으로 사바나를 가로지르는 방화선을 만들어내고 있었다. 불길이 흉포한 모습으로 소용돌이치며 평원을 달렸다. 얄미운 연풍이 불길을 예기치 않은 방향으로 돌렸다. 이틀 밤 동안 그들은 불똥이 대상림으로 튀지 못하게 하느라 안간힘을 썼다. 트랙터가 불길에 둘러싸여 오도가도 못 하게 되기도 했다. 카를로스 산체스는 모자에 물을 담아 불길 속을 왔다갔다하며 엔진이 폭발하지 않게 식힌 다음 트랙터를 안전하게 끌어냈다.

마침내 불을 끄고 나자 모두의 얼굴이 숯검정이 되어 서로 알아보기도 힘들었다. 그들은 서로 등을 쳐주면서 기쁨과 안도의 한숨을 내쉬었다. "보세요!" 하고 외치며 곤살로 베르날이 바테푸에고 자루 하나를 꽉 쥔 다음 무릎에 대고 둘로 쪼개버렸다. 그러고는 바테푸에고 한 다발을 집어들고서 쪼개려 했다. 하지만 이번에는 쪼개지지 않았다. "보셨지요?" 그가 말했다. "한 사람의 힘만으로는 해낼 수 없습니다. 하지만 함께 모인 공동체는 해낼 수 있습니다. 가비오타스는 절대 굶지 않을 겁니다. 우리는 함께 악마도 물리칠 수 있기 때문이지요." 곤살로는 그을음과 함께 눈물을 닦아냈다. "내가 다시 여러분의 조정자가 된 게 자랑스럽습니다."

그들은 구아바 축제를 위해 집으로 향했다. 음식이 좀 상했겠지만 상관없었다. 그 뒤에서 카라카라와 회색 매들이 이리저리 몰려다니며 시커멓게 탄 채 살갗을 드러내고 있는 토끼와 뱀들을 게걸스럽게 먹고 있었다. 가비오타스는 다시 한 번 살아났다. 이번에는 그들이 자기 힘으로 살려낸 것이다.

🌱

곤살로와 세실리아는 자기들이 운이 좋았다고 말했다. 딸아이 티티아나가 대학에 들어가려 한다. 후안 다비드의 뇌손상이 그의 뛰어난 정신적 기능에 영향을 미쳤다 하더라도 누구에게나 그렇게 보이는 것은 아니었다. 후안은 열세 살에 이미 수준급 체스 실력을 뽐냈고, 부모보다 컴퓨터를 훨씬 잘 다루었다. 비교적 안정적인 상태였다. 후안의 뇌가 손상된 것은 유전이 아니라 태아기의 사고 때문이라는 의사들의 말을 듣고, 곤살로와 세실리아는 또 아기를 가졌다. 아기는 이제 두 살이다. 이름은 페데리코였다. 그들은 보고타 바로 북쪽 산의 집단 거주지인 라칼레라에 살고 있었다. 곤살로는 시내 중학교 교사였고 세실리아는 어린이 재활센터에서 일했다. 매일 보고타와 마주한다는 사실이 그들에게는 영혼의 습격을 받는 것 같았지만 일하기는 좋았다.

파올로 루가리에게서 전화가 왔다. 그는 저녁식사에 맞춰 와서는 후식을 들며 말했다. "그런데 내가 지난주 팀장 회의에서 무엇이 결정되었는지 말했었나?"

가비오타스의 소식은 언제나 값진 것이었다. "뭔데요?" 두 사람이 물었다.

"가비오타스는 조정자 없이 3년 동안 자립해왔는데, 이제 너무나 바빠졌기 때문에 다시 조정자가 필요하게 되었소."

곤살로와 세실리아는 서로 눈길을 보냈는데 그게 무슨 뜻인지 루가리도 알아챘다.

그들 부부는 가비오타스에서 살 때 가장 청정하면서도 생기 있고 충족된 생활을 했었다. 후안 다비드만 아니었다면 가비오타스를 떠나지 않았을 것이다. 그런데 가비오타스로 돌아가게 된 것 역시 후안 다비드 때문이었다. 다리를 저는 데다 왼쪽 팔이 오그라든 후안이 보고타의 학교에서 견뎌야 했던 잔혹함은 가비오타스에서는 상상도 할 수 없는 일이었다. 혹 후안이 가비오타스에서 말썽을 일으킨 게 있다면, 아이들이 후안을 보살펴주기 위해 다투어 옆에 앉느라 소동을 빚은 것밖에 없었다.

후안은 가비오타스의 친구들이 강에서 수영을 가르쳐주면서 팔과 다리를 들어주던 일, 머리 위에서는 큰부리새와 원숭이가 까악 까악 울고 있는데 그 아래서 여러 시간 동안 물장난을 치며 물고기를 쫓아다니던 일 등을 아직도 기억하고 있었다. 가비오타스에서는 모두 자기를 안아주었지만, 보고타에서는 애완동물만이 유일한 친구였다. 가비오타스에서는 후안처럼 장애가 있는 사람도 아무런 차별을 느끼지 않고 살아갈 수 있었다. 그들에게는 경쟁심이 없었다.

가비오타스 사람들은 자기에게 가장 적합하다고 여겨지는 일을 하거나 나름대로 일거리를 만들어서 했다. 인사대장이란 것이 없었다. 누군가 떠나면 그 일을 맡을 사람이 나타날 때까지 다른 사람들이 같이 책임을 졌다. 여러 해 동안 급료가 같았기 때문에 계층도 없었다. 월급은 콜롬비아의 최저 임금보다 좀 더 많았고 모든 사람에게 숙소와 음식, 교육, 보건 혜택이 무료로 제공되었다. 바느질하거나 쓰레기를 치우는 사람도 최신 태양열 기구를 발명해낸 사람 못지않은 자부심을 지니고 있었다. 그들은 불가촉천민 취급을 받는 게 아니라 꼭 필요한 일을 하는 사람으로 인정받았던 것이다.

후안 다비드는 보고타에서 사는 동안 내내 엄마 아빠가 도시의 교통난, 스모그, 불안정, 지독한 관료주의를 야노스의 잃어버린 낙원과 비교하는 소리를 들으며 자랐다. 그에게 가비오타스는 바람직한 삶의 방식이었고, 이제 부모로부터 돌아가고 싶으냐는 질문을 받고 있었다.

"그럼요!" 하고 후안이 외쳤다.

싱글 엔진 파이퍼가 오랜 유배생활을 마친 곤살로 가족을 태우고 비차다로 돌아가는 동안, 곤살로 세실리아는 창밖으로 내려다

보이는 광경을 믿을 수가 없었다. 거의 10년 전이던 1983년 말, 그들이 풀이 죽은 채 가비오타스를 떠날 때, 그들을 태운 비행기가 마지막으로 야노스 상공을 한 바퀴 빙 돌았었다. 그때 내려다보이던 야노스는 널따란 누비이불 위에 녹색 점이 가지런히 수 놓여 있는 것 같았다. 그런데 이제 그 녹색 점들이 점점 퍼져서 노란 평원을 삼켜버렸다. 비행기가 동체를 기울이자 그들은 멍하니 입을 벌린 채 상록수 담요를 내려다보았다. 거의 아무것도 없던 곳에 2000헥타르의 빽빽한 숲이 들어서 있었다.

비행기가 짙푸른 소나무 울타리로 둘러쳐진 잔디 활주로에 내려 정류소로 이동해 가자 주민들이 자전거를 타고 달려와 인사를 했다. 세실리아가 곤살로의 팔을 잡으면서 "아, 안 돼!" 하고 속삭였다.

곤살로도 세실리아의 손을 잡고 주춤했다. 여기서도 가비오타스의 교통수단 때문에 후안 다비드가 소외되리라고는 꿈에도 생각지 못했다. 가비오타스인들이 다비드의 열 살 생일 기념으로 자전거를 선물로 주었는데, 그게 비극적인 실수였던 것이다. 자전거 선물을 받은 후안의 기쁨은 잠시였다. 자전거를 타려 했으나 실패를 거듭하면서 무력한 분노가 따랐고, 결국 후안 다비드는 자전거를 탈 수 없다는 의사의 말을 듣고 더욱 비참한 심정에 빠졌다.

그들이 도착한 지 이틀 후, 곤살로는 공장 바깥에 서서 후안 노보아와 대화를 하고 있었다. 그런데 문득 노보아의 어깨너머를 바라본 곤살로는 가슴이 벅차 눈물을 쏟았다. 노보아도 뒤돌아보았다. 자전거 페달을 밟고 평원을 가로지르는 갈색 곱슬머리의 소년, 환호를 하며 따라가는 아이들 앞에서 달려가는 그 소년은 바로 곤살로와 세실리아의 큰아들 후안 다비드였다. 아이들이 후안에게 자전거 타는 법을 가르쳐준 것이었다.

오토니엘 카레뇨는 키가 너무 커서 자전거 페달을 밟으면 무릎이 앞으로 삐져나왔다. 그는 우리미카 강의 나무다리를 덜컹거리며 지나, 가비오타스 마을 북쪽 끝의 과학마을인 비야시엔시아에 있는 곤살로 베르날의 집에 갔다. 자전거에서 내려선 그는 세헤 야자나무 기둥에 자전거를 기대놓았다. 그 나무 아래에는 "여기 시멘트 정글을 희망의 숲과 맞바꾼 가족이 살고 있다."고 적혀 있었다.

곤살로와 세실리아가 반갑게 맞이하고는 빈 해먹을 가리켰다.

그들은 저녁식사 종이 울리기 전의 축복받은 오후를 만끽하며, 나무 그늘 아래에서 말없이 흔들그네를 탔다. 레이스가 달린 세실리아의 해먹은 모리체 야자 섬유를 꼬아 만든 실로 짠 것이었다. 세실리아는 방금 뜨개질을 배우고 돌아왔는데, 선생은 가비오타스에서 뜨개질을 제일 잘하는 과이보인 미겔 테요였다. 세실리아는 같은 재료를 엮어 숄더백을 만들고 있었다. 세실리아는 뜨개질 배우기를 너무 좋아한 나머지 매일 오후에 있는 배구 경기에 빠지기까지 했다. 후안 다비드가 엄마 대신 뛰고 있었다.

오토가 세실리아의 작품을 칭찬하고는 "보여드릴 게 있소." 하고 곤살로에게 말했다.

"뭔데요?"

"아마 수십만 페소를 벌 수 있을 겁니다."

다음 날 아침 곤살로와 오토니엘은 자전거를 타고 병원을 지나 강의 남쪽으로 향하는 굽잇길을 따라 소나무 묘목장으로 가고 있었다. 일찌감치 비가 내려 길이 질척질척했다. 그들이 타고 가는 자전거 뒷바퀴에서 황톳물이 튀기는 바람에 모자 달린 비옷 뒤에 얼룩 줄무늬가 새겨졌다.

6헥타르의 빛나는 녹색 묘목장에는 모판이 100개 이상 있었는데, 각 모판은 가로 2미터, 세로 130미터 크기였다. 모두 200만 그루의 묘목이 심어져 있었다. 짧고 건조한 여름에는 풍차 펌프가 설치되었고, 흙가마니로 막아 만든 인공 연못으로 물을 대주었다. 알루미늄이 섞인 붉은 토양에는 모래가 너무 많은 데다 유기물이 모자랐기 때문에, 가비오타스에서는 사실상 수경재배로 소나무를 기르고 있었다. 처음 석 달 동안은 묘목 100그루당 20그램의 칼슘, 마그네슘, 붕소를 주었다. 그때부터 어린 묘목은 빈약한 야노스 토양에서 영양분을 추출하기 위해 도움을 좀 받은 것 빼고는 저절로 자랐다. 오토가 보여주고 싶어한 것이 바로 이것이었다.

폼필리오 아르시니에가스와 그의 동료들이 노랑, 빨강, 검정, 초록 등 다양한 색깔의 모자를 쓰고 묘판에서 잡초를 뽑고 있었다. 그들은 손을 흔들어주었다. 넉 달 동안 계속 비가 내려 야노스가 흠뻑 젖고 묘목이 30센티미터 정도로 자라는 8월이 되면, 뿌리를 정리하고 보호 진흙을 입힌 다음 텅 빈 사바나로 옮겨 심는다. 그 전해인 1995년에는 2000헥타르의 땅에 180만 그루의 어린 소나무를 심었다. 1996년의 목표도 거의 같았다. 이제 그들은 모두 7000헥타르에 나무를 심었는데, 그 세 배가 되는 숲을 이룰 때까지 똑같은 작업 속도를 유지하고자 한다.

오토니엘 카레뇨 역시 폼필리오 아르시니에가스처럼 정부의 산림감독관으로 1년 동안 가비오타스에서 일했는데, 임기가 끝난 뒤 떠나지 않고 그대로 눌러앉았다. 8년 전 그가 처음 도착했을 때,

사람들은 묘목을 옮겨심기 전에 보호 진흙을 입히지도 않았을 뿐 아니라 가지치기도 하지 않았다. 그렇게 하는 사람이 아무도 없었기 때문이었다. 하지만 만지작거리며 실험하기를 좋아하던 가비오타스인들은 거의 모든 일을 배운 것과 반대로 해나가고 있었다. 보통 사람들은 묘목의 뿌리를 검은 플라스틱 화분에 담아 보호하면서 플랜테이션으로 옮겨 심었다. 하지만 가비오타스인들은 열대 지역에서는 플라스틱 화분 안이 너무 뜨겁다고 생각했다. 그리하여 플라스틱 대신 진흙을 사용하자 묘목이 죽는 비율이 5퍼센트 이하로 내려갔다. 산림 관계 문헌에서 예상한 비율의 3분의 1밖에 안 되는 것이었다. 그렇게 하자 비용도 줄고 비닐 사용으로 인한 공해도 줄어들었다.

이와 마찬가지로 그들은 뿌리를 정리하지 않은 채로 옮겨 심으면 뿌리가 구부러지기 쉽고, 그로 인해 어린나무의 성장이 더딜 수도 있을 거라고 생각했다. 정말 그런지 확신하는 사람은 아무도 없었지만 가비오타스 숲에 있는 8년생 나무들의 키는 이미 1미터 50센티미터를 넘어섰다.

오토니엘은 3년 된 묘목들을 심어놓은 묘판으로 곤살로를 안내했다. 전에 실험을 하면서 남쪽 가장자리에 수확하지 않고 남겨둔 것들이었다. 오토니엘은 곤살로에게 전통적인 산림학 지혜를 교묘하게 위반한 사례를 보여주고 싶어했다. 사방 2~3센티미터 정도 되는 곳에 갈색 말불버섯이 흩어져 있었다. 땅 밑에서는 이 같은 균류들이 어린 소나무 뿌리와 관계를 맺고 있었는데, 그것은 신경 세포 연접부가 사고의 수행에 필수적이듯 이 숲이 자라는 데 필수적인 연결고리였다. 그것의 과학적 명칭은 '피졸리투스 팅크토리우스'였지만, 오토니엘과 가비오타스의 어린 학생들은 그것이 소나무와 그리고 결과적으로 그들의 공동체를 살아남게 해주는 자연적인 공생 교환이라고 했다. "그것들은 균근(mycorrhiza)입니다." 오토니엘이 자랑스럽게 말했다.

"여기서 공동체를 살리는 게 나온다구요?" 곤살로가 말했다. "농담하는 거 아닙니까?"

1982년으로 돌아가보자. 스벤 제텔리우스는 카리브산 소나무들이 야노스의 흙을 소화하려면 균근의 도움이 필요하다고 생각했고, 첫 실험 묘목의 뿌리 주위에 용해된 균류를 소량 얻어서 주사했다. 그로부터 몇 년 후, 오토니엘과 엔리 모야가 소나무의 상업적인 재배 연구를 위해 베네수엘라로 갔다. 베네수엘라의 산림학 전문가들은 균근이 없으면 조림지는 실패한다면서, 야노스에서는 균근이 자연스럽게 생겨나지 않는다고 말했었다.

오토와 엔리가 거기 있을 때 카라카스에 있는 한 회사가 미국산 피졸리투스 팅크토리우스 3킬로그램을 가비오타스에 기증했다. 그것은 거의 2000달러어치나 되었는데, 그들의 계획을 진행하기에는 충분했다. 한 달 된 소나무에 버섯갓을 으깨서 만든 미세한 갈색 분말을 물에 타서 주면 되었다. 이윽고 뿌리에 작고 하얀 균근 버섯 사슬이 형성되어 소나무들이 영양분을 흡수하는 데 필요한 생화학물을 만들어낼 수 있게 되었다.

그때 예기치 않은 일이 벌어졌다. 베네수엘라의 평원에서 소나무 농장을 경영하는 사람들은 균근 혼합액을 계속 주어야 했는데, 가비오타스에서는 한 번 주고 났더니 더 이상 줄 필요가 없어 보였다. 폼필리오나 오토니엘이 표본을 파낼 때마다 뿌리들이 번성하고 있었고, 아주 건강한 균류가 풍성하게 얽혀 있었다. 너무나 건강하게 번성해서 몇 년이 지난 지금은 가비오타스에서 균류가 재생산되기 시작했다. 오토와 곤살로가 길게 늘어선 소나무 묘판을 따라 가고 있을 때, 갈색 갓들이 사방에서 솟아나는 모습이 보였다. "우리 나름의 균근 은행이 생긴 거요." 오토니엘이 말했다. "이것은 전혀 예상치 못했던 일입니다."

"정말 멋집니다! 왜 그런 겁니까?"

오토는 가비오타스에서는 소나무 사이에서 잡다한 식물들이 자라나도 제초제를 사용하지 않은 게 가장 큰 원인일 거라고 생각했다. 정원에서 잡초를 뽑아주듯이 숲에서도 환금작물과 경쟁을 하거나 그 자리에 대신 들어서는 관목 덤불은 수시로 없애주어야 한다. 그런데 가비오타스에서는 한편으로는 비용과 노동력을 절감하기 위해, 다른 한편으로는 호기심 때문에 일부 소나무 숲에 화학약품을 뿌리지 않고 잡초가 자라도록 내버려두었다. 비료를 사용하지 않으니 주위 사바나 풀들이 2센티미터 두께의 척박한 흙에 영양을 준 것 같다. 소나무들이 놀라울 정도로 빨리 자라났기 때문에 그 밖의 식물들을 뽑아낼 필요가 없었다. 뻗어나는 소나무 가지 아래 습하고 서늘한 그늘 속에서 온갖 형태의 덩굴나무, 관목, 수목들이 자라기 시작할 때도 마찬가지였다.

여러 해가 지난 후, 그들은 이렇게 자연으로 하여금 제 갈 길을 가도록 내버려두는 것이 얼마나 중요한지를 깨닫게 되었다.

아무것도 자라지 않을 것 같던 야노스에서 카리브산 소나무가 번성할 수 있다는 사실이 확인되자, 가비오타스에서는 그것을 가지고 무얼 할 것인가라는 문제가 대두되었다. 재목으로 쓸 것인가, 목재 펄프를 생산할 것인가? 언젠가 사람들이 이러한 것들을 구하러 야노스에 올지도 모른다. 하지만 지금은 집을 짓는 데 필요한 건축재를 사러 안데스를 지나 사바나까지 오는 사람은 없다. 그리고 칼리에 있는 종이공장에서 이미 많은 양의 목재 펄프를 생산하고 있으므로, 부드러운 목재를 끌고 끔찍한 길과 가파른 산을 넘어 16시간 동안 수송할 이유는 없었다. 경쟁력이 없었던 것이다.

그러던 어느 날, 파올로 루가리는 유럽에서는 천연 송진, 즉 소나무 껍질 아래서 나오는 수지가 희귀하다는 내용의 신문기사를 읽었다. 노동집약적인 송진 채취가 비용이 너무 많이 드는 데다 석유를 원료로 한 대체물이 나오면서, 포르투갈과 스페인 같은 전통적인 생산지에서 송진 생산이 줄어들었다. 그렇지만 페인트, 풀, 화장품, 향수, 약 등을 만드는 데 천연 재료가 더욱 많이 필요해지고 있었다.

가비오타스인들은 카리브산 소나무의 송진을 채취하는 것은 실용적인 일이지만, 그러자면 나무가 적어도 스무 살은 되어야 한다는 사실을 베네수엘라인들에게 배웠다. 그럼에도 불구하고 1990년에 이리저리 얽힌 덤불 사이로 힘차게 솟아난 여덟 살 된 소나무들은 그 또래의 다른 소나무에 비해 키가 20퍼센트나 더 컸다. 가비오타스인들은 다시 한 번 실험에 들어갔다.

그들은 배운 대로 가장 오래된 소나무를 골라 밑둥에서부터 2미터 정도까지 겉껍질을 벗겨내고 가지를 쳤다. 그들은 한쪽은 도끼이고 한쪽은 망치인 포르투갈제 손도구를 사용하여 껍질이 벗겨진 나무 표면에 흠집을 내고, 역시 포르투갈에서 수입해 온 두터운 비닐봉지를 나무에 꺾쇠로 고정시켜놓고는, 끈끈한 황갈색 액체를 받아냈다. 12일이 경과할 때마다 지난번 것보다 좀 높은 곳에 새로운 흠집을 내고 그 자리에 황이 든 검은 풀을 붙였다. 그것은 상처가 아물지 못하게 하는 것으로, 베네수엘라에서 수입해 온 것이었다. 36일째가 되자 그들은 황금색 송진을 수확할 수 있었는데, 설명서에 따르면 25년 된 소나무에서나 그런 송진이 나온다고 했다.

콜롬비아에서만도 페인트와 니스를 생산하는 회사들이 1년에 400만 달러어치의 송진을 수입하고 있었다. "이제 그럴 필요가 없습니다." 루가리가 가비오타스인들이 모두 모인 자리에서 말했다. 가비오타스의 카리브산 소나무가 척박한 토양에 유용한 영양분을 공급해주는 펌프로, 그리고 빛과 물을 가치 있는 임산물로 변화시켜주는 기계로 판명되었던 것이다. 루가리는 이 임산물을 사갈 고객들을 이미 파악해두고 있었다. "가비오타스는 계속 태양열 에너지 사업을 할 겁니다." 파올로가 말했다. "우리는 무엇을 하든 태양열 집열기 혹은 나무를 가지고 할 겁니다. 우리 미래는 태양열을 에너지로 바꾸는 데 있습니다."

무엇보다 좋은 일은 태양열 에너지와 마찬가지로 송진도 재생가능하다는 것이었다. 오토니엘은 자기들이 받아내는 것은 수액이 아니고 목질부에 구멍을 뚫는 개미나 다른 해충들로부터 스스로를 보호하기 위해 나무껍질이 분비하는 천연 살충제라고 설명했다. 나무 줄기의 네 면에 흠집을 내는데, 한 면에서 2년 동안 수확하므로 소나무 한 그루에서 적어도 8년 동안은 안정적으로 송진을 받아낼 수 있었다. 그런 뒤 8년을 쉬게 한 다음 다시 시작하면 되는 것이었다. 이는 생계를 위해 숲의 나무를 베어내지 않아도 된다는 것을 의미했다. 그리고 자연자원을 보존하면서 수익을 올리는 방법을 발견한 데 대한 보너스처럼, 날송진을 가열하여 정화시키면 맑은 테레빈유라는 놀라운 부산물이 나왔다.

지난날처럼 모두 기발한 아이디어를 생각해냈다. 기계 공장에서는 후안 노보아, 오토니엘 카레뇨 그리고 카를로스 산체스 들이 더 작고 말끔하게 흠집을 낼 수 있는 도구를 고안하여 벗겨져 나가는 나무껍질을 최소화할 수 있었다. 도구의 손잡이에는 다음에 어디에 흠집을 낼 것인지를 정확히 알려주는 자도 달려 있었다. 그들은 지역에서 값싸게 만들어낼 수 있는 플라스틱 봉지도 발견했는데, 보고타의 재활용업자들이 그것을 수거해 가서 화물용 깔판과 검은 호스를 만들었다.

오토니엘은 수확 과정에서 아주 중요한, 황색 액체의 응고를 막는 검은 풀 대신 쓸 수 있는 것을 만들어내느라 몇 주를 실험실에서 보냈다. 검은 풀은 값이 비쌌는데, 만드는 방법은 사업상 비밀이었다. 그것은 황산을 함유하고 있고, 나무 줄기에 붙을 정도로 끈끈하면서도 작은 주걱으로 휘저을 수 있을 정도로 유동성이 있는 질척한 유기물과 혼합되어 있다는 사실만 알려져 있을 뿐이었다. 오토니엘은 톱밥, 소나무 껍질, 쌀겨, 숯, 코코넛 껍질 등을 갈아보았지만, 모두 주걱을 뻑뻑하게 할 뿐이었다. 어느 날 그는 실망한 나머지 그 찌꺼기에 점심으로 먹다 남은 으깬 감자를 내던졌는데 놀랍게도 그게 효능이 있었다.

마침 루이사 페르난다 오스피나라는 젊은 세균학자가 1년 동안의 농촌 의무 근무 기한을 채우러 가비오타스에 왔다가 오토니엘처럼 떠나지 않고 있었다. 루이사 페르난다는 으깬 감자에 대한 이야기를 듣고 무언가 떠오르는 바가 있어, 수입된 풀의 성분을 분석해보고는 왕겨가 핵심 요소라고 결론짓게 되었다. 루이사와 오토니엘은 좀 더 실험을 한 끝에 문헌에서 추천한 황산 조각과 왕겨로 혼합물을 만들어냈다. 그 혼합물은 생산비용이 검은 풀을 수입하는 비용의 1퍼센트밖에 들지 않았을 뿐 아니라, 나무와 송진 채취자의 옷에 황산으로 인한 탄 자국을 덜 남겼으며, 자극도 강해서 전보다 송진이 더 잘 흘러내렸다.

그런데 송진 채취를 사업화할 수 있는 자금이 필요했다. 송진 원액을 채취하고 테레빈유를 추출하는 데 쓸 장비가 필요했던 것이다. 그리고 개업 자본인 그들의 숲을 확장할 수 있는 땅도 필요했다. 간단히 말해, 혼돈과 자발성에 길들여진 가비오타스로서는 내키지 않는 전략적인 투자와 재정 계획이 필요했던 것이다. 파올로는 살아남기 위해서는 자연발생적인 일의 진행에 매달려서는 안 되며, 고지식하게 굴지 말고 융통성이 있어야 한다고 자기 자신과 사람들에게 말했다. "그렇지 않으면 우리는 조만간 얼어붙고 말 것입니다. 그리고 시간은 우리를 기다리지 않습니다. 안정성에 매달리려고 하는 것보다 더 불안정한 것은 없습니다."

결국 시대는 바뀌었다. 쿠바 혁명, 존 F. 케네디의 진보를 위한 연맹, 인권운동, 지구의 날 등 1960년대를 풍미하던 전염성 있는 이상주의의 시대가 지나자, 문명은 과도하게 확산되는 의식으로부터 움츠러드는 것 같았다. 세계는 수많은 식물과 동물 그리고 인간을 구하고자 하는, 날로 증대하는 복합적인 압력에 짓눌려 있다가 갑자기 멋지고 새롭게 자아도취적인 '기술의 잔치' 쪽으로 뒷걸

음쳐, 세계 시장을 풍성히 채워줄 수 있는 전산화된 초고속 공급
망 속으로 급속히 빨려들어가고 있었다.

이런 추세에서 두 가지 결과가 나올 가능성이 있다. 하나는 자원
이 고갈될 때까지 땅을 난도질하는 '농노'들로 가득한 제3세계의
'법인체 봉건주의(Corporate Feudalism)'이고, 또 하나는 가비오타
스에서 볼 수 있는 것처럼 과학기술이 인간을 구속하기보다는 해
방시키며 인간이 땅에서 빌려온 것을 되돌려줄 수 있다는 전망을
제시하는 것이다.

그런데 이러한 대륙 간 무역협정의 시대에 국제무대에 진입한다
는 것은, 가혹한 국제 대부기관과 국제 통화기금들이 해당 정부들
에 사회복지 관련 예산을 더욱 삭감하도록 강제한다는 것을 의미
했다. 그 과정에서 많은 비영리 기구들은 그들의 존속을 유지해주
던 사회제도들이 하루아침에 사라져버리는 것을 지켜봐야만 했다.
이제 가비오타스는 '국가재건계획' 같은 사회 프로그램이나 심지
어 유엔과 같은 기구에도 더 이상 의지할 수 없게 되었다. 유엔은
한때 가비오타스를 그들의 이상을 실현하기 위한 실천적 도구로
여기기까지 했는데 말이다.

현실을 틀어쥔 악마와 대결한다는 것은 섶을 지고 불 속에 뛰어
드는 것과 다름없었다.

1992년 말, 워싱턴 D.C.에 있는 미주개발은행에 벨리사리오 베
탕쿠르의 편지가 도착했다. 1970년대에 거기서 일하던 마리오 칼
데론이 직접 가져온 그 편지와 거기에 첨부된 제안은 미주개발은
행의 콜롬비아 담당 부서로 전달되었다. 존경하는 전직 대통령의
이름, 자기 나라에서 정치가라기보다 시인으로 알려진 그 대통령

의 이름이 조엘 콘이라는 젊은 관리의 관심을 끌었다. 그는 봉투를 열어 제안을 읽어보고는 가슴이 설렜다.

몇 년 전 조엘 콘은 남들이 선망하는 직업을 버렸다. 전혀 흥미가 느껴지지 않았던 것이다. 경영관리학 석사 학위를 딴 그는 케미컬은행에서 9년 동안 중견간부로 일했으며, 그에 마땅한 급료와 함께 책임도 늘어났다. 하지만 그의 삶에서 가장 기념할 만한 사건들은 자기 직업과는 하등의 관련 없이 일어났다. 거기에는 교환학생으로 브라질에서 보낸 1년, 이스라엘 키부츠에서 보낸 여름, 그리고 태양빛이 내리쬐는 콜롬비아 메데인이라는 도시에서 보낸 대학의 한 학기가 포함되어 있었다. 그리하여 그는 직장을 때려치우고 재정관리 전문가로서 자신의 능력을 세계를 위해 사용할 수 있을지도 모른다는 생각에서 미주개발은행에서 일하기 시작했다.

조엘은 사회 분과에서 일하게 되었는데 그야말로 그가 원하던 바였다. 거기서 그는 건강, 교육, 영양, 여성의 발전, 도시개발 등에 특별 자금을 지원했다. 그렇지만 그러한 경비를 콜롬비아를 위해 사용하자고 주장하기는 아주 힘들었다. 콜롬비아는 마약과 폭력으로 악명이 높긴 했지만 라틴아메리카에서는 경제적으로 선진국으로 여겨졌기 때문이다.

메데인에서 산 적이 있는 조엘은 이에 대해 별로 놀라지 않았다. 그 도시의 번영은 인플레를 유발하는 마약 달러가 아니라 번창하는 직물 산업에 의해 좌우되었다. 그리고 그는 콜롬비아의 교육받은 기술자와 사상가들의 인상 깊은 전통을 알고 있었다. 그런 이유로, 도미니카공화국이나 파라과이 같은 가난한 나라들이 이미 '졸업했다'고 여겨지는 콜롬비아 같은 나라보다 발전기금을 받을 가능성이 더 많았다.

미주개발은행은 장래가 기대되는 멋진 아이디어들이 열매 맺는데 도움을 주기 위해 국제발전기금을 여럿 운영하고 있었다. 그중 가장 큰 기금은 일본이 출연한 것이었는데, 콘은 일본이 가비오타스에 관심이 있을지도 모른다고 생각했다. 그는 베탕쿠르의 제안서에 묘사된 공동체 같은 것을 실제로 본 적이 없었다. 그래서 보고타로 전화했으나 그곳의 미주개발은행 대표도 거기에 대해서는 모르고 있었다. 그는 비차다로의 여행이 너무 위험하다는 이유로 여러 번의 초대를 모두 거절했던 것이다.

그리하여 조엘 콘은 스스로 확인하기 위해 비행기를 타고 가비오타스로 날아갔다. 비행기에서 내리자마자 키부츠로 돌아온 것 같은 기분이 들었다. 단 하나 다른 점이 있다면, 그것은 이스라엘과 달리 콜롬비아는 해외에 있는 수백만의 독실한 유대교인들이 내는 기부금이나 미국 정부의 전략적인 보조금으로 그 이상을 유지하는 것이 아니라는 것이었다. 콜롬비아는 소름 끼치는 마약 스캔들 때문에 점점 더 고립되는 가운데 사실상 천민의 나라가 되어 있었다. 북아메리카와 유럽 등 코카인을 많이 소비하는 나라도 똑같이 비난받아 마땅하다는 주장이 반복되고 있는데도, 결국 고통받는 것은 콜롬비아였다. 외국인 투자가들은 테러와 납치를 점점 더 경계하게 되었다. 콜롬비아는 워싱턴과 브뤼셀로부터 세계 자유무역 체제에 시장을 개방하라는 충고를 받아들였으나 예기치 않은 사건으로 기대에 어긋난 결과가 나왔다. 국제무역의 주요 수익자들이 돈세탁을 했다는 사실이 드러난 것이다. 그들이 마약 이윤으로 사들인 수입 상품을 지역 경제에 대량으로 풀어놓는 바람에 합법적으로 사업하는 사람들이 대혼란에 빠진 것이다.

콜롬비아인들은 죽어가고 있었고 비길 데 없이 아름다운 생태계는 파괴되고 있었다. 콘은 가비오타스 같은 공동체가 어디에서나 특별한 존재란 것을 알아차렸다. 그 아름다운 나라에서 끊임없이 벌어지는 비극 한가운데에 가비오타스가 존재한다는 것 자체가 기적이었다.

가비오타스의 회계장부를 살펴본 콘은 주위의 물리적·경제적인 위험에도 불구하고 가비오타스가 건강하게 존속하고 있다고 보았다. 가비오타스인들은 근래에 들이닥친 위기상황에 대처하여 자신들의 새로운 시스템을 위한 틈새시장을 찾아 나섰고, 그것을 발견했다. 가비오타스는 콜롬비아에서 가장 큰 병원인 보고타의 산페드로 클라베르 병원의 수도 시스템을 태양열 시스템으로 바꾸기로 계약을 맺었다. 가비오타스는 하느님의 개입으로도 축복을 받은 것 같았다. 여러 개의 교회들과 수도원 그리고 고아원들이 가비오타스의 태양열 기술을 채택함으로써 앞으로 늘어날 에너지 비용에 대비하고 있었다.

조엘 콘은 비차다의 황무지 한 가운데 세워진, 초현대적인 시설과 원주민의 풍습이 결합된 병원을 보고 입을 다물지 못했다. 쾌활한 가비오타스 학교 역시 그를 사로잡았다. 여태까지 외면되었던 사바나에서 지속가능한 문명이라는 개념이 아주 놀랍게 다가왔고, 일본 재단의 위원회도 그렇게 느끼리라고 생각했다.

"그들은 자연 환경에 아주 관심이 많습니다." 콘이 루가리에게 말했다.

"가비오타스는 완전한 자연 현상입니다." 루가리가 그를 납득시켰다. "수백만 년 전 일단의 아프리카 영장류 동물들이 숲의 자원이 동나는 바람에 위험을 무릅쓰고 평원으로 나왔습니다. 그들은 자신들을 방어하고 약탈자를 감시하기 위해 직립하는 법을 배워야 했습니다." 호모 사피엔스가 나타난 그 지역은 사실상 오리노코 평원과 일치한다고 루가리는 주장했다. "열대 사바나는 오늘날 유일하게 남은 대규모 공간입니다. 우리는 거기서 사는 법을 배워야 합니다."

파올로는 조엘을 숲으로 데리고 가서 시험 계획을 보여주었다. 카를로스 산체스와 네 명의 인부들이 새로운 손도구를 시험하고 있었다. 그것은 송진 채취자의 등과 어깨에 될 수 있으면 얼룩을 남기지 않으면서 문지르기, 벗기기, 두드리기, 잘라내기 등 필요한 기능을 수행하기 위해 인간환경공학적(ergonomically)으로 설계된 것이었다. 송진 채취자 중 두 사람은 과이보 인디언이었다. 그들은 가비오타스 공장에서 일하는 것은 아주 싫지만, 서늘하고 쾌적한 숲 속에서는 하루 종일 일해도 아무렇지도 않다고 콘에게 말했다.

파올로가 소나무 사이로 보이는, 송진 집수지에서 빗물을 핥아먹고 있는 암사슴과 새끼사슴을 가리키면서 "이 숲에서 거의 사라졌던 야생 동물이 되살아나고 있습니다." 하고 속삭였다. "사슴, 개미핥기, 치구이로, 독수리, 아르마딜로. 그리고 특히 이 모든 것들……." 파올로가 그의 발목에 엉켜 있는 넝쿨을 벗겨내면서 말했다.

주위의 소나무들 사이에 진홍빛 꽃들, 성긴 자카란다들, 투노 블랑코라고 불리는 종이처럼 얇은 껍질을 가진 흰 묘목들 그리고 야생 무화과 덩굴들로 이루어진 수풀이 자라고 있었다. 콜롬비아 국립대학에서 온 두 명의 생물학자들이, 전에는 겨우 몇 종의 풀만 자라던 이곳, 가비오타스의 소나무 숲 아래 솟아나고 있는 열 종 남짓 되는 나무 종을 수집하기 시작했다. 사바나의 토착종인 이 나무들이 수천 년 동안 휴지 상태에 있다가 싹을 틔운 것인지 혹은 새들이 대상림에서 씨앗을 물어와서 떨어뜨린 것인지 아직은 모른다. 스벤 제텔리우스의 말에 따르면, 이유야 어찌 되었든 예기치 않게 다시 숲이 살아나게 된 것이다. 카리브산 소나무 그늘 아래 놀라운 속도로 다양한 토종의 열대 숲이 다시 생겨나거나, 평원에 다시 심어지고 있었다.

"토종 식물들 때문에 소나무가 피해를 입진 않습니까?" 조엘이 물었다.

"그 반대인 것 같습니다. 스벤과 생물학자들의 말에 의하면 이 숲이 베네수엘라의 인공림보다 훨씬 건강하다고 합니다. 단일 경작이 아니기 때문이지요. 우리 소나무들이 훨씬 빠르게 자라고 성숙합니다."

"놀랍군요."

"우리는 언젠가 우리의 열대림이 베네수엘라 것보다 훨씬 많아지리라고 기대하고 있습니다. 스벤이 말하길, 자연림이 카리브산 소나무를 밀어낼 때까지 몇십 년 동안 송진을 수확할 수 있을 거라고 합니다. 여러분이 사업적인 차원에서 농림업을 기획할 수 있도록 도와준다면, 우리는 더 많은 소나무를 심어 열대우림을 만들어가면서 계속 힘차게 사바나를 행진할 수 있을 겁니다. 우리는 모든 이웃들에게 씨앗을 나누어주고, 송진을 처리하고, 이 사막을 생산적인 땅으로 바꾸고, 공장 노동자들과 과이보를 고용하는 동시에, 많은 생태학자들이 믿듯이 야노스를 원래의 상태, 즉 아마존의 확장으로 돌려놓을 수 있을 겁입니다. 그걸 상상해보십시오, 조엘!"

💚

1979년 에울리세스 알바라신은 카리마구아에 있는 국립농업시험장에 일거리가 있다는 소리를 듣고 북부 야노스에 있는 카사나레 영토를 떠났다. 그런데 일자리가 있기는 했지만 안정적인 직업이 아니었다. 현장 작업자들은 단기 계약을 맺고 일했는데, 운이 좋아야 꽤 오래 지속되는 실험에 배당될 수 있었다. 에울리세스의 운은 4년간 지속되었다. 그는 야네로 축제에서 하프를 연주할 때만 해도 이다음에 무얼 해야 할지 잘 몰랐다.

에울리세스는 전에 카사나레에 작은 목장을 소유하고 있을 때도 콰트로를 연주했다. 그가 사는 마을에는 하프를 가진 사람이 없었기 때문이다. 그들은 녹음기나 희미하게 들리는 베네수엘라의 라디오 방송을 통해 겨우 하프 소리를 들을 수 있었지만, 그것은 사우셀리토 떼가 한꺼번에 교미할 때 내는 소리 같았다. 에울리세스는 가야겠다고 결심했다. 아리포로 강가에 있는 관광호텔에 훌륭한 하프 연주자가 있다고 들었다. 그러나 에울리세스에게는 자동차가 없었다. 비행기를 타고 가야 하는 데다 레슨비까지 내려면 황소를 팔아야 했다.

그러기를 여러 달, 황소 네 마리를 모두 팔아버린 에울리세스는 목축업을 그만두었다. 하지만 그 대가로 그는 '32현 야네로 하프의 천사'로 통하게 되었다. 돈도 떨어졌고 하프 살 돈도 없었다. 그러던 차에 가비오타스에서 그에게 하프와, 수경재배 농장에서 비트와 당근을 재배할 수 있는 일거리를 주었다. 조엘 콘이 워싱턴에 있는 미주개발은행으로 돌아가기 전, 에울리세스와 가비오타스 밴드는 야노스의 아름다운 현으로 음악을 들려주었다. 아브람 벨트란은 콰트로를 연주했고, 페드로 고메스라는 가비오타스 목동이 마라카스로 협연했다. 에울리세스가 쉬는 시간에는 카를로스 세이하스가 반돌라를 연주했다. 젊은 과이보 인디언이며 천재적인 원주민 기술자인 마누엘 코레도르도 기막히게 아름다운 평원의 노래를 들려주었다. 그는 풍차와 수력 램 펌프를 결합하여 풍력 관개 시설을 만들어냈다.

마누엘은 말, 매, 메뚜기, 뱀, 옥수수를 훔쳐가는 원숭이, 호랑이 그리고 야자나무가 줄지어 서 있는 강물을 노래했는데, 노래를 듣고 있노라면 광활한 평원에서의 삶이 어떤 것인지 짐작할 수 있었다. 그들은 여자의 머리에 꽂혀 있는 꽃이 사방으로 아주 밝은 색깔을 퍼뜨릴 때 남성의 마음이 얼마나 열정적으로 끌리는지를 노래했다. 그들은 또 적도의 평원 위에 펼쳐져 있는 광활하고 푸르고 유백색인 우묵한 땅, 그리고 "사람이 없는 땅은 땅이 없는 사람을 위한 것이다."라는 정부의 달콤한 유혹을 따라나선 정착민들의 땅에 대한 감사와 투쟁의 노래를 불렀다. 마지막으로 그들은 아브람과 마누엘리토가 사랑하는 가비오타스를 위해 쓴 시들을 노래했는데, 그것은 시냇물과 고마운 풍차 그리고 풍차를 만든 루이스 로블레스처럼 아름답게 미친 사람에게 바치는 송가였다.

그들은 콘이 데리고 온 베네수엘라인, 프랑스인, 핀란드인, 일본인 등 외국인 방문자들을 위해서도 노래했다. 그 외국인들은 은행의 위촉으로 환경영향평가와 실행가능성 조사를 맡은 임업 전문가, 송진 처리 전문가 그리고 일본 재단의 위원들이었다. 모두 즐거워했다. 루가리는 방문자들에게 그들의 결정은 가비오타스에만 영향을 미치는 것이 아니라는 사실을 상기시켰다.

"남아메리카에만 이런 사바나가 2500만 헥타르나 됩니다. 그뿐입니까? 아프리카에도 있고 열대 아시아에도 있지요. 공간과 해와 물이 있는 장소는 어디에든 있습니다. 우리가 지속가능한 숲에서 소나무 심는 방법을 세계에 보여줄 수 있다면, 인류에게 생산적인 삶을 제공할 수 있을 겁니다. 그러는 과정에서 지구 온난화를 지속시키는 이산화탄소를 충분히 흡수할 수도 있을 겁니다. 이는 우리가 개발한 슬리브 펌프나 태양열 정수기만큼이나 중요한 것으로, 우리가 세상에 줄 수 있는 또 하나의 선물입니다. 지금 사람들은 세계 곳곳의 열대우림을 찢어발기고 있습니다. 하지만 우리는 어떻게 하면 그것을 복구할 수 있는지 보여주고 있습니다."

1994년 8월 파올로, 곤살로, 폼필리오는 가비오타스인들을 모두 공동체 강당에 소집했다. 이제 그들은 모두 150명밖에 안 되었다. 이후로 몇 개월 동안 일이 잘되면 더 많은 사람들을 위한 영구적인 일자리가 생길 것이고, 그들의 수도 늘어날 것이다.

그들은 경제성 연구에서 합격점을 받았다. 나무 아래 토종 식물들이 다투듯이 빽빽하게 자라고 있는데도, 가비오타스 소나무에서 나오는 송진의 양이나 질은 이웃 나라 베네수엘라에서 생산되는 것보다 훨씬 우수했다. 베네수엘라에는 이곳만큼 비가 충분히 내리지 않았던 것이다.

그들은 또 환경영향평가도 통과했는데, 그때 또 다른 섭리의 손길이 느껴졌다. 즉, 이 야노스에서 그렇게도 씩씩하게 자라는 카리브산 소나무가 여기서는 자연적으로 재생산되지 않는다는 것이었다. 이는 새나 바람이 토종인 열대종의 씨를 그들 농장에 뿌린다 해도 반대 현상이 일어나지 않으리라는 사실을 의미했다. 즉, 시냇물을 따라 생겨난 대상림의 생태는 외국 소나무 종의 침해를 받지 않을 것이었다.

송진 원액을 처리하는 것 역시 환경에 도움이 될 터였다. 안데스 대학의 공학과 교수였던 엔리케 데비스는 스팀 보일러를 설계했다. 2층으로 된 오븐을 이용해 숲에서 베어 온 나뭇가지들을 거의 연기가 나지 않게 태워 산업용 수지를 추출했다. 그들이 재배한 농림 부산물로 불을 땠기 때문에 대기에 이산화탄소를 뿜어낼 위험도 없었다. 가비오타스에는 10킬로와트의 소형 수력 터빈이 두 개나 있었지만, 강의 수위가 낮은 건기에는 여전히 디젤 발전기에 의존해왔다. 그러나 지금은 실린더 두 개짜리 스팀 엔진이 송진 보일러의 수증기를 이용하여 전기를 만들어내기 때문에, 가비오타스는 에너지를 완전히 자급자족할 수 있게 되었다.

조엘 콘이 자금 조달이 승인되었다는 전화를 했다. 이제 힘겨운 과정이 남았는데, 바로 미주개발은행에서 정한 스케줄을 따르는 것이었다. 그들은 송진 원액을 정류하여 테레빈유를 추출할 거대한 증유기를 들여놓을 공간을 마련하기 위해 공장에 있는 조립 기계를 모두 철거했다. 이제 가비오타스의 수리 기술(water technology)을 도시에 있는 작업장에 이전하기로 하도급 계약을 맺었지만, 사람들은 10년 이상 수천 개의 풍차, 슬리브 펌프, 시소, 램 펌프를 만들어온 그 장비들을 포장하면서 아주 서운한 마음이 들었다. 가비오타스는 지구상 생명체의 70퍼센트가 물로 이루어졌다는 자명한 이치를 잘 인식하고 있었고, 이 장비들로 세상에 물을 공급했다. 이제 그들은 세상이 필요로 하는 또 하나의 것, 즉 재생가능한 산업을 위해 이를 양보해야 했다.

수지 공장은 하루에 20톤의 송진을 처리할 것이다. 그런데 이후 10년 동안 생산량과 인구를 늘리기 위해서는 나무를 충분히 심어야 한다. 그들이 은행과 계약한 바에 따르면, 연말까지 적어도 2000헥타르의 땅에 100만 그루의 나무를 심어야 했다. 그런데 1994년은 콜롬비아 역사상 강우량이 가장 많은 해였기 때문에 계획대로 실행할 수가 없었다. 가비오타스 기상관측소에 따르면 야노스의 연중 강우량은 106센티미터인데, 그해 5월에 벌써 그 수치를 넘어섰던 것이다.

5월의 어느 날, 2시간 만에 비가 15센티미터나 내려 묘판이 거의 다 무너져내리고 있었다. 둑처럼 도톰하게 쌓아올린 긴 이랑이 무너지면서 수백만 그루의 묘목이 쓰러지기 시작했다. 가비오타스인들은 남녀노소 할 것 없이 판자, 진흙, 기와, 알루미늄 조각 등을 들고 나와 무너져내리는 둑을 떠받치려고 안간힘을 썼다. 이런 것들은 응급조치에 불과했다. 하지만 땅에 있는 온갖 쓰레기들 때문에 트랙터로는 흙더미들을 제거할 수도, 더 쌓을 수도 없었다.

"무슨 좋은 생각 없습니까?" 폼필리오가 물었다. 그러자 나무를 처음 심을 때 작은 꼬마였던 마리아노 보테요가 의견을 냈다. 마리아노와 오토니엘 카레뇨는 그날 밤을 꼬박 새웠다. 아침이 되자 그들은 한 세트의 무거운 롤러를 끌고 나타났다. 그것은 두 개의 금속 바퀴 테에서 뜯어낸 쇳조각을 이어붙여 만든 것으로, 가운데를 흙시멘트로 채웠다. 흙은 아직도 완전히 마르지 않았다. 그들은 이것들을 축의 양 끝에 달고 묘판의 이랑에 비스듬히 기울여놓은 다음 트랙터에 걸었다. 트랙터의 디스크가 묘판을 따라 흙을 흩트려놓자 바로 뒤에 붙은 롤러가 흙을 제자리에 다져놓았다.

너나 할 것 없이 모두 비를 맞아가며 트랙터 앞을 달리면서 디스크가 타일과 판자들을 헤쳐놓으면 그것들을 치웠다. 그 뒤로 마리아노의 롤러가 이랑을 다시 세우고 단단하게 다졌다. 다음 몇 달 동안 가비오타스인들은 다른 일을 모두 중단한 채 100만 그루의 묘목을 손으로 일일이 일으켜 세우고 다시 심었다. 다행히 롤러가 잘 작동했기 때문에 묘목을 80퍼센트나 구할 수 있었고, 덕분에 가비오타스는 새로운 발명품을 공유하게 되었다.

그런데 거의 3개월쯤 지난 후 파올로는 그들에게 또 한 번 영웅적 태도가 필요하다면서, 이번에는 훨씬 힘든 일이라고 말했다. 일본에서 제공한 보조금 1년치를 묘상과 새로운 송진 처리 장비 값으로 모두 써버린 것이었다. 루가리는 3년 동안 1500헥타르에 소나무를 더 심을 수 있도록 정부의 산림조성 자금 프로그램에서 보조금을 얻으려고 애써보았다. "하지만 묘목을 모두 사바나에 옮겨 심기 전에는 자금이 한 푼도 들어오지 않을 겁니다. 여러분에게 임금도 주지 않으면서 또 일해달라고 부탁할 수는 없습니다. 이 일을 계속할 것인지 말 것인지는 여러분에게 달려 있습니다."

엔리 모야가 일어섰다. "이 숲은 우리의 미래입니다. 우리의 폐는 바로 여기 있습니다. 우리는 10년 전 폼필리오와 제텔리우스 박사가 심은 산소를 들이마시고 있습니다. 저는 이제 우리가 심고 있는 것을 수확하기 위해 여기에 10년 더 머물 겁니다."

에르난 란다에타도 일어섰다. 그는 '모두를 위한 물' 프로젝트와 국립재건계획에서 일했고, 이제 새 수지 공장에서 감독관으로 일할 터였다. "우리는 야노스에 물을 가져왔습니다." 에르난이 말했다. "이제 나무를 가져올 차례입니다."

공적인 캠페인이나 토론도 없었는데 사람들이 하나둘 담배를 끊기 시작했다. 담배를 피우면 숲에 불이 날 위험이 있었기 때문이었다. 오마르 마린만이 저물녘에 가축우리에서 담배를 피우곤 했다. 루가리는 정말 놀랐다. 이는 라틴아메리카에서 전례가 없는 일이었다. 그렇게 대단한 각오와 투신이라면, 시간이 걸리긴 해도 100만 그루의 나무를 반드시 심고야 말 거라는 확신이 들었다.

그들은 24일 동안 24시간 내내 쉬지 않고 일했다. 콜롬비아 역사에서 마을 전체가 그렇게 밤새도록 일한 것은 전례 없는 일이라고 그들 스스로도 말했다. 더욱이 매일 밤 비가 내렸기 때문에 쉴 수가 없었다.

'사람에게는 나쁜 날이고 나무 심기에는 좋은 날'이라고 폼필리오가 노래했는데, 그는 한잠도 자지 않은 것 같았다. 10월이 되면 비가 그치므로 그 전에 마쳐야 했다. 묘목에 습기가 필요한 데다, 사바나에서 옮겨 심은 후에도, 균근이 뿌리에 달라붙게 하는 데에도 비의 도움이 필요했기 때문이다. 가비오타스에는 베네수엘라에서 구입한 파종기를 끄는 트랙터가 세 대 있었다. 그들은 표면이 딱딱한 그 지방의 토양에 맞게 트랙터를 개조했다. 각 파종기 위에는 연약한 어린 소나무에 그늘을 만들어주기 위해 사탕야자 잎으로 엮은 상자가 있었다. 상자 안에는 5000그루의 묘목이 담겨 있었고, 묘목의 뿌리는 젖은 진흙으로 싸여 있었다. 한 사람이 상자들 가운데 앉아서 일을 했다. 트랙터가 지나갈 때 그 사람이 어린 소나무를 고무로 처리된 집게에 하나씩 물리면, 굵은 송곳이 달린 바퀴가 지나가면서 밭고랑에 낸 구멍에 묘목이 자리를 잡았다. 그러면 파종기 뒤를 따라가던 모종삽을 든 사람들이 어린나무를 하나하나 세웠다.

그들은 한 조는 새벽에, 한 조는 해질녘에 일을 시작하는 식으로 12시간씩 교대로 일했다. 밤에는 파종기 상자 위에 조명을 걸어놓았고, 모종삽을 든 노동자들의 이마에는 광부용 램프가 달려 있다. 낮에는 학교 어린이들이 도와주었고, 밤에는 정규 직원이 아닌 여성들이 와서 도와주었다. 한낮에는 점심식사를 하고 한밤중에는 야참을 먹었다. 월급을 받지 않은 채 또 한 달이 지났다. 그렇다고 해서 일하지 않는 사람은 하나도 없었다. 지각하는 사람도 없었다. 러시아 스텝 지대처럼 우울한 날씨가 계속되어도, 두터운 구름이 머리 위에 드리워져도, 불평하는 사람은 하나도 없었다. 트랙터는 항상 가동되었고, 식사는 따뜻한 채로 도착했다. 2000헥타르의 토지에 100만 그루를 다 심고 나자, 그들은 수송아지를 잡아 밤새워 놀았다. 카르네 아사다(carne asada)를 먹고, 달콤한 아구아르디엔테를 마시고, 공동체 센터에서, 축구 경기장에서, 하프와 콰트로와 반돌라의 반주에 맞추어 절대 포기하지 말자고 서로 건배하며 빗

속에서 춤을 추었다.

1996년 4월 '정원의 날' 오전 10시, 수지 공장을 경영하는 에르난의 형 호르헤 엘리에세르 란다에타가 가비오타스에 있는 정부 기상관측소의 라디오를 틀었다. 찌직거리는 소리가 났다. 에르난을 닮은 호르헤 엘리에세르는 검은 머리를 짧게 깎고 어깨는 단단했으며, 냉철한 야네로 혈통답게 각진 얼굴을 하고 있었다. 그는 기온, 풍속, 기압, 태양빛, 상대습도 등이 표시되어 있는 그래프 용지를 검토했다. 모든 지수를 기록한 뒤 머지않아 다시 비가 올 거라는 결론을 내렸다.

호르헤 엘리에세르가 초등학교에 들어가기 위해 가비오타스에 도착한 지 20년이 지난 요즘, 야노스의 날씨는 눈에 띄게 흐려지기 시작했다. 올해에는 거의 매달 비가 내렸는데 가장 건조한 2월에도 150밀리미터 이상 내렸다. 전례 없는 일이었다. 강과 시냇물들은 짐승을 집어삼킨 왕뱀처럼 부풀어올랐다. 비차다에서는 2년 동안 1만 5000마리의 가축이 전염병으로 죽었는데, 야네로들은 이를 비 탓으로 돌렸다. 소과 동물들은 부족한 인과 칼슘을 섭취하기 위해 오래된 동물의 뼈를 씹는 동안 보툴리누스 중독에 걸렸는데, 그 병은 흙에 습기가 지나칠 때 번성하는 것이었다.

하지만 야노스에서 태어나고 자란 호르헤 엘리에세르는 야노스의 멋진 아침을 무척이나 사랑했고, 이를 발라드와 시로 표현하기도 했다. 그는 아침을 만끽하기 위해 밖으로 나왔다. 이렇게 이른 시각의 태양은 사람을 짓누르기커녕 아주 다정했다. 렌즈 모양의 구름이 갈고 닦은 상아처럼 푸른 하늘에 걸려 있었다. 호르헤 엘리에세르는 기기들을 살펴보면서 마당을 조사했다. 정부의 예산이 삭감되었기 때문에 다양한 고도에서 기상을 측정할 수 있는 수소 풍선을 올려보내지 못하게 되었다. 조프리 할러데이는 그의 논문에서 수소를 만들기 위해 풍차를 사용할 것을 제안했는데, 그것은 가비오타스에서 아직 개발하지 않은 아이디어였다. 그 대신 호르헤 엘리에세르와 그 동료들은 광전지 동력 트랜스미터를 사용하여 근처를 지나가는 인공위성으로부터 기상 관련 자료를 받아보았다.

가비오타스는 아주 오지이기 때문에 대기가 지구상에서 가장 맑은 지역에 속했다. 최근에 콜롬비아기상연구소는 강우현상을 분석하기 위해 이곳에 기구를 설치했다. 그 기구는 폭풍우의 빗방울이 떨어지기 시작하면 뚜껑이 저절로 열려서 두 개의 병으로 된 집수기에 고이게 되어 있는데, 그 빗방울 속에는 대부분의 대기 오염물질이 포함되어 있었다. 이렇게 수집한 빗물 가운데 하나는 보고타로, 다른 하나는 제네바에 있는 세계기상관측소로 보내진다.

마당 한구석에는 1.5미터 길이 막대 위의 판자 양 끝에 유리로 된 볼록렌즈가 둘 있었다. 그것 역시 새로 설치된 것으로, 그 안에는 오존층을 통과한 자외선의 주파수를 측정하는 데 사용되는 방사선 분광계가 봉해져 있었다. 호르헤 엘리에세르는 오늘이 측정하는 날이 아니라는 사실에 기분이 좋았다. 그도 그럴 것이, 측정일에는 4분마다 측정 결과를 기록해야 했다. 그 4분은 태양이 적도의 하늘을 1도 나아가는 데 걸리는 시간이다. 이를 기록하기 위해서는 두 사람이 필요했다. 한 사람이 4분 간격으로 기구들을 태양 쪽으로 향하게 한 다음, 안에다 대고 측정치를 소리 질러 알리면, 안에 있는 동료는 그것을 컴퓨터에 기록한다. 그들은 이런 식으로 해가 떠서 질 때까지 계속 작업을 했다.

아마존, 보고타에서 가장 높은 곳, 카리브 해 연안 등 콜롬비아 내의 다른 세 장소에서도 이 같은 작업을 하고 있다. 20년마다 3퍼센트 정도 파괴되는 것으로 알려진 오존층이 최근에는 양극 지방만 아니라 세계 거의 모든 곳, 특히 태양빛을 가장 많이 받는 지역인 열대에서도 전에 없이 빠르게 파괴되고 있는 것 같았기 때문이다. 지난해에 그 네 지역에서 모은 정보를 통해, 대서양의 오존 구멍이 칠레와 아르헨티나 동부를 드러낼 정도로 커진 날들을 제외하고, 콜롬비아가 아메리카에서 가장 많은 양의 자외선을 받고 있다는 사실이 드러났다.

호르헤 엘리에세르가 여기서 일해온 지난 8년 동안 그의 상사는 오비디오 심바케바 박사였다. 그는 홀쭉하고 단정한 용모의 학자로, 세계기상기구의 남아메리카 태양복사 연구 그룹의 의장이었다. 오비디오는 이러한 현상을 분석하고 자외선으로 인한 손상을 완화하려면 어떤 보호책을 세워야 할 것인지 알아보러 방금 보고타로 돌아갔다. 어떤 방법을 사용할지는 분명하지 않았다. 인간은 자외선 차단 크림을 바르거나 자외선 방지용 선글라스를 쓰면 된다. 하지만 소나무나 벼 등의 농작물을 비롯한 식물들도 자외선에 민감한데, 숲이나 들판은 자외선 방지 크림이나 로션으로 목욕시킬 수가 없다는 데 문제가 있었다.

역설적이게도 열대 지역에서 이런 영향을 가장 많이 받고 있다는 사실에 오비디오는 비통함을 금할 수 없었다. 가장 산업화되지 않아 산소를 가장 많이 만들어내는 곳이 피해를 가장 많이 받다니, 말도 안 되는 소리다. 이러한 결과는 열대 지역에 사는 사람들 때문이 아니라, 염화불화탄소를 사용하는 냉장고와 메틸브롬화물 농약을 만들어낸 나라들 때문에 생긴 것이었다. 그것들은 우주 방사선을 중간에서 차단해주는 얇은 오존층을 파괴하는 것으로 알려져 있다. "이것은 산업화한 세계가 우리에게 수출하는 독극물이나 다름없습니다." 오비디오가 말했다. "언젠가 라틴아메리카는 이에 대한 보상금을 받아내야 합니다."

1987년, 선진국을 비롯한 거의 모든 나라가 오존층을 파괴하는 화학물질의 사용을 금지한 몬트리올 협정에 서명했다. 그런 계획이 제대로 실천된다면 오존층 파괴는 2010년 절정에 달했다가 다음 60년간 서서히 감소할 것이다. 콜롬비아 같은 개발도상국가들이 조만간 금지될 물질을 사용하는 냉동장치나 냉장고 등의 장비를 개조하거나 대체하는 데 드는 비용을 지불할 기금이 만들어진 것이다.

전 세계의 140국이 공동선을 위하여 이렇게 단결한 것은 전에 없던 일이었다. 몬트리올 협정은 지구를 구하기 위해 맺은 역사상 가장 성공적인 조약으로 많은 사람들의 시선을 끌었지만, 오비디오 심바케바 같은 연구자들은 문서상으로는 그렇게 희망적으로 보이는 협정이 현실성은 별로 없다는 점을 우려했다. 개발도상국에 지불된 최초의 자금은 1억 6000만 달러밖에 되지 않았다. 다음 10년 동안 5억 6000만 달러가 지불될 것이고 더 많은 액수가 약속되어 있다. 그러나 심바케바는 문제의 크기에 비해 액수가 너무나 적기 때문에 이는 다음 두 가지 중 하나를 의미할 뿐이라고 했다. 즉, 지불 능력이 없는 죄 없는 희생자들이 부자들이 저지른 잘

못의 대가를 치러야 하거나, 오존층과 함께 협정이 사라지게 되리라는 것이었다.

이미 러시아는 그렇게 하는 데 여러 해가 필요하다면서 승인을 연기시켰다. 러시아의 환경부 장관은 염화불화탄소와 오존층 파괴의 관계에 대해 다시 의문을 제기하기까지 했는데, 그것은 협정에 참여할 것인지를 처음부터 다시 생각해보겠다는 암시였다. 러시아는 오존층 보호 장비로 바꾸려면 자국 내에서만도 적어도 60억 달러가 든다고 주장했다. 그렇다면 중국, 인도, 라틴아메리카 전역, 극동 그리고 아프리카의 장비를 바꾸기 위해서 세계인들은 얼마나 많은 자금을 들여야 한단 말인가?

오비디오는 세계적인 시장 경쟁이 인류 최고의 목표로까지 떠받들어지는 상황에서 가난한 나라들의 경쟁력을 약화시키는 고비용 통제에 투자하는 것이 가능하지 않음을 알고 있었다. 실제로 기업 활동에서 반대의 일이 일어났다. 이제 러시아, 인도, 멕시코에서 만들어지는 염화불화탄소가, 미국으로 밀수입되는 가장 흔한 불법 화학물질인 콜롬비아산 코카인을 능가했던 것이다. 이렇게 몇십 년에 걸쳐 새롭게 만들어지는 염화불화탄소가 성층권에 도달하면 적외선에 의해 분해되는데, 그 과정에서 분리된 염소 원자가 오존 분자를 파괴하게 된다. 오비디오와 호르헤 엘리에세르는 아름답고 순수한 야노스 위로 자외선의 위협이 눈에 보이지 않게 늘어나는 것을 보면서, 자신들이 여기 가비오타스에서 이룬 기적에도 불구하고 미래는 속수무책인 상황에 놓일 수도 있다는 사실을 알게 되었다.

그들은 이러한 사실을 가비오타스인들에게 별로 말하지 않았다.

말한들 무슨 소용이 있겠는가? 오염하고는 상관없는 사람들에게 오염시키지 말라고 경고한단 말인가? 오늘 가비오타스가 경축하는 '정원의 날' 행사에 참석하여 그들 주위에 만발한 생명의 아름다움을 즐기는 게 낫다. 호르헤 엘리에세르는 기상관측소 근처에 있는 자기 오두막으로 향했다. 거기서는 아내 루시와 아이들이 정원 주위의 낮은 울타리에 흰 도료를 칠하고 있었다. 그는 계단에 앉아 우유 한 잔을 마시면서, 그들이 정원을 가꾸고 있는 모습과 재활용 PVC 관으로 만든 바구니에 심어진 바이올렛을 주의 깊게 바라보았다. 그리고 안으로 들어가서 푸른 긴 소매 셔츠와 검은 바지를 걸치고 맨발에 슬리퍼를 신었다. 그가 밖으로 나오자 딸들이 모여들었다.

"아빠, 꽃들이 자라나게 노래 좀 불러주세요."

"이제 심사할 시간이 다가온다."

"알고 있어요. 우리가 이기게 도와주세요."

아이들은 자기들이 방금 심은 헬리코니아와 난초가 있는 곳으로 엘리에세르를 데려갔다. "어떤 노래를 불러줄까?"

그들은 〈플레가리아 델 사우셀리토〉, 즉 아주 성스러운 소리로 꼭 하느님께 말씀드리듯 노래하는 황금눈 개똥지빠귀에 관한 노래를 골랐다. "새에 관한 노래를 원한다면 〈가르시타 블랑카〉는 어떠니?" 호르헤 엘리에세르가 물었다. '작고 흰 해오라기'라는 뜻의 그 노래는 그가 최근에 지은 곡으로, 전국 발매를 위해 곧 녹음될 것이었다. 하지만 아이들은 〈플레가리아 델 사우셀리토〉를 가장 좋아했다. 그가 노래를 부르는 동안 덩치가 커다란 에울리세스 알바라신이 구멍이 세 개 난 하프를 안고 나타났다. 그 뒤로 콰트로와 마라카스를 든 사람들도 따라붙어서는 그의 곡조에 맞추어 합주를 했다. 그러고는 식당으로 향했다. 호르헤 엘리에세르의 아이들이 쪼르르 따라갔다. 거기에는 마을 사람들이 모두 모여 '정원의 날'을 기념하기 위해 기다리고 있었다.

그들은 무리를 지어 비야시엔시아로 난 길을 행진해 갔다. 연주가들과 어른들은 걷고 어린아이들은 자전거를 탔다. 그중 다섯 명은 화물 자전거에 고정된 침대에 타고 있었다. 어린이들은 방금 소풍에서 돌아왔다. 알론소와 테레사가 어린이들을 산타마르타, 즉 콜롬비아의 북부 카리브 해안에서 30킬로미터 떨어져 있는 5800미터 높이의 신비스런 산 정상에 데려갔다. 아직도 고립된 고원 지대에 살고 있는 코기 인디언들의 잃어버린 도시를 보여주기 위해서였다.

그들이 우리미카 강 위에 있는 다리를 건너갈 때 후안 노보아의 아이가 가비온 둑방 근처에서 부드럽게 소용돌이치는 물가에 숨어 있는 커다란 학을 보았다. 조류 전문가가 '줄무늬타이거해오라비'라면서 전에는 여기에 없던 것이라고 말했다. 그 주위로 엷은 자색 밑날개를 단 파랗게 빛나는 나비 떼가 마치 연기 그림자처럼 너울대고 있었다. 작은 제비들이 물 위를 스쳐가며 물고기들이 노리고 있던 곤충을 채갔다. 여기 대상림이 가장 빽빽이 들어선 곳에는 가비오타스의 새들이 열광한 듯 날아다니고 있었고, 어린이들은 최근에 열린 '새의 날' 축제 덕분에 보는 눈이 더욱 예리해졌다. 그들은 노랑 가슴의 주홍색 폭군 파리잡이새, 검정 벼슬을 달고 있는 앤트슈리크, 라켓 모양의 꼬리를 단 푸른 관의 모모, 적갈색 꼬리가 있는 크세놉스, 바난퀴트, 갈색 목의 잉꼬, 거무스름한 부리를 가진 앵무새, 가느다란 나뭇가지 끝에 앉아 흔들거리고 있는 포동포동한 메추라기를 구분할 줄 알았다. 그들이 계속 앞으로 나아가는 동안 비둘기와 엘리에세르의 노래에 나오는 사우셀리토가 행진 대열의 앞에서 폴짝폴짝 뛰어다녔다.

이는 모든 콜롬비아인들을 위해
나의 사우셀리토가 다정하게 부르는 노래라네.
그 노래는 모든 아이를 껴안고 뽀뽀해주며
내 사랑을 전해주고
내 모든 친구들에게
평화의 기도를 전해준다네.

비야시엔시아에서는 올해의 정원 가꾸기에 두 가구가 참가했다. 하지만 교사 테레사는 거기 없었다. 테레사와 알론소는 얼마 전 아이를 임신했다는 사실을 알게 되었다. 그래서 테레사는 산타마르타에 소풍을 갔다 오는 길에 보고타로 가서 산부인과 병원을 찾았다. 며칠 있으면 파올로 루가리와 비행기로 돌아올 것이다. 알론소 구티에레스는 프랑스와 독일에 있는 커피 가공업자를 만나러 유럽으로 갔다. 그도 곧 돌아와서 아이들을 데리고 낚시하러 가기로 약속했다.

정원의 화초들은 강에서 파온 흙 속에서 자라고 있었으며, 소똥과 퇴비로 거름을 주었다. 심사 기준은 아름다움, 종의 다양성, 디자인의 참신성, 크기와 배치, 가족의 참여도 등이었다. 먼저 간호사인 글라디스 마르체나와 공장장 에르난 란다에타의 집부터 시작했다. 그들은 환상적으로 펼쳐져 있는 분홍색과 흰색의 씨스프레이 덩굴 주위에 꽃잎과 나뭇잎을 아름답게 배열했다. 음악가들이 연주하고 심판관들은 서로 상의하며 고개를 끄덕였다. 모두 악기와 노랫소리에 맞춰 춤을 춰가며 가비오타스인들이 가꾸어놓은 향기로운 정원을 지나 이집 저집 돌아다녔다. 천국의 새, 라벤다, 호르텐시아, 포토스, 꽈배기무화과, 새우난초, 몬스테라, 거대한 베고니아, 자주색 닭의장풀 그리고 시냇가에서 발견했거나 '라 비올렌시아' 때 안데스에서 야노스로 피난 오면서 어머니들이 서부 지방에서 가져와 기른 열대의 꽃들이 가득했다.

'상처받은 가슴'이라는 이름의 새빨간 꽃잎과 보라색 잎을 한 꽃, '숙녀의 회색 머릿단'이라는 이름의 길고 연약하며 축 늘어진 털이 있는 다즙성 식물도 있었다. 갖가지 크기의 노란색, 감청색, 자주색의 난초가 매해 '새의 날'마다 만든 모이통 속에서 피어났다. 그리고 끊임없이 날아드는 은빛 부리의 밤색 풍금조들은 노란 구아바 열매와 빨간 캐슈 열매 사이에 매달려 있는 새들과 함께 숲 속을 점점 만화경으로 만들어가고 있었다.

음악이 호로포(joropo)라는 야네로 비트로 바뀔 때마다 모두 절로 흥이 나서 춤추는 바람에 심사는 잊히고 말았다. 그들은 춤을 추면서 기술자들의 작업장으로 갔다. 중간에 트럭 운전사를 위해 생일 축하 노래를 부르느라 잠시 쉬기도 했다. 카리브산 소나무 한 그루가 한가운데 자리잡고 있는 학교의 정원은 마치 사원(寺院) 같았다. 그들은 비야아르모니아라고 알려진 다각형 모듈러 주거 지역에 모여들었다. 거기서 난시 나르바에스와 엑토르 엘리 수아레스가 카네이션을 예술적이고 아름답게 전시한 것으로 특별상을 받았다.

"카네이션은 어디서 구했습니까?" 모두 궁금해하자 난시는 미소를 지으며 대답했다. 과자 봉지 뒤에 적혀 있는 광고를 보고 보고타로 씨앗을 보내달라고 편지를 보냈더니 정말 보내주더라는 것이다. 난시는 그 카네이션들이 살아남은 것은 물소들이 짓밟지 않도록 엘리가 보호해준 덕이라고 했다. 1년 전 파올로 루가리가 처음으로 물소 한 쌍을 가비오타스의 쓰레기수레에 매어두었을 때, 엑토르 엘리는 수컷인 레시노와 암컷인 콜로포니아가 아주 사랑스럽긴 했지만 흐르는 물만 보면 따라다니는 바람에 며칠 동안 애를 먹었다. 지난번에는 결국 수로를 따라 무코 강까지 40킬로미터 정도 달려 올라간 다음 조로 강까지 다시 내려왔는데, 거기서 물소들은 맥처럼 마구 뒹굴고 있었다.

하지만 결코 물소들을 잃어버리지는 않았다. 인근 사람들은 가비오타스의 물소를 익히 알고 있었고, 눈에 띄면 언제든지 알려주었기 때문이다. 사실 엑토르 엘리에게는 또 다른 문제가 있었다. 그 물소 쌍의 첫 번째 새끼 가비오타는 구부러진 검은 뿔을 엘리의 몸에 대고 비벼대기를 좋아했다. 그리고 집에까지 따라와서는 난시의 정원에 있는 그 맛깔스럽고 아름다운 꽃을 보고 마음이 흔들리곤 했던 것이다. 난시는 밤에 물소가 부용꽃 울타리를 부수었을 때도 엑토르 엘리가 달빛 아래서 꽃들을 보호했다고 말했다. 그 말에 감동받은 한 사람이 집에서 자기가 만든 달걀술을 들고 나와 건배를 했다. 어느새 비야아르모니아의 미니 축구장에서 어린이들의 축구 경기가 시작되었고, 모두 자기 아이들을 응원하면서 영광스런 야노스 날을 축하했다.

🌱

호세 이그나시오 로페스는 가비오타스에 대해 그다지 자주 생각하지는 않았다. 하지만 국립재건계획 일을 할 때 찍은 사진을 주머니에 지니고 있다가 가끔씩 친구들에게 보여주곤 했다. 10년 전인 1986년 그는 마그달레나 메디오에 있었다. 넓은 등에 시멘트로 만든 우물 케이스를 지고서 대나무 사다리를 타고 내려와 이중작용 풍차 펌프들을 연결시키는가 하면, 게릴라를 만나기도 했다. 그러한 일들은 보고타의 슬럼가에서 자라 가비오타스에 온 소년에게는 놀라운 체험이었다. 가비오타스에서 호세는 벽돌공, 목수, 트럭 운전사, 태양열 에너지 기술자 등의 일을 했다. 그러다 조정자 페페 고메스의 조수가 되었다. 페페 고메스가 국립재건계획을 추진하기 위해 지프를 타고 전국을 돌아다니게 되자 호세 이그나시오도 자주 따라다녔다.

호세는 가비오타스의 긴급 구조대와 함께 화산 폭발로 묻혀버린 아르메로 시의 생존자들을 위해 새 송수관을 설치해주는 일을 돕기도 했다. 톨리마 지방의 남쪽 중앙에 있는 인디언 마을에서 펌프를 조립하기도 했지만, 마그달레나 메디오에서 가장 오래 머물렀다. 호세는 거기서 거의 2년 동안 마그달레나의 중앙 강 계곡을 오르내리며 가비오타스의 기술을 전수했는데, 아름다운 것들과 끔찍한 것들을 번갈아 보게 되었다. 그는 기적적으로 살아서 비차다로 돌아왔다. 가비오타스의 다른 기술자들도 마찬가지였다.

그 얼마 후 페페 고메스가 중국 대사로 임명되어 가비오타스를 떠났다. 페페가 떠나고 국립재건계획에서 가비오타스의 역할도 끝나고, 가비오타스에서 할 일도 줄어들자, 호세 이그나시오는 보고타로 돌아가기로 결정했다. 거의 3년이 지난 뒤, 페페 고메스는 가비오타스에서 그랬던 것처럼 눈물을 흘리며 대사의 임무를 후임자에게 넘기고 콜롬비아로 돌아왔다. 대사로서 능력을 한껏 발휘한 왕년의 검은 양이 고향에 돌아온 것이다. 그는 이제 가업을 맡아서 두세 대륙에 퍼져 있는 재산을 능란하게 관리하고 있었다. 그는 보고타의 엑스테르나도 대학에서 극동 지역에 관한 강의를 하는가 하면, 조프리 할러데이와 사이먼 브라이트가 설계한 새로운 태양열 주택을 짓기도 했다.

호세 이그나시오 로페스가 보고타에 있다는 사실을 알게 된 페페는 그를 조수 겸 운전사로 고용했다. 페페는 이제 가비오타스에 가지 않았다. 아기를 가진 페페의 새 아내가 오지에서 어슬렁거리는 것은 물론이고 비행기 타는 것조차 원하지 않았기 때문이었다. 하지만 페페와 파올로 루가리는 보고타에서 가끔씩 만나기는 했다. 호세는 그들이 아침식사를 하기 위해 만난 것을 본 적이 있다. 그들은 악수를 하자마자 논쟁을 시작했고, 좀 더 투닥거리다가 몇 가지 세부 사항 외에는 의견이 거의 일치한다는 사실을 인정하고는 마침내 포옹으로 끝맺음을 했다.

가비오타스에서 페페가 장차 어떤 역할을 맡게 될지 확실하지 않았다. 그러나 그 말을 들었다는 사실만으로도 호세 이그나시오의 추억이 되살아났다. 그는 마그달레나 메디오에서 찍은 사진을 다시 꺼내 들었다. 1996년 8월 페페가 사업차 일본에 가면서 호세에게 약간의 여유가 생겼다. 콜롬비아의 마그달레나 강 계곡은 휴가를 보내기에 안전한 장소는 아니었지만, 10년 전 모든 사람에게 깨끗한 물을 가져다주겠다고 애쓴 흔적들을 돌아보는 것도 보람 있는 일 같았다.

❧

그가 탄 비행기는 해가 진 직후에 마그달레나 강의 석유 수송 항구인 바랑카베르메하에 도착했다. 어둑어둑해지면서 에코페트롤 정유소의 천연가스 불길이 기름띠가 번진, 맹그로브가 무성한 강어귀의 수면에 비쳤다. 호세 이그나시오는 강변 호텔에 숙박했다. 그가 강 하류로 향하는 작은 증기선을 예약하고 있을 때, 사이렌이 울리면서 갑자기 선착장에 붉은 빛이 밝혀졌다. 콜롬비아 정부군은 오후 6시부터 다음 날 오전 6시까지 강에 통금령을 내려 아무도 다니지 못하도록 막고 있었는데, 두 대의 구급 보트가 기적 소리를 내면서 항구로 들어왔다. 하류로 1시간쯤 내려간 곳에 있는 산파블로 시가 게릴라에게 점령당했다는 소문이 돌았다. 산파블로는 거의 2년 동안 가비오타스의 작업기지였기 때문에, 호세 이그나시오는 거기 살고 있는 오랜 친구들을 만나고 싶었다. 그리고 산파블로를 지나야 강 하류에 있는, 자기가 전에 일하던 마을들에 갈 수 있었다. 그런데 게릴라와 정부군이 싸움을 하고 있다면 어디에도 갈 수 없다는 소리가 아닌가?

나중에 진상이 밝혀졌다. 산파블로에 사는 일곱 살짜리 남자아이가 길에서 수류탄을 발견하고는 그게 뭔지도 모르고 집으로 가져갔다. 수류탄이 터지자 그 소년을 포함해 세 명이 사망했고, 여러 명의 사지가 손상되었다고 한다.

그 수류탄은 어느 편의 것인가? 정부군? 게릴라? 민병대? 아무도 몰랐다. 호세 이그나시오가 전에 바랑카베르메하에 있었을 때도 시장이 암살당한 적이 있었다. 그것은 지구상에서 가장 풍요로운 계곡에서의 또 다른 밤에 지나지 않았다.

아니, 전에는 풍요로웠던 계곡이라고 하는 게 나을지도 모르겠다. 새벽에 호세 이그나시오는 배를 타기 위해 부두에 나갔다가 커다란 시멘트 선착장이 땅으로 둘러싸여 있는 것을 보고 깜짝 놀랐다. 사람들이 선착장을 지나 질척한 땅구덩이를 따라서 계속 걷고 있었다. 그런데 그들이 걷고 있는 곳은 예전에 강이있었던 자리였다. 길의 끝에는 금속 깔판을 한데 묶어 부교로 만든 임시 상륙장이 있었고, 그 주위에 배와 공용 진수대가 떠 있었다. 그들이 출항하여 널따란 마그달레나 강으로 들어서자, 에우세비오라는 뱃사공은 그 강이 토사물에 점점 묻혀간다고 설명했다. 검은 나일론 반바지를 입은 그는 가슴이 쑥 들어가 있었다. 엘살바도르 크기만한 이 계곡 전체에 걸쳐 습지에 퇴적물이 쌓이고, 강바닥은 높아져가고만 있다는 것이었다.

에우세비오가 들은 바에 의하면 남벌 때문이었다. 지난 10년 동안 마그달레나 메디오에서는 1년에 거의 10만 헥타르의 숲이 사라졌다. "전국적으로는 60만 헥타르라고 합니다." 그가 덧붙였다. 목축을 위해 땅을 개간하는 것이 가장 큰 이유였다. 또 다른 이유는 1990년까지 콜롬비아의 경작지 3분의 1 이상을 소유하고 있던 마약 거래자들이 마약으로 번 돈을 세탁하기 위해 마그달레나의 저지대를 계속 사들여서, 그들에게 없어서는 안 될 '파소 피노' 말을 키우는 목장으로 사용한다는 데 있었다. 땅의 개간으로 강이 엄청나게 침식되는 바람에 어획량이 형편없이 떨어지고 있었다. 1970년대에는 판매용 어획량이 1년에 8만 4000톤이었다. "그런데 지난해에는 1만 3000톤에 불과했지요." 뱃사공이 말했다.

땅이 무너져내린 강은 전에 비해 훨씬 넓어지고 얕아졌다. 그들은 반질반질한 회색 진흙으로 이루어진 섬과 잠긴 여울목을 경고하는 빨간 반사물을 지났다. 시커먼 상업용 준설선이 "콜롬비아의 미래는 준설에 있다."라는 불길한 슬로건을 매단 채 떠 있었다. 웃통 벗은 어부들이 카누에서 후릿그물과 투망으로 고기를 낚고 있었는데, 별로 잡히지 않는 것 같았다. 1시간 후, 호세 이그나시오는 보카델로사리오에 거의 다 오지 않았느냐고 물었다. 호세가 가장 먼저 방문하고 싶은 마을이었다.

에우세비오가 서쪽 강변에 모여 있는 집들을 가리켰다. 콘크리트 집도 있고 진흙과 짚으로 만든 집도 있었다. "아이 에스타(저기 있네요)."

호세 이그나시오가 입을 딱 벌렸다. "성당은 어디 있습니까?"

"엘 리오 세 라 예보(강이 그걸 가져갔어요)."

강이 삼켜버린 것이다. 마그달레나 강에서는 1년에도 몇 번씩 홍수가 났기 때문에, 빗물을 흡수할 만한 나무가 모두 쓸려간 데다 홍수로 강둑이 깊이 파여 수백만 세제곱미터의 퇴적물이 쌓여 있었다. 호세 이그나시오가 보카델로사리오에 내리기 위해 가파른 진흙더미 위로 건너뛸 때 손을 잡아준 사람이 말하길, 지금 발을 딛고 있는 곳이 묻혀버린 집의 지붕 꼭대기라고 했다. 강변의 집들은 물에 떠내려갔거나 침적토에 묻혀버렸다. 근처에 불쑥 솟아 있는 곳이 예전의 학교 자리인데, 학교는 2미터 지하에 묻혀 있었다.

호세 이그나시오는 깡마르고 수염이 난 알베르토 크루사도를 만났다. 그는 예전에 이곳에 왔을 때 알게 된 사람이다. "가비오타스인들이 여기에 설치한 우물은 어떻게 됐습니까?" 크루사도는 그를 시멘트 우물 케이스로 데려갔다. 그것은 묻혀버린 학교 가까이 있었는데, 흙더미 위로 겨우 삐져나와 있었다. 펌프 슬리브와 손잡이는 없어졌고, 그것들을 고정시켰던 두꺼운 나무 가로대만 제자리에 있었다. 우물 속은 진흙, 막대기들, 바나나 잎들로 가득했다. 호세 이그나시오는 고개를 설레설레 저으면서 자기들이 판 우물 일곱 개가 모두 이렇게 막혀버렸냐고 물었다.

"글쎄요." 크루사도가 말했다. "아마 그럴 겁니다."

이그나시오는 크루사도의 안내를 받아 그 마을의 유일한 길을 지나 또 다른 우물로 갔다. 물은 있었지만 슬리브 펌프가 없어졌다. 그 대신 1마력짜리 전기 펌프가 설치되어 있었다. 호세 이그나시오가 있을 때는 이 마을에도 다른 강변 마을들처럼 전기가 들어오지 않았다. 펌프에서 나온 검은 호스가 더러운 길을 지나 비바람으로 바랜 판잣집 쪽으로 뻗어 있었다. "물이 너무 짜서 마실 수가 없습니다. 그래서 설거지하는 데 사용하지요." 가비오타스 우물은 모두 그렇다고 한다. 사람이 마시기에는 염분이 너무 많다는 것이다. "1년이 지나자 수동 펌프는 작동하지 않더라고요." 길 건너 상점 주인이 전기 펌프를 구입하여 전기가 들어오는 날부터 사용했단다.

"1년에 한 번 새 개스킷으로 갈아주기만 하면 됩니다." 호세 이

그나시오가 말했다. "우리가 설명해드렸는데…… 개스킷을 바꾸지 않았습니까? 우리가 렌치, 개스킷 재고품도 드리고 그것이 닳았을 때 가죽을 가지고 만드는 방법을 찍은 사진과 매뉴얼도 남겨두었 잖아요."

렌치는 없어졌지만 개스킷과 매뉴얼은 있었다. "물을 마실 수가 없기 때문에 아무도 보살피지 않았습니다." 크루사도가 말했다. "우리는 가비오타스에 말했지요. 이 우물이 충분히 깊지 않다고. 강에서 가깝기 때문에 양질의 물을 얻으려면 80미터 깊이까지 내려가야 하거든요."

"그렇지만 지방 의회의 직원이 가비오타스가 계약을 수행했다는 것을 확인하는 증서에 서명을 했어요. 우물이 나쁘다면 그들은 서명하지 않았을 겁니다."

크루사도가 어깨를 으쓱했다.

5분쯤 더 가니 대나무 오두막들이 모여 있는 시티오 누에보 마을이 나왔다. 그곳의 우물은 물맛이 처음에는 아주 좋았는데 시간이 지나면서 물이 검은색으로 변하고 독성을 띠기 시작했다고 한다. 호세 이그나시오가 우물을 들여다보았다. 개구리들이 우글우글했다. "너무 더러워서 마실 수도 없고, 비누가 풀리지 않아 몸을 씻거나 빨래를 할 수도 없습니다." 그 노인이 침을 탁 뱉었다. 다른 우물들은 강이 범람할 때마다 넘쳐흐르면서 흙으로 가득 채워졌다고 한다. 펌프들이 어디로 갔는지 아는 사람도 없었다.

호세 이그나시오는 강 상류를 따라 올라가기 시작했는데, 그 색깔을 보고 공포가 느껴질 정도였다. 10년 전 300킬로미터 상류에 있는 아르메로란 마을을 화산이 덮치고 난 며칠 후, 이곳의 강은 진회색 죽처럼 변했고 수천 마리의 메기가 떼죽음을 당했다고 한다. 강의 모습은 어부가 말한 그대로였다. 그 지역의 어부들은 고기를 잡아먹고 살기 위해 질퍽질퍽한 습지로 피난해 갔다고 한다.

그는 친갈레라는 마을에 들렀다. 이곳도 호세가 일하던 곳이다. 친갈레는 100가구 정도가 사는 좀 큰 마을로, 낮은 전봇대 사이에 전선이 있는 것으로 보아, 여기에도 전기가 들어왔다는 사실을 알 수 있었다. 그는 전에 일할 때 음식을 만들어주던 오르파 파체코를 만났다. 오르파가 하는 말도 본질적으로는 같았다. 그녀는 화가 나 있었다. 사람들이 가비오타스인들은 철석같이 믿었는데…….그녀는 맛이 간 우물에서 나온 펌프들을 보관하고 있었다. 그것으로 무언가 할 계획은 없었기 때문에 마당에 있는 망고나무에 걸어두었다. 오르파는 공 모양의 가비오타스 물탱크 뚜껑을 톱으로 켜낸 다음 처마 밑의 빗물받이로 사용하고 있었다.

오전 10시쯤 되자 벌써부터 살갗이 타오르기 시작했다. 그는 모자를 벗고 이마에서 땀을 닦아냈다. "사람들이 다시 강물을 마시기 시작했습니까?" 그가 물었다.

"좀 복잡해요." 오르파가 말했다. 2년 전 지방 정부가 마을로부터 1킬로미터 떨어진 내지에 75미터 깊이의 우물을 팠다. "우리는 아직도 마을까지 물을 끌어다줄 파이프라인을 기다리고 있어요. 그런데 공무원들이 다시 돌아오지 않더군요." 그러는 동안 사람들은 강물을 마시고 있었다. 그들은 세탁용 염소가 있을 때는 강물에 그것을 타서 먹었다.

"왜 정부에서 판 우물에서 물을 길어오지 않습니까?"

또 다른 문제가 있었기 때문이다. 그 정도 깊이의 우물에서 물을 길으려면 전기 펌프가 필요했다. 4년 전에야 마을에 전기가 들어왔지만, 220볼트 펌프를 가동시키는 데 비용이 너무 많이 들었다. 게다가 펌프를 가동시키면 마을의 전기기구가 모두 나간다고 오르파는 덧붙였다.

친갈레 시의 부시장이 왔다. 그는 "이건 가비오타스의 잘못이 아닙니다." 하고 말했다. 부시장은 호세를 마을 외곽에 있는 우물로 데리고 갔다. 그 물은 너무 맛이 없어 가축이나 마실 수 있을 정도였다. 거기에는 가비오타스 슬리브 펌프가 손상되지 않은 채 그대로 있었기 때문에, 그것을 돌보고 있는 목장주가 개스킷을 만들고 바꾸는 데 아무런 문제가 없다고 부시장은 말했다. 어린이들도 할수 있을 정도였다. 그 펌프는 앞으로 10년 동안 수리할 필요도 없이 사용할 수 있을 것 같았다.

시간을 두고 이 모든 현상을 하나하나 끼워맞춰 보면서 호세 이그나시오는 사건의 진상을 파악할 수 있게 되었다. 가비오타스인들이 처음 도착했을 때, 정부가 추첨으로 택한 지역 중에 적절하지 않은 곳이 여러 곳 있었다는 사실을 알게 되었다. 비교적 깨끗한 물은 슬리브 펌프가 닿는 곳보다 훨씬 아래에 있었던 것이다. 페페 고메스는 좀 더 높은 지대의 마을에 펌프를 설치할 수 있게 해달라고 정부에 탄원서를 쓰기도 했다. 보고타로 비행기를 타고 가서 부탁하기도 했으나 소용이 없었다. 결국 그들은 계약에 따라 펌프를 설치하면서, 강이 범람하지 않는 때만이라도 물을 마실 수 있기를 바랐다.

호세는 한때 비교적 괜찮은 물이 지속적으로 나오던 우물들조차 수질이 나빠졌다는 사실을 알게 되었다. "강이 달라졌습니다." 부시장이 말했다. "전에는 강이 생명을 주었는데, 지금은 생명을 앗아가는군요."

그는 그 다음 마을인 파투리아에도 들르지 않을 수가 없었는데, 그곳의 진흙 벽돌집들 아래에 있던 둑은 강물에 완전히 쓸려내려가버렸다. 한때 강물에 면해 있던 벽이 무너지면서 방들이 온통 노출되어, 지나가는 배에서도 들여다보였다. "마그달레나 강이 전에는 3월과 11월에만 넘쳤지만, 이제는 5월과 10월에도 범람합니다. 우리는 통나무배를 타고 강을 건너지요." 하고 전에 알던 사람이 말했다.

그 사람은 카날레탈로 가보라고 권했다. 거기서는 가비오타스의 계획이 계속 성공하고 있었다. 페페 고메스는 카날레탈에서 일하는 모습을 촬영한 적이 있었다. 호세는 아주 마음이 놓였다. 높은 절벽에 자리 잡고 있는 카날레탈은, 마그달레나 메디오에서 가장 마음에 드는 곳으로, 땅이 단단하고 수질이 좋았다.

호세는 마을로 들어가는 언덕을 지나 학교로 향했다. 가는 길에 문간에서 벼이삭을 벗기는 여인들이 아는 체를 했다. 10년 전 처음 도착했을 때 카날레탈은 병이 만연한 열대 배수지였는데, 이제는 기와지붕을 한 성당도 있고 콘크리트 전봇대도 서 있었다. 학교에서 프란시스코라는 교사가 아주 반가이 맞아주었다. "우물이 모두 완벽하게 작동합니다." 그가 말했다.

"좀 볼까요?"

학교 뒤편에 우물이 있었다. 그 주위로 아카시아 나무가 늘어서 있었고, 그 나무들에는 카시크 새 둥지들이 빽빽했다. 물은 달고 깨끗하단다. 호세 이그나시오는 나뭇잎 사이로 우물을 들여다보왔다. 펌프 장치가 없었다. "두 달 전에 오셨어야 했는데……." 교사가 애석하다는 듯이 말했다.

호세 이그나시오가 한숨을 쉬었다. "무슨 일이 있었습니까?"

어떤 사람이 슬리브 펌프를 모두 제거하라는 명령서를 가지고 나타났다. 마을 사람들이 모두 반대했지만 그 명령서에는 시정 책임자의 도장이 찍혀 있었다. 카날레탈에는 전기가 있으니 수동 펌프는 필요한 곳으로 옮겨야 한다는 것이었다.

"그런데 전기가 들어오지 않을 때가 있습니다. 게릴라들이 변압기를 날려버리거나 탑 아래 있는 땅이 침식되어 변압기가 쓰러지면 전기를 사용할 수가 없지요. 디젤 발전기를 사들이기는 했지만, 그것을 유지할 돈이 없습니다. 전기가 나갈 때마다 당신들이 만들어준 펌프를 사용했는데, 지금은 양동이로 물을 퍼올려야 합니다. 당신들이 처음 오던 그때, 1킬로미터나 떨어져 있는 강에서 물을 길어오던 그 시절로 돌아간 거나 마찬가집니다."

호세 이그나시오는 배를 타고 돌아오고 있었다. 열린 문들을 통해 사용하지 않고 모셔둔 텔레비전 세트, 선풍기, 믹서 등이 보였다. 전기가 처음 들어올 때 구입한 것들이었다. 그가 마지막 방문한 곳은 국립재건계획 기간 동안 그 본부가 있던 곳으로, 별로 알려지지 않은 마을이었다. 일꾼들의 하숙집 주인이던 도리스가 생선 스튜 한 그릇을 대접해주었다. 도리스는 여기 학교에 설치한 우물과 펌프들을 잘 사용하고 있다고, 그의 손등을 두드리며 말했다. 주위 마을들도 마찬가지였다. 호세 이그나시오의 표정이 밝아졌다. 그런데 자기들을 여기저기 태워다주던 루초는 어디 갔냐고 물었다.

"라 게리야 로 마또(게릴라가 그를 죽였어요)." 그 이유는 알 수 없었다. "모두 죽어가고 있지요." 그녀가 음울한 표정으로 말했다. 폭력이 먼저 그들을 엄습했고, 지금은 강물까지 사람들을 덮치고 있다.

호세 이그나시오는 배에 타기 전에 선착장에 서서 회색 물이 부풀어오르는 모습을 바라보며 맥주 한 잔을 마셨다. 가비오타스인들은 여기서 일할 때 이 강물을 따라 새로운 미래가 찾아올 거라고 희망에 차서 말했었다. 그런데 지금은 아마겟돈 자체가 지구에 사막을 또 하나 만들어내면서 마그달레나 강으로 쏟아져내리는 것 같았다. 묵시록이 아니라면, 또 한 차례의 대홍수가 있을지도 모른다. 땅과 물이 죽기 시작하면 정치적 갈등과 이념적인 갈등이 무색해질 것이다. 이것이 지구를 다시 대청소하기 위해 치러야 하는 희생은 아닐까? 혹은 미래가 바다를 향해 흘러가다 마침내 바닷물 속에 잠겨버리는 것은 아닐까?

가비오타스의 첫 의사 오스카르 구티에레스는 1976년 야노스를 떠난 후 내과학과 심장학 전문의 과정을 공부하기 위해 영국으로 건너간 다음, 뉴욕 주 북부에 있는 코넬 대학에서 연구 과정을 마쳤다. 그는 영국은 좋아했는데 미국은 마음에 들지 않는 게 많았다. 미국에서 만난 의사들은 치료보다는 투자에 몰두해 있는 것 같았다. 그는 아버지가 유명한 내과의사로 일하던 칼리로 돌아와서 개업을 했다.

오스카르는 성공은 했지만 마음이 놓이지 않았다. 가비오타스에서 오스카르는 파올로 루가리, 스벤 제텔리우스와 천연약재에 대해 자주 토론을 했다. 이는 오스카르의 아버지가 아주 좋아하는 관심사이기도 했다. 그들은 가비오타스에 약초 재배 묘목장을 만들 계획에 대해서도 말했었다. 오스카르는 그 일을 한 순간도 잊지 않았고, 40대 초반인 1992년에 약학 공부를 하기 위해 칼리의 바예 대학교로 돌아가 모든 사람을 놀라게 했다. 공부하는 게 너무 재미있었다.

열대의 식물 중에는 약초가 아주 많았기 때문에, 그의 학부 사람들은 약초에 논리적인 흥미를 가지고 있었다. 오스카르는 고춧가루의 매운 성분인 캡사이신에 관한 논문을 썼다. 그는 불치의 피부 궤양을 앓고 있는 당뇨병 환자를 데리고 의학 실습을 했다. 캡사이신이 통증 치료에 도움이 된다는 것을 알고 있던 그는 주방에서 고춧가루를 간 다음 연고와 섞어서 환부에 붙였다.

놀랍게도 효과가 있었다. 환자들 중에는 고춧가루를 환부에 바르는 대신에 꿀떡 삼키고는 마치 지옥을 삼켜버린 듯 펄펄 뛰는 사람도 많았다. 하지만 그것도 효과가 있었다. 여러 해 동안 궤양으로 고생하던 사람이 몇 달 만에 치료되었다. 오스카르는 캡사이신이 섬유연결세포의 형성에 도움이 되는 '섬유 아세포(fibroblast)'의 성장을 촉진시킴으로써 치료를 가속화한다는 이론을 주장했다. 그 이유는 모르지만 증거는 충분했다. 그가 치료한 궤양 중에는 작은 접시만한 것도 있었다.

오스카르는 그 약을 당뇨병 환자뿐만 아니라 다른 병을 앓고 있는 환자들에게도 계속 사용했다. 그러던 어느 날 나병 환자들에게도 시험해보기로 했는데, 대학의 피부과 의사들은 미심쩍어하면서도 동의했다. 그러자 20년이나 속을 썩이던 상처가 아물기 시작했다. 그들은 한쪽에는 진짜 약을 주고 다른 쪽에는 가짜 약을 주는 이중맹검법(二重盲檢法)도 시도했는데, 그것은 실패로 끝났다. 대조군에 속한 환자들이 약을 발라도 따끔거리지 않는 것을 보고 가짜 약을 받았다는 사실을 알아차리고는, 미국에 있는 친척들에게 건강식품 가게에서 캡사이신을 사 보내달라고 부탁했던 것이다.

그래도 오스카르는 개의치 않았다. 대부분의 나환자들이 놀랍게 회복되고 있었기 때문이다. 그는 바예 대학교의 교수단에 합류했다. 그것은 학제간 연구그룹으로 의과대학, 약물학자, 미생물학자, 생화학자 및 자연과학 분야의 학자들이 모여 식물의 약 성분을 조사하고 있었다. 그러던 1996년 1월, 런던에서 그래픽 디자인을 공부하고 있던 질녀가 오스카르에게 전화를 했다. 석사학위 논문을 쓰고 귀국하려던 참에 그녀가 콜롬비아를 위해 할 수 있는 일에 대해 삼촌의 의견을 물어온 것이었다.

그 무렵 오스카르 구티에레스는 콜롬비아의 언덕과 열대의 강변에 약초가 자라고 있다면 그런 장소들을 보존할 필요가 있다는 결론을 내린 터였다. 사람들이 그러한 장소들을 함부로 짓밟지 못하도록 하기 위해서였다. 오스카르는 포스터, 팸플릿, 삽화 자료 등으로 생물 종 다양성을 위한 캠페인을 구상하라고 질녀를 설득했다. 그리고 질녀와 함께 보고타에 있는 국립공원 담당부서로 직접 찾아가서 안전하게 방문할 수 있는 곳이 어딘지 알아보았다.

경악스럽게도 하나도 없다는 대답이 나왔다. 콜롬비아의 주요 자연보존 지역에 이르는 길들은 현재 게릴라가 통제하고 있거나 그 세력권에 가까워 지극히 위태로웠던 것이다. 구티에레스는 혼란스러웠다. 어떻게 이렇게까지 되었는가? 세상에서 가장 다양한 생물을 보존하고 있는 땅, 그렇게 값진 유산을 지니고 있는 자기 조국이 그것을 통제할 수 없다니 말이 되는가?

그러자 가비오타스가 생각났다. 그곳을 떠난 지 정확히 20년, 파올로 루가리를 본 지도 20년이 되었다. 보고타의 사무실에 전화를 걸었다. "오스카르!" 파올로가 수화기 너머에서 우렁차게 외쳤다. "어디 있나? 당장 달려오게. 할 얘기가 있어!"

그들은 반갑게 포옹을 했다. 루가리의 수염은 거의 회색이 되어 있었고 정수리는 반짝반짝 빛났다. 하지만 여전히 활력이 넘쳐흘렀고, 항상 그랬듯이 그 활력을 쏟아부을 곳을 찾고 있었다. 그들이 사무실로 들어서자 루가리는 "오스카르!" 하고 우렁차게 부르고는 그 의사의 좁은 어깨를 감싸안으며 "하나도 변하지 않았군." 하고 말했다. 루가리는 질녀가 원하는 만큼 가비오타스에 머물러도 좋다고 말했다. "하지만 자네가 함께 가야 하네."

"조만간에 그리 할 것입니다." 오스카르는 약속했다. 그들은 약초에 대해 말하기 시작했다. 오스카르는 열대 식물에 관한 세계적인 전문가이며 《콜롬비아의 약초(Flora Medicinal de Colombia)》라는 세 권 분량의 책을 지은 에르난도 가르시아 바리가 박사가 가비오타스 재단의 위원장이라는 사실을 알게 되었다. "거기에 놀라운 병원이 있지요? 아직도 식물 성분을 연구하는 실험실을 생각하고 있습니까?"

"오스카르, 자네가 직접 가서 보게. 그러고 나서 이야기함세."

오스카르는 실제로 가비오타스에 다시 갈 생각이 없었다. 하지만 질녀의 부모가 너무 위험하다는 이유로 비차다로 여행을 가지 못하게 했기 때문에 어쩔 수 없이 함께 가기로 했다. 처음 갈 때 지나갔던 그 육로로…….

그는 그 옛날 목동마을이었으나 지금은 대도시가 된 비야비센시오에서 뻗어나온 길이 일부 포장되어 있는 것을 보고 놀랐다. 그리고 수십만 헥타르나 되는 목장 주위로 가시 철망을 두르고 있는 하얀 콘크리트 담 기둥이 끝없이 늘어서 있는 것을 보고도 놀랐다. 목장마다 입구 아치 위에 실물 크기의 브라마 황소상이나 암소상이 놓여 있었다. 그 목장들은 콜롬비아에서 가장 큰 에메랄드 광산 거물의 소유였는데, 그는 〈포브스(Forbes)〉지의 억만장자 리스트에 올라 있는 사람이다. 그는 수많은 정치적 암살과 살인 혐의를 받고 있는 민병대와 관계가 있다는 이유로 가끔씩 체포되었지만, 그럴 때마다 심문도 없이 풀려났다.

좀 더 가다 보니 아까 본 것보다는 덜했지만 여전히 큰 목장들이 나타났다. 사람들은 그 목장의 소유주들이 마약 거래자들이라고 했다. 오스카르는 전에 거기서 퓨마가 사슴을 쫓아서 사바나를 가로지르는 모습이라든지, 왕뱀이 쉭 소리를 내며 길을 가로지르는 모습을 본 적이 있었다. 그런데 지금은 새들과 손잡이 달린 커다란 빗자루를 닮은 외로운 개미핥기 한 마리를 제외하고 몇 킬로미터에 걸쳐 온통 노랗고 검은 메뚜기 떼만 판을 치고 있었다. 푸에르토 아리메나 근처에서 커피를 마시기 위해 어떤 말로카에 들렀다. 거기 살고 있는 가족들의 말에 따르면, 콜롬비아가 불법 작물을 기른다고 벌주기 위해 미국인들이 메뚜기를 보냈는데, 그것들은 코카 잎이 아니라 식용 작물을 게걸스럽게 먹어댄다고 한다.

좀 더 멀리 가니 카리마구아 국영 실험장 곁의 큰 군사기지 위에 커다란 회전식 레이더 접시가 어렴풋이 나타났다. 공식적으로는 이것은 베네수엘라로 향하는 국제 항공로를 통제하기 위한 것이었지만, 그 지역 사람들은 미국의 마약단속기관이 설치한 것이라고 믿고 있다. 그러므로 얼마 전 정부군 쪽의 헬리콥터를 총으로 쏴서 추락시킨 사람들은 아마도 정기적으로 공격을 해오던 게릴라들이었을 것이다.

이윽고 구티에레스 앞에 전에는 그 자리에서 본 적이 없는 짙푸른 색의 광활한 형상이 나타났다. 20년 전 파올로는 스스로도 미쳤다고 여길 만한 생각을 오스카르에게 말한 적이 있었다. 그때 그들은 비행기를 타고 창백한 녹색 야노스 위를 날고 있었는데, 그 주위 시냇물을 따라 짙은 녹색 리본을 두른 것처럼 대상림이 둘러싸고 있었다. 사바나는 열대우림과 사막 사이에 있는 완충 지역으로 여겨지는 게 보통이었지만, 루가리는 저 시냇물들이 예전의 번성했던 영역을 더듬어 찾는 정글의 손가락들 같다고 주장했다. "이 숲은 다시 번성하게 될 거요, 오스카르!" 하고 루가리는 엄숙하게 덧붙였다. 그때 오스카르는 루가리가 정신이 나간 것은 아닌지 고개를 갸우뚱했었다.

그런데 20년이 지난 지금, 주위의 빽빽한 나무들로 인해 정글 정착지를 연상시키는 가비오타스에 들어서면서 오스카르는 루가리가 전에 했던 말을 떠올렸다. 루가리의 예언이 실현된 것 같아 기이한 느낌이 들었다. 사람들이 소나무 사이에 솟아나고 있는 열대 식물들을 보여주자 오스카르는 확신이 생겼다. 가장 최근에 세어 본 바에 의하면 토종 식물이 245종이나 된다고 한다. 파올로는 이리 될 것을 어떻게 알았을까?

오스카르는 카를로스 산체스와 오토니엘 카레뇨를 따라 1982년에 가비오타스인들이 심어놓은 소나무 숲으로 갔다. 나무를 듬성듬성 베어내서 빛이 들어오게 하고, 열대 식물들이 자랄 여지도 만들어놓았다. 야생의 숲에서 나는 싱그러운 냄새 때문에 조림 지역이라고 생각하기 힘들었다. 온갖 종류의 나무 냄새가 마음을 끌었다. 피커스, 월계수, 시플러라스, 곰팡이, 속새, 자주색과 빨간색의 하카란다, 무화과 덩굴, 쿠라레, 샌드박스 나무, 껍질이 얇은 투노 블랑코, 몇 가지 콩과 식물들, 그리고 그 종을 금방 알아볼 수 없지만 약효가 있을 거라고 여겨지는 온갖 종류의 식물들이 자라고 있었다.

어디선가 거대한 딱따구리 떼가 나무를 쪼는 듯한 소리가 났다. 그 소리를 따라가 보니 송진을 채취하는 사람들이 소나무 껍질에 흠집을 내고 있었다. 카를로스와 오토니엘은 송진이 소나무를 곤충으로부터 보호해준다고 했다. "메뚜기 떼가 소나무만 먹지 않는 것을 보면 알 수 있지요."

송진 채취자들은 가비오타스 모자를 쓰고, 소매가 긴 셔츠를 입고, 독사와 육식성 개미에 물리지 않도록 고무장화를 신고 있었다. 모두 60명 정도의 일꾼이 25만 그루의 나무에서 송진을 채취하고 있다고 한다. 오스카르가 의사로 일할 때 어린아이였던 과이보 인디언들도 많았다. 그들이 가비오타스 로고 장식이 있는 자전거를 타고 숲 안팎을 활기차게 달리는 모습을 보고 오스카르는 어리둥

절했다. "저 자전거들은 어디서 났습니까?" 보고타에 있는 공장에 가비오타스형 자전거를 특수 주문하여 가져온 거라고 카를로스 산체스가 설명해주었다. 가비오타스인들은 몇 개월에 걸쳐 상환한 다는 조건으로 무이자 대출을 통해 공장도 가격으로 그 자전거를 사들였다.

"내년에는 자체적으로 자전거 공장을 시작합니다. 이미 수선소도 있지요." 카를로스는 자기 자전거에 올라탔는데, 핸들바에 책상이 달려 있어 이동 사무실 역할을 했다. 그는 거기서 송진 채취팀을 관리하고 있었다. 그들은 또 다른 숲으로 갔다. 거기서는 낡은 자전거의 속 튜브로 만든 용기를 가지고 송진을 채취하고 있었다. 그 용기는 재활용할 수 있기 때문에 비닐봉지를 사용할 필요가 없었다.

다음에는 커피나무들을 보러 갔다. 카를로스가 수경재배법으로 묘목을 키운 다음 1.5미터쯤 자란 소나무들 사이에 옮겨 심은 것이다. 이 아이디어는 알론소 구티에레스가 냈는데, 그는 커피가 브라질 사바나에서 자랄 수 있다면 콜롬비아에서도 자랄 수 있으리라고 확신했던 것이다.

"탁 트인 평원에서도 실험할 계획입니다만 여기 소나무 그늘 아래서 더 잘 자랄 것 같습니다."

"커피를 기르려면 토양이 기름져야 하는데 비료는 줍니까?"

그들은 시험용 나무를 두 그룹으로 나누었다. 한곳에는 수경재배법에서 사용하는 것과 비슷한 무기물을 보충해주었고, 다른 곳에는 소의 배설물을 주었다. "이것만 가지고도 해낼 수 있을 겁니다. 보십시오." 하며 오토니엘은 몸을 굽혀 부드러운 황갈색 흙을 한 줌 집어올렸다.

오토니엘의 손바닥에는 소나무 잎, 낙엽 그리고 다양한 토종 식물들의 껍질 등이 분해된 부엽토가 놓여 있었다. 오토니엘은 땅을 조금 더 파더니 흙가루를 집어들었다. "소나무는 흙을 너무 산성화시킨다고들 하지요. 하지만 이 흙의 산성도는 주위 사바나에 비하면 훨씬 낮습니다. 우리는 여기서 흙을 만들고 있습니다. 정말 유기적인 흙이지요. 여기서 자라고 있는 것들을 좀 보십시오." 오스카르는 울창하게 자라고 있는 덤불을 둘러보았다. 회색여우 한 떼가 덤불숲으로 사라지는 모습이 보였다.

"이 커피들이 익는 3년 후면, 우리가 여기서 새로운 작물을 하나 더 키울 수 있을지 그 가능성을 확인하게 될 거요. '가비오타스의 유기농 커피' 어때요? 잘 팔릴 것 같습니까?" 그는 씨익 웃고는 일어나서 손을 털었다. "거기서 소나무 냄새가 나면 더욱 재미있을 겁니다."

그들은 물소가 끄는 이륜마차를 따라갔는데, 그것은 송진을 담은 비닐봉지들을 가비오타스로 운송하는 중이었다. 보일러의 배기구가 아직 폐열 전기 발전소의 스팀 엔진에 연결되지 않아서, 하얀 수증기 구름이 공장 뒤에서 소용돌이쳤다. 에르난 란다에타가 상하의가 붙은 진청색 작업복을 입고 보안경과 가비오타스 로고가 새겨진 노란 안전모를 쓰고는, 여러 개의 스테인리스로 된 커다란 원통형의 통 곁에 붙어 있는 금속 계단 위에 서 있었다. 그 통에서는 지금 테레빈유를 정유하는 중이었다. 그는 계단을 내려와서 장갑을 벗고 악수를 했다. 에르난은 몇 분 동안 구티에레스 박사를 데리고 다니며 커다란 스테인리스 통 안에 송진 원액을 넣고 흔들어서 정착시키는 과정을 보여주었다. 그것은 가열되고, 여과되고, 다른 그릇에 옮겨져서 증류되는데, 그런 식으로 테레빈유를 분리해내는 데 90분이 걸렸다. "그런 다음에는…… 와서 이것을 보십시오."

에르난과 같은 복장을 한 사람들이 희미하게 빛나는 스테인리스 실린더들, 파이프들, 아연 도금을 한 홈통들이 모두 달려 있는 한 개의 청동 주둥이 주위에 모여들었다. 그들은 거기로 갔다. 두꺼운 호스가 그 주둥이에 끼워져 있었고, 그 끝은 마분지 상자 뚜껑의 둥근 구멍에 꽂혀 있었다. 그 상자에는 '지속가능한 숲에서 수확한 자연 생산품'이라는 슬로건이 쓰여 있었다. 에르난이 주둥이의 꼭지를 틀자 황금빛 액체가 쏟아져나왔다. 상자에 섭씨 400도의 송진 25킬로그램을 채우는 데 1분 가량 걸렸다. 송진은 공기에 닿자마자 식었다. 호스가 이 상자에서 저 상자로 옮아갔고, 이윽고 상자들은 지게차용 화물 깔판 위에 쌓이기 시작했다.

"구멍 난 상자는 엔리 모야가 고안했습니다." 오토니엘이 설명했다. "전에는 전통적인 방법으로 이 작업을 했습니다. 송진을 알루미늄 통에 채워 굳힌 다음, 곡괭이로 토막 내서 올이 굵은 삼베 주머니에 넣었지요. 하루에 송진이 4톤씩이나 나오니 쪼개는 일만 해도 엄청났지요. 뜨거운 액체 송진을 직접 마분지 상자에 붓는다는 건 불가능한 일이라고들 하더군요. 한 번도 시도해보지 않고 말입니다. 이 디자인은 얼마 전 '혁신적 산업 포장'이라는 이름으로 국가에서 상을 받았습니다."

오스카르는 루이사 페르난다 오스피나라는 이름의 박테리아 학자를 소개받았는데, 갈색 머리에 하얀 실험복을 입은 쾌활하고 부드러운 인상의 젊은 여성이었다. 루이사는 메데인에 있는 페인트 제조업자가 이곳에서 생산한 송진을 모두 사들이고 있으며, 그 질이 아주 고급이라서 매우 폭넓은 용도에 쓰인다고 말했다. 천연송진은 페인트, 에나멜, 니스 외에도 비누, 잉크, 신문용지, 화장품, 향수, 향, 건조제, 약 그리고 현악기 활에 바르는 용도로도 사용되었다. 가비오타스는 그 송진으로 콜롬비아 시장을 장악하기를 바랐다. 자신들과 경쟁할 정도로 소나무를 키우기 위해서는 적어도 10년이 걸릴 테니 말이다.

루이사는 실험실에서 제품의 품질 분석을 위해 굽 달린 큰 컵에 샘플을 붓고 있었다. 그녀는 가비오타스 송진의 밝은 색깔, 순수도, 높은 용해점 등이 왜 시장에 나와 있는 수지 중 최고인지를 보여주었다. "우리는 아직도 더 개선하려고 노력하고 있습니다."

오후에 그들은 공장에서 얼음물을 마시고 밖으로 나갔다. 그 얼음물은 태양열 주전자에서 나온 물을 후안 노보아가 냉장고에서 얼린 것이다. 오스카르는 자기가 없는 사이에 일어난 변화를 보고 무척 놀랐다. "건물 안의 모든 것이 태양열로 작동되는구려. 게다가 전화까지!"

"태양열로 작동합니다." 그들이 자전거를 타고 무선전화 송신탑을 지나는 동안 루이사 페르난다가 말했다. 사탕야자 잎들로 만든 천장 아래 변전기와 충전기들이 보호라도 받는 듯 서 있었다. 오렌지색 모자를 쓴 것 같은 사프론되새 떼가 햇볕을 쪼이고 있는 곤충들을 잡아먹으면서 열두 개의 광전지 모듈 위로 깡충깡충 뛰어다녔다.

일행은 유치원 운동장을 지났다. 이제 시소뿐만 아니라 그네도 이용해 물을 펌프질해 올리고 있었다. 서서히, 그렇지만 확실하게 가비오타스는 루이스 로블레스와 동료 엔지니어들이 고안한 것들을 하나하나 실현시켜나가고 있었다. 가비오타스가 발명한 가장 혁명적인 상품이 될 거라고 기대를 모았던 원격조종 펌프의 모델을 후안 노보아가 근처에 가지고 있었다. 원격조종 펌프는 1992년 과이보 인디언 출신의 천재 기술자인 마누엘 코레도르와 가비오타스에서 논문을 쓰고 있던 공학도 페드로 넬 마르티네스가 합작하여 개발한 것으로, 그것을 사용하면 주민들은 집 안에서도 300미터 떨어진 곳에 있는 우물물을 마실 수 있었다. 그 작은 수동 펌프는 이중의 수압 라인을 이용했다. 한 라인을 통해서는 이중작용 펌프로 끌어올려진 우물물이 저장 탱크로 흘러들어갔다. 다른 쪽, 즉 돌아오는 라인을 통해서는 저장된 물의 무게에 의하여 생성된 압력이 물 퍼내는 일을 상당히 쉽게 해주었다.

그들이 작동해보니, 슬리브 펌프를 사용하는 것보다 조금만 더 힘을 들이면 되었다. 그들은 계속 나아가다 학교에서 잠시 쉬었다. 아이들이 보고타에서 온 화가와 함께 학교 외벽에 벽화를 그리고 있었다. 그 화가는 오스카르에게 가비오타스에서 아주 살고 싶다고 말했다. 운동장에서는 호르헤 엘리에세르 란다에타가 빠른 왈츠 곡조에 맞춰 아이들에게 호로포 춤을 가르치는 모습이 보였다. 호로포 춤을 추기 위해서는 적어도 마흔 가지의 스텝과 동작을 알아야 했다. 호르헤 엘리에세르가 숫자가 적힌 카드를 들어올려 신호를 보내면, 아이들은 휴대용 녹음기에서 흘러나오는 음악에 맞추어 빙빙 돌아가며 춤을 추었다.

루이사가 후아니타 에슬라바와 아나 마리아 루나를 소개했다. 이 두 젊은 여성은 루이사의 옆집에 함께 살고 있었다. 짧게 깎은 밤송이머리를 한 아나 마리아는 안데스 대학교에서 패션 디자인을 공부하고 있었는데, 아주 잘 웃는 편이었다. 그녀는 가비오타스의 농림산업에 알맞은 생태·기후학적인 작업복을 주제로 논문을 쓰고 있었다. 바이올린 연주가이자 소프라노 성악가인 후아니타는 가비오타스인들에게 성악을 가르치면서 한편으로는 야노스 음악을 배우고 있었다. 거의 매일 저녁 음악 수업이 있다고 했다. "문제는 어느 수업에 참석할 것인가를 결정하는 것입니다."

적란운 위로 솟아오른 오후의 태양이 주위 습기로 인해 더욱 커보였다. 푸른색의 커다란 이구아나가 캐슈 나무에서 기어나와 모래가 깔린 배구장에서 몸을 녹이고 있었다. "물을 더 마시고 싶군요." 하고 오스카르가 말했다. 그 근처에 태양열 주전자가 있었다. 주전자는 어디에나 있었다. 납작한 집열기와 두 개의 조그만 탱크가 네 개의 노란 받침대 위에 설치되어 있고, 거기서 나온 파이프가 구아바 나무기둥에 붙어 있는 스테인리스 주둥이와 연결되어 있었다. 그런데 루이사 페르난다가 더 좋은 생각이 있다고 했다. 그리하여 네 사람은 자전거를 타고 매점으로 달려갔다. 그들이 도착하자 곤살로 베르날이 아들 후안 다비드와 함께 2인용 직렬 자전거 위에 막 올라타고 있었다. "내가 사지." 그는 이렇게 말하고는 음료수를 사러 갔다. 다른 사람들은 현관의 계단 입구에 서서 기다리고 있었다. 그 옆에는 스페인어와 과이보어로 종이, 알루미늄, 플라스틱이라고 표기한, 분리수거용 재활용 상자들이 놓여 있었다.

곤살로가 비닐봉지 팩을 들고 나타났다. 차가운 물방울이 구슬처럼 매달려 있었다. 상표에는 '맑은 가비오타스 물'이라고 쓰여 있었다. 봉지 하나가 300밀리리터였다. 그들은 봉지 한 귀퉁이를 이빨로 뜯어낸 다음 물을 마시기 시작했다. 위장병 발병률을 낮추기 위해 깨끗한 물을 병이나 주머니에 넣어 마을마다 배달하고 있다고 곤살로가 설명했다. "아시다시피 이 지역에서 나타나는 병의 80퍼센트가 수인성입니다. 우리는 사람들에게 깨끗한 물을 공급하기 위해서라면 무엇이든지 하고 있습니다."

"좋은 생각이오." 오스카르가 말했다. "이 물은 당신이 만든 태양열 주전자에서 나온 겁니까?"

"아닙니다." 루이사 페르난다가 말했다. 그것은 전에 병원에 물을 공급했던 풍차 자리에서 퍼온 것이었다. 루이사는 그 물과 태양열 주전자에서 나온 물에 박테리아나 기생충이 없는지 검사하기 위해 매일 수질 분석을 하고 있었고, 시냇물이 수영하기에 안전한지 시험하는 일도 하고 있었다. "우물물은 아주 좋습니다. 주전자도 완벽하게 작동합니다. 나는 물에 배설물이 섞여 있을 때도 깨끗이 소독되는 것을 보았습니다."

"'전에 병원에 공급하던'이라니요, 그게 무슨 말입니까?" 오스카르가 물었다. "지금 병원에서는 물을 어디서 구합니까? 그리고 병원에는 언제 가볼 수 있습니까?"

루이사 페르난다가 곤살로를 향해 돌아섰다. "그거야말로 보여드릴 필요가 있는 겁니다, 오스카르." 곤살로가 말했다. "이제 가비오타스에는 병원이 없습니다."

가비오타스 학교의 교장인 테레사 발렌시아가 파올로 루가리와 함께 페페 고메스의 낡은 파이퍼 다코타를 타고 폭풍을 머금은 시커먼 구름을 뚫고 가비오타스를 향해 날아가고 있었다. 이웃 마을 목장주가 비행기를 몰고 있었다. 그는 그의 젖소들이 보툴리누스 중독에 걸리지 않도록 소금과 무기질을 뿌려주러 목장에 가는 길에 그들을 내려줄 터였다. 안데스 산맥이 소용돌이치는 회색 구름 안으로 사라졌다. 맑은 하늘이 나타나자 야노스가 내려다보였다. 일찍 내린 비로 사바나는 콜롬비아 에메랄드처럼 녹색을 띠고 있었다. 비행기 아래 내려다보이는 길은 녹슨 붉은색 줄처럼 보였는데, 물이 범람한 부분은 은색으로 변해 있었다.

파올로는 테레사에게 최근 콜롬비아 남부 톨리마로 여행했던 이야기를 들려주었다. 톨리마는 마그달레나 강 양안에 있는 지역으로 강 계곡의 서쪽은 토양이 건조하고 척박했다. 그곳은 콜럼버스가 아메리카 대륙에 오기 전부터 피하오 인디언의 땅이었고, 1991년 이래 콜레라 발병 지역이기도 했다. 콜레라가 처음 발병하면서 열 명 정도 사망하자, 피하오 인디언들은 깊은 곳에서 오염되지 않은 물을 퍼올릴 수 있도록 가비오타스의 슬리브 펌프를 구입해달라고 지방 행정관에게 탄원했다. 이제 또다시 콜레라가 번지고 있었다. 들리는 바에 의하면 수백 명이 감염되었는데 가비오타스 펌프를 사용하는 사람들만 병에 걸리지 않았다고 한다.

"공중위생의 기준을 1인당 병상 수로 가늠할 게 아니라 수도꼭지 수로 가늠해야 합니다." 루가리가 말했다. "마시는 물을 근본적으로 바꾸어준다면 대부분의 사람들은 병원에 가지 않아도 될 겁니다."

"물이 모든 걸 해결해주는 건 아니지요." 테레사가 상기시켰다. 지난달 그녀는 임신 3개월 사이에 생긴 문제로 보고타에서 산부인과 특진을 받았다. 의사들은 태중의 아이는 여아로, 위험하지 않으니 집으로 돌아가도 된다고 했다. 하지만 안전을 위해 아이는 병원에서 낳아야 한다는데, 그것은 아이를 가비오타스에서는 낳을 수 없다는 것을 의미했다.

파올로는 이를 애석하게 여겼지만 어쩔 수가 없었다. 국가가 모든 국민을 대상으로 새로운 건강제도를 채택했던 것이다. 개인건강보험조합을 통해서든, 연방 사회보장제도를 통해서든 모든 사람이 이 제도에 가입해야 했는데, 이제 이 둘은 고객을 확보하기 위하여 사설 의료시설과 경합하고 있었다. 시장 경쟁을 통해 더욱 효과적인 의료서비스를 공급하자는 발상에서 나온 것이지만, 원산지인 미국에서조차 만족보다는 불쾌감을 더 불러일으켰다. 미국의 그런 의료정책이 콜롬비아에서 새 제도의 모델이 되었던 것이다. 그럼에도 불구하고 그 계획은 가난한 사람들도 다른 사람과 같은 수준으로 배려받을 수 있는 것처럼 약속하여 그들에게는 마치 혜택처럼 여겨졌다.

이제 '헬스 서버(health server)'라고 알려진 병원에는 적어도 네 명의 전문의가 있어야 했다. 뼈에 이상이 있는 사람은 정형외과 의사가 치료하고, 출산은 산부인과 의사가 감독하며, 어린이 질병은 소아과 의사가 치료해야 했다. 병원은 구급차를 제공해야 했고, 회계장부도 적어야 했다. 병원이 돌보는 환자 수도 정해져 있었다.

곤살로 베르날이 주의 수도로 가서 그 수가 얼마나 되느냐고 묻자 2000명이라는 대답이 나왔다.

"야노스 한가운데서 그게 어떻게 가능합니까?" 어떤 공무원에게 묻자 그는 어깨만 으쓱거릴 뿐이었다. 그러고는 농촌 지역에서는 자체로 건강보험법인을 구성하면 지방 병원과 계약을 맺을 수 있다고 말해주었다. 그런데 건강보험법인이 합법적으로 구성되려면 가입자가 적어도 1만 5000명은 되어야 했다. 가비오타스에서 반경 4시간 거리 안에 사는 사람은 3000명 정도밖에 안 되었다. 그렇게 광활한 지역에서 다른 농촌 지역과 결합한다는 것은 말도 안 되는 소리였다. 지역의 열악한 통신 조건으로는 감당할 수 없었던 것이다.

이런 장애는 극복할 수 있다 하더라도, 가비오타스 등 농촌 병원들은 환자들과 전문의들이 아주 모자랄 것이다. 그렇게 많은 의사를 구할 수도 없을 뿐 아니라, 의사가 자신이 전문으로 치료하는 환자가 나타날 때까지 여러 날 기다린다는 것은 불합리한 일이었다. 법률상으로 농촌의 인턴들은 감기와 열병 이외에는 치료할 수 없었다. 그 새로운 법은 도시에서는 어느 정도 일리가 있었지만, 가비오타스의 병원을 무용지물로 만들어버렸다.

"우리는 융통성이 있어야 하고 이를 기회로 삼아야 합니다." 파올로가 테레사에게 말했다. 테레사가 시큰둥한 표정을 짓자 그는 "방금 무슨 일이 일어났는지 들어보시오." 하고 덧붙였다.

방금 일어난 일이란 가비오타스를 둘러본 오스카르 구티에레스가 곧장 자신을 만나러 온 것이었다. 오스카르는 이전의 병원을 돌아보았다. 그는 독창적인 설비들과 원주민 환자를 위해 지은 아름다운 말로카를 보았다. 말로카에는 사기로 만든 화장실이 있는데, 그것은 가비오타스가 주변의 공동체들 안에서 시작하려고 하는 공중위생 설비 프로그램을 위해 구입한 것이었다.

오스카르는 물 공장에 가보았다. 그것은 전에 외과 수술실 곁에 있던 회복실에 있었다. 마스크와 모자를 쓰고 비닐장화를 신은 두 여성이 페달로 작동하는 봉합 기계 옆에 서서 스테인리스 파이프에서 나오는 깨끗한 가비오타스 물을 비닐봉지에 채워넣고 있었다. "두 명의 작업자가 하루에 1500봉지를 채울 수 있지요." 루가리가 테레사에게 말했다. 가비오타스에서는 그 지역에 물을 배급하는 데 그치지 않고, 이 같은 공장을 저비용으로 다른 농촌 공동체들에도 세울 계획을 가지고 있었다. 호르헤 엘리에세르 란다에타는 호로포 춤 음악을 작곡했는데, 그것을 가지고 어린이들과 함께 비차다를 돌아다니며 사람들에게 깨끗한 물을 마셔야 한다는 사실을 계몽하기 위해 순회공연을 열 예정이었다.

오스카르는 근처의 수경재배 정원을 돌아보면서 이 건물을 병원으로 사용할 수 없다면 약초연구소로 만드는 게 좋겠다는 생각을 하게 되었는데, 이는 그들이 바라던 바였다.

"오스카르는 글라디스의 안내를 받아 약국으로 가서 우리가 보유하고 있는 약초로 만든 약들을 구경했지요. 이제 우리가 항생제를 처방하는 것은 위법입니다. 그들은 오스카르에게 님 나무(neem trees)들을 보여주었어요."

최근에 가비오타스에서는 200그루의 님 나무를 심었는데, 그 나무덤불은 인도에서 마을약국으로 알려졌다. 뿌리에서 잎에 이르기까지 하나도 버릴 게 없었던 것이다. 님 씨앗에는 항생물질이 들어 있었고 그 잎에서 뽑아낸 추출물은 궤양과 염증을 치료하는 데 사용되었다. 가비오타스 학교 어린이들은 구티에레스 박사에게 그 껍질이 천연 살충제이고 사과를 저장할 때 님 나무의 기름을 바르면 상하지 않는다고 설명해주었다.

"잔가지들을 칫솔로 쓸 수 있다는 소리를 듣고 그가 아주 좋아했지요." 하고 파올로가 말했다.

어느 날 저녁, 오스카르는 가비오타스의 손님 숙소로 돌아가던 길에 자기가 무엇을 하고 있는지, 또 무엇을 하고 싶어하는지 문득 깨달았다. 그는 세상에서 가장 위험한 나라에서 해가 진 후에 혼자 걷고 있으면서도 세상 어느 곳보다 안전하다는 느낌이 들었다. 그의 생각을 잠시 중단시키기라도 하듯, 미술 교사의 다섯 살 난 딸아이가 자전거를 타고 지나가며 저녁 인사를 했다. 칼리 등 오스카르가 전에 살던 지역에서는 밤에 어린아이 혼자 자전거를 타고 다닌다는 것은 상상도 못 하던 일이었다.

25년이 지났는데도 가비오타스는 게릴라의 유혹에 빠지지 않았다. 여기 주민들은 문을 잠그지 않는다. 그날 아침만 해도 그는 아침식사를 하러 서둘러 나가는 바람에 방바닥에 지폐 몇 장을 떨어뜨렸다. 그런데 나중에 돌아와 보니 침대는 깨끗이 정돈되어 있고, 베개 위에 지폐가 가지런히 포개진 채 올려져 있었다. 식당을 나올 때도 놀라운 사실을 발견했다. 15명 정도의 송진 채취자들이 일할 장소를 배정받기 위해 기다리면서 커피를 마시며 잡담을 하고 있었다. 그런데 그들에게서 뭔가 빠져 있는 것 같다는 느낌이 들었는데 마침내 그게 무엇인지 알아냈다. 머리 위로 담배 연기가 나지 않았던 것이다. 그것은 의사가 보기에는 아주 기분 좋은 일이었지만, 라틴아메리카를 포함해 그 어느 지역에서든 노동자들 사이에서는 아주 드문 현상이었다. 그들은 오스카르 구티에레스가 아는 한 가장 건강한 사람들이었다. 만약 그들을 실망시킨다면 벌 받을 거라는 생각이 들었다.

"그래서 오스카르는 자기네 대학을 설득해 가비오타스를 약초 연구를 위한 공식적인 농촌 실험실로 삼아야겠다고 마음을 먹었지요." 하고 루가리가 결론삼아 말했다.

오스카르는 여러 세기에 걸쳐 민속식물에 대해 소중한 경험을 쌓아온 과이보 등 오리노코 지방 인디언들을 고용할 수 있을 거라고 말했다. 그들의 값진 지식에 대해 특허권 사용료를 받아줄 수 있을지도 모른다는 말도 덧붙였다. 그 무렵 미국의 압력을 받은 콜롬비아 정부가 코카 재배자들에게 대체 작물을 경작하라고 설득하는 프로그램이 있었다. 문제는 코카나무를 재배하면 카사바, 벼, 바나나 등 다른 작물을 재배하는 것보다 이윤이 50배나 더 남는다는 데 있었다. 설사 그렇지 않더라도, 다른 작물들을 운송하는 데 필요한 도로가 없으면 재정적으로 파탄할 수밖에 없었다. 가비오타스는 프로그램을 감당할 수 있는 관개시설을 설계하라는 요청을 정부로부터 받았지만, 아직 코카 재배를 포기하도록 유도하는 일이 별로 진척되지 않고 있었다.

"그런데 약초들은 1그램에 500달러나 나갑니다. 더 비싼 것도 있지요. 그리고 아주 가벼운 데다 그 자리에서 가공 처리할 수 있기 때문에 시장에 내다 파는 데도 문제가 없습니다." 오스카르가 주장했다.

"이것이 불법적인 마약과 경합할 수 있는 유일한 방법입니다. 이렇게 하면 인디언들과 열대 식물을 구할 수 있고, 그 과정에서 건강도 지킬 수 있습니다. 어떻게 해서든 이 일을 성사시킬 방법을 강구해야 합니다, 파올로!"

"그러는 사이에 의사의 도움이 필요할 때는 어떻게 해요?" 비행기가 가비오타스 위를 빙 돌 때 테레사가 자기 배를 톡톡 두드리면서 물었다.

"여태 해왔던 대로 해야죠. 민간 비행 정찰대와 비행사들이 제시간에 시내까지 데려다줄 거라고 믿는 거요. 그리고 최선이 되도록 기도하는 거죠."

테레사는 고개를 가로저었다. 병원이 없다는 사실이 아주 큰 손실로 여겨졌다. 하지만 비행기가 착륙지에 도착하자 그들은 기뻐 환호하는 학생들에게 둘러싸였다. 테레사의 표정이 아주 밝아졌다. "테레사 선생님, 선생님이 놓친 거 모두 말씀드릴게요."

테레사는 무릎을 꿇고 아이들을 껴안으며 뽀뽀를 해주었다. "그래, 내가 뭘 놓쳤니?"

먼저 테레사는 '자전거의 날'을 놓쳤다. 자전거 선수들이 카리마구아에서 가비오타스로 자전거를 타고 갔는데, 한때 여기서 살았던 사회학자 알폰소 블랑코와 그의 아내 루이사 페르난도도 함께 달렸다. 루이사는 의사로서 1980년대에 가비오타스에서 한 해 동안 농촌 의무봉사를 한 적이 있다. 그날 오후 모두 자전거를 타고 노새가 다니는 길로 20킬로미터 떨어진 과이보 마을 카리베이로 갔다. 거기서 의사 루이사 페르난다가 나병에 걸린 한 여성을 진찰했다. 그런 후 박테리아 학자인 또 다른 루이사 페르난다와 함께 설사와 탈수증을 피하는 방법에 대해 강연했다. 그들의 통역자는 루이스 아델리오 치피아헤였는데, 그는 과이보 송진 채취자로 올해 야노스 마라톤에서 가비오타스 대표로 뛰어 2등을 하기도 했다. 그리고 나서 그들은 야자 잎으로 만들어진 옥외 변소에 처음으로 수세식 변기를 설치했다. 마침내 인디언들은 그들을 위해 춤을 추면서 모두 함께하자고 손을 잡아끌었다.

다음 날 사회학자 알론소가 가비오타스 10대 청소년들에게 이성관계와 성에 관한 강습회를 열었다. "그런데 우리 중에 살금살금 들어가서 들은 아이도 많았어요." 하고 아이들이 말했다.

"그걸 놓치다니 참으로 안타깝구나!"

"그뿐인가요? 선생님은 국제 여성의 날도 놓쳐버렸어요."

그날 일하는 여성은 아무도 없었다. 남성들이 새벽 3시에 일어나서 요리용 화덕에 불을 붙이고, 오렌지를 짜서 주스를 만들고, 치즈를 넣은 콘 케이크, 감자, 쌀, 핫 초콜릿 등 아침식사를 준비했다. 그 전날 저녁 카를로스 세이하스를 비롯한 다섯 남자들이 무코 강으로 내려갔다. 그들은 피콕배스(농어의 일종) 잔치를 준비하기 위해 밤을 꼬박 새며 낚시를 했다. 피콕배스가 주요리인 저녁식사 후에 아이들은 어머니들을 위해 공동체 홀에서 화려한 공연을 했고, 모든 여성이 선물을 받았다.

그날 오후 파올로 루가리는 '국제 여성의 날'에 대해 들었는데, 남성들은 뜻밖의 사실을 알게 되었다. 아브람과 오토니엘은 가비오타스에서 가장 가비오타스 같지 않은 곳은 주방이라고 말했다. 주방일은 공장이나 숲 속 일터에 비해 훨씬 소모적이었다. 아침에 엄청난 양의 물을 끓이기 위해서는 태양열 온수기가 더 많이 필요했다. 설거지하는 데도 시간이 너무 많이 걸려 아침식사 준비팀이 일을 마치고 나면 거의 정오가 되었다. 겨우 끝낼라치면 점심식사 준비팀이 나타나서 깨끗한 쟁반을 달라고 할 정도였다. 태양열 압력밥솥도 없었다. 병원 주방에도 있는 압력밥솥이 왜 가비오타스 주방에는 없는지 모를 일이었다.

파올로가 말했다. "송진 수확이 잘 되고 파종이 성공적으로 끝나면 내년쯤 주방을 개조할 돈이 생길 겁니다. 우선 그것부터 해결합시다. 주방에 태양열 온수기를 설치하지 못할 이유가 없지 않습니까? 우리에게는 집열기가 많으니까요."

'국제 여성의 날'에 또 다른 일이 일어났다. 일단의 과이보들이 곤살로에게 다가와서 축제에 참여할 수 있겠냐고 물었던 것이다. 그날 저녁 가비오타스에서는 두 종류의 과이보 춤이 상연되었다. 그들은 이마에 띠를 두르고, 모리체 나무와 세헤 야자 잎으로 만든 치마를 입고 몸에 페인트칠을 하는 등 축제옷을 차려입었다. 그 춤에 맞추어 과이보 사제가 깃 달린 대나무 창을 들고 영양 뿔로 만든 호각을 불면서 불 옆에 쪼그리고 앉아 노래를 불렀다. 그 중 하나는 여성들에게 경의를 표시하기 위한 것이었고, 다른 한 곡은 노랑부리제비갈매기로 상징되는 가비오타스에 경의를 표하는 것이었다. 과이보들은 제비갈매기를 '아카레토'라 부르고, 야네로들은 '가비오타'라 불렀다.

댄서들은 피부가 검은 인디언들과 창백한 가비오타스 야네로들이었는데, 과이보들은 그들에게도 옷을 입히고 페인트칠을 해주었다. 그들이 함께한 축제는 다른 곳에서는 알아채지 못했겠지만, 그것은 작은 사건이었다. 한때 백인들이 인디언을 사회의 해충처럼 취급하던 곳, 원주민이라는 말이 여전히 오명으로 여겨지는 곳에서는 전례 없는 일이었던 것이다. 이런 일은 콜롬비아의 황무지라고 할 수 있는 아주 외딴 작은 마을에서 일어났지만, 오랜 세월 동안 콜롬비아에서 일어난 사건들 중에서 가장 희망적이었다. 아마도 누군가는 전 세계적인 차원 혹은 우주적인 차원에서 그 의미를 인식하게 될지도 모른다.

"이제 우리 학교에 뭐가 필요한지 말해야겠어요." 하고 미술 선생 누비아 페리야가 말했다. 학교 교장인 테레사가 오후의 휴식을 취하고 있는 동안, 누비아가 팀장 모임에 참석했다. 그 모임에는 교육뿐 아니라 기계 작업장, 공장, 주방, 유지 관리, 산림, 전기, 목공, 가축과 텔레커뮤니케이션(오마르 마린이 임시로 가축과 전화를 함께 관리하고 있었다), 행정 그리고 특별한 기획을 담당하는 사람들이 다 모였다.

이는 월례 모임으로, 얼마 동안 토의할 게 별로 없는 것 같아 모든 사람의 암묵인 동의하에 자주 만나지 않았다. 왜 그랬는지 확실히 아는 사람은 없다. 곤살로 베르날은 모든 사람이 각자 좋아하는 일을 택했으므로 기본적으로 만족하기 때문이라고 했다. 이 제도는 적어도 자유로운 의사소통을 격려했다. 따라서 가비오타스에서는 문제가 생겼을 때 간부회의를 열어 어떤 결정이 내려질 때까지 기다리기보다는, 대부분의 문제점을 그 자리에서 제기하고 또 고칠 수 있는 내부 수정 메커니즘이 잘 작동하고 있었다. 누비아는 도서관이 새니까 내일 비가 내리기 전에 고쳐야 한다고 말했다. 그리고 자연사박물관을 새 '가비오타스연구센터'(예전의 병원을 이렇게 불렀다)로 옮기지 말고, 어린이늘이 매일 볼 수 있도록 학교로 옮기는 게 낫겠다고 제안했다. 그들은 잠시 상의한 후 지붕을 새로 만드는 게 더 시급하다는 결정을 내렸다. 박물관에 관한 일은 다음 파종 시기까지 기다려야 했다.

무선전화 송신탑 근처에 있는 나무에서 오로펜돌라 둥지가 떨어졌는데 아이들이 거기 올라가서 한 짓 같다고 누군가 말했다. 가비오타스에서 어른들은 아이들이 잘못하는 일이 있으면 누구든지 훈계할 수 있는 권위와 책임이 있다고 서로 상기시켜주었다.

팀장들은 새로운 물 공장에 대해 상의했다. 아브람 벨트란은 공장에서 여성 일꾼들이 채운 물 봉지 상자를 운반하는 더 효과적인 시스템을 마련해야 된다는 데 동의했다. 일종의 썰매가 필요할지도 모른다. 그들은 조정자 사무실 바깥의 노란 알라만다 나무가 그늘을 드리운 놀이터 테이블 주위에 둘러앉아 대화를 나누면서 그들이 생산한 물을 시음했다. 장부 기록자인 카를로스 카냐스가 매점에서 눈을 가리고 한 테스트에 대해 보고했다. 자신을 포함한 다섯 명 모두가 도시의 경쟁력 있는 회사의 상품보다 가비오타스의 물을 택했다는 것이다. "우리 것이 좀 더 달콤하더군요." 물봉지를 들고 건배를 하면서, 부딪쳐도 쨍그랑 소리가 나지 않았으므로 그들은 서로 얼굴을 마주보며 웃었다. 그들은 또 소비자들에게 비닐봉지 재활용에 대한 교육을 해야겠다고 말했다. 그러자 곤살로는 호르헤 엘리에세르의 순회공연에 환경문제를 일깨우는 촌극도 포함되어 있다고 말했다.

아이들을 위한 미니 농구장과 배구 선수들의 학습에 쓸 올림픽 배구 경기 녹화 테이프가 필요하다는 요청도 있었다. 카를로스 카냐스는 그것들을 구입할 수 있다고 말했다. 참신한 변화였다. 1년 전만 해도 돈이 하도 없어서 회계장부를 들주어볼 필요가 없을 성 도였다. 그 사이에 먼지 쌓인 선반 위에 포개진 채 놓여 있는 장부 중 하나에 풍금조가 둥지를 틀고 새끼를 낳아 기르고 있었다. 파종 시기를 코앞에 두고 논의가 시작되자 파올로 루가리가 와서 끼어들었다. 그는 악기 공장을 만들어야겠다는 제안에 대해, 그리고 그가 톨리마에서 본 피하오 인디언 여성조합에 대해 몇 가지를 말했다. 그 조합에서는 가비오타스 슬리브 펌프로 퍼올린 물로 구아바 캔디를 만들어내고 있었다. 가비오타스 여성들도 구아바와 망고를 가지고 비슷한 사업을 할 수 있을 것이다. "하지만 이러한 문제들은 기다릴 수 있습니다. 계속하십시오."

먼저, 그들 모두가 하프와 콰트로 악기 공장을 세운다는 아이디어에 관심이 많다는 것을 인정하면서 논의를 계속했다. 그리고 송진 공장에 남성 인력이 늘어남에 따라 여성을 참여시키는 사업도 필요해질 것이었다. 외로운 사바나 한가운데 있는 가비오타스가 욕구 불만으로 가득한 독신자들로 넘쳐나지 않도록 말이다.

그들의 논의는 주요 안건, 즉 나무를 심는 일로 옮아갔다. 그들은 24시간 내내 일할 것인지, 혹은 1995년에 200만 그루의 나무를 심을 때 그랬듯이, 2주일이 더 걸리더라도 교대로 일할 것인지를 결정해야 했다. 어떤 방법을 택하든 폼필리오는 다른 그룹, 이를테면 작업팀이나 유지관리부 같은 데서 노동력을 빌려와야 했다.

이것은 쉬운 문제가 아니었다. 아브람도 도서실 지붕을 고쳐야 하는 등 해야 할 일들이 쌓여 있었던 것이다. "당신은 우리 부서의 사람들을 모두 데려갈 수는 없습니다." 그가 폼필리오에게 말했다. 그들은 머리를 맞대고 그 문제에 대해 의논했다. 파올로 루가리는 가비오타스인들이 늘 서로의 눈을 들여다보며 차분한 토론을 통해 결론에 이르는 모습을 경외에 찬 눈초리로 바라보았다. 위협받는 사람은 아무도 없었고, 모두가 서로 존중하는 분위기였다. 결국 그들은 해결점을 찾았고 또 다른 문제로 넘어갔다. 이는 모든 사람이 참여하는 공동체의 특징이었다. 2년 전 매점 주인이 자신의 신혼여행에 쓰느라 돈을 횡령한 적이 있었다. 가비오타스인들은 그 부부가 그 돈을 갚을 때까지 조용히 공동체로부터 추방했다. 그들은 자기 자리를 지킬 수 있었지만, 그 문제가 해결될 때까지 공동체 내의 사회활동에는 일절 참여할 수 없었다. 이는 효과적이면서 평화적이고, 공정하면서 교훈적인 해결책으로 다시는 그런 일이 일어나지 않을 것이었다.

또한, 그들이 하는 일은 그들의 사회만큼이나 인상적이었다고 파올로 루가리는 사람들을 만날 때마다 말했다. 대학 졸업장도 없는 사람들이 이 나라에서 가장 혁신적인 임산업을 운영하고 있었다. 그들은 정부의 조림 프로그램을 전부 합친 것보다 더 많은 나무를 심었을 뿐 아니라, 현대적인 가공 처리 공장도 경영하고 있었다. 루가리는 최근에 호르헤 삽이 유엔에서 출판한《민중을 위한 실제적 협동(Virtual Corporations for the People)》이란 책에서 말한 것과 그들을 자랑스럽게 비교했다. 그들은 자주권을 가진 노동자로서, 높은 자리에 고립된 채 틀어박혀 있는 고고한 관리자가 아니라, 함께 생각하고 모은 정보를 공유하는 가운데 자신들이 생산한 물건과 그 품질에 대해 소유권과 긍지를 가지고 있는 사람들이다.

가비오타스인들은 구태의연한 조직이라면 감당할 수 없을 정도로 빨리 돌아가는 세상에 신속히 적응할 수 있도록 자신을 변화시키고 재조직할 수 있는 융통성이 있었다. "가비오타스는 모델이 아니라 길입니다." 파올로는 사람들에게 그렇게 말하곤 했다. 이제 그 길이 다시 방향을 바꾸려고 한다. 그들은 미지의 재앙을 막으며 성장하려 하고 있다. 가비오타스는 임산업을 운영하기 위해 3년 안에 적어도 500명의 인원과 수많은 기획들이 필요해질 것이다. 새로운 약초 실험실에서 일할 과학자들이 도착할 것이고, 예상대로 송진에서 이익이 계속 난다면 엔지니어들을 도로 데려올 자금도 생길 것이다.

루가리는 반드시 그렇게 될 거라고 확신했다. 알론소 구티에레스는 특히 아버지가 커피 농장에서 납치되어 살해된 후로 자기가 야노스를 얼마나 그리워하는지 계속 말해왔다. 어느 날 저녁, 알론소는 비차다 주의 주지사 선거에 출마하여 돌아오겠노라고 했다. 더욱 놀라운 점은 모든 야네로들이 그의 출마를 진지하게 받아들이고 격려했다는 사실이다.

얼마 전 가비오타스는 보고타 근처에 있는 시립 수영장의 물을 데우는 데 태양열 에너지와 천연가스 기술을 사용하기로 계약을 맺었다. 그것은 하이메 다빌라의 최근 작품으로, 그는 다시 그들과 함께 일하고 있었다. 그런가 하면, 최근에 미국에서 방문한 마그누스 제텔리우스는 미시간 주의 겨울에 진저리가 났다고 고백했다. 이제 그의 아들이 장학생으로 공과대학에 들어가게 되었다고 했다. 그는 아들이 장학금을 타게 된 것은 가비오타스의 몽상가 엔지니어들 사이에서 성장한 체험을 기록한 에세이 덕분이라고 말했다. "이제 나는……"

"이곳은 언제나 당신의 고향이오." 루가리가 말했다.

"나는 미국에서 가비오타스보다 더 좋은 곳을 보지 못했소." 마그누스가 대답했다.

그런데 가비오타스가 공동체의 태동 이래 그들 주위를 둘러싸고 있는 국가적 · 시대적 혼란 가운데서 끊임없이 추구해왔던 물음이 있다. "공동체의 크기는 어느 정도여야 하며, 어떻게 가비오타스의 정체성을 유지할 것인가? 가비오타스가 성공적으로 성장하여 더 많은 사람이 야노스에 와서 살게 된다면 어떻게 될 것인가?" 이는 파올로가 그들과 토의해야 할 문제이다. 하지만 지금은 아니다. 내일 하자.

다음 날 점심시간에 파올로는 곤살로와 세실리아에게 작은 장난감 통나무배 같은 것을 보여주었다. 토종 차파로 나뭇가지로 만든 것이었다. "오스카르 구티에레스가 나를 위해 만들어준 거요." 그는 거기에 물을 부어 잠시 스며들게 한 다음 훌쩍 마셨다. "당뇨병 치료를 위한 약초 추출액이오. 이걸 마시고부터 상태가 아주 좋아졌다오. 우리가 이걸 생산할 수 있다고 하는군. 그리고 이 약을 복용할 환자들이 아주 많다고 하오." 그는 두 손가락 위에 그것을 올려놓고 균형을 맞추었다. "스벤도 이걸 좋아했을 텐데……."

1년 전 스벤 제텔리우스는 폐기종으로 숨을 거두기 직전에 아들 마그누스와 함께 마지막으로 가비오타스에 왔다. 폭풍우가 몰아치는 적도의 한겨울이었지만 굳이 오려고 했던 것이다. 그는 말년을 여기서 보내다 묻히고 싶어했다. 가비오타스에 대학 교수들의 은퇴 공동체를 만들어 그곳의 첫 거주자가 되기를 원했던 것이다. 파올로는 "그러고 보니 은퇴 공동체에 대해서도 생각해봐야겠군."

하고 중얼거리고는 "오늘 오후에 트럭을 타고 어딜 가야겠는데 누구 운전할 사람 없을까?"라고 곤살로에게 물었다.

"카를로스 삼브라노가 할 수 있을 겁니다."

"좋소, 내가 말해보겠소."

"트럭은 어디에 쓰려고 그러십니까?"

"몇 사람과 함께 비야카미사에 갔으면 좋겠소."

"오늘은 오후에 카를로스가 체스를 가르치는 날 아닌가요?" 세실리아가 물었다.

카를로스 삼브라노는 야노스의 체스 챔피언으로 가비오타스에서 거의 20년을 살았다. "그건 화요일이오." 곤살로가 말했다.

"함께 가지 않겠소?"

세실리아는 사양했다. 배구 경기를 놓치고 싶지 않았던 것이다. 그날 오후에 파올로, 곤살로, 카를로스 카냐스, 오토니엘 카레뇨 그리고 카를로스 삼브라노는 숲으로 갔다. 그들은 방화대 한가운데를 달렸다. 도중에 트럭을 세우고 세 개의 점이 박혀 있는 흰꼬리 수사슴과 아름다운 황갈색 암사슴을 구경하기도 했다. 3톤 트럭 짐칸에 선 루가리는 흐뭇한 표정으로 주위를 둘러보았다. 그리고 친구들에게 말했다. "약속해주게, 언젠가 내가 죽으면 이 숲에 묻어주겠다고."

그들은 계속 달렸다. 마침내 카를로스 산체스가 송진 채취자들과 함께 서 있는 모습이 보였다. 일을 마친 노동자들이 자전거에 올라타고 있었다. "일은 잘 돼갑니까?" 오토니엘이 물었다.

"잘 되고 있습니다. 소나무 한 그루에서 하루에 송진 9그램을 채취하고 있지요."

카를로스 카냐스가 계산기를 꺼냈다. 첫해에 그들은 107톤의 송진을 생산했다. 그런데 올해는 500톤을 예상하고 있다. "그렇게 될까?" 루가리가 물었다.

"그러려면 한 달에 50톤을 생산해야 합니다." 카냐스는 이렇게 대답한 후 암산을 하느라 눈을 감았다. "할 수도 있고 못 할 수도 있겠군요. 그런데 목표에 가까이 가기는 할 겁니다."

"좋소, 탑시다." 루가리가 산체스에게 말했다. "미래를 선택하러 가야겠소."

카냐스와 삼브라노는 트럭의 운전석에 올라타고, 다른 사람들은 짐칸에서 얇은 널빤지를 꼭 잡고 서서 이리저리 흔들리고 있었다. 수많은 메뚜기들이 후다닥 튀어 달아났다. 루가리가 비야카미사로 달리라고 외쳤다.

비야카미사는 오리노코 횡단 고속도로의 깊이 팬 바퀴 자국을 따라 가비오타스의 동쪽으로 가다 보면 나오는 면적 2000헥타르의 땅으로, 여러 해 전 자금이 있을 때 사들인 것이었다. 이곳은 아득한 옛날 한때의 진동으로 평평했던 사바나에 주름이 생겨 시냇물 위에 솟아오른 잔물결 같은 길고 낮은 언덕배기가 펼쳐진 땅이다. 1년 전, 가비오타스인들은 이 주름진 땅의 일부에 소나무를 심었다. 파올로가 보고 싶어하는 곳에 가까워지자, 그들 앞에 키가 60센티미터쯤 되는 소나무들이 어지럼증을 일으킬 정도로 줄지어서 있는 노란 언덕이 파상적으로 펼쳐졌다. 다시 내리막길에 이르자 루가리가 운전석을 두드리며 "저쪽 밑으로 가세." 하고 사탕야자 숲을 가리켰다. 그것은 분지의 남쪽 가장자리를 마치 거대한 붕대로 두른 듯한 모습이었다.

차가 덜컹거리며 달리는 바람에 모두 이리 흔들 저리 흔들 했다. 스펀지처럼 부드러운 땅에 이르자 그들은 차에서 뛰어내렸다. 그러자 은신처에 숨어 있던 올빼미 여남은 마리가 구멍에서 튀어나왔다. 야자나무 숲 사이의 빈터에서 잔잔하면서도 신선한 바람이 불어왔다. 이 바람은 숲 속에 길게 감추어진 시내를 따라 불었고, 시내는 남쪽에 있는 산등성이 사이로 꼬리를 감추었다. 그들은 발 아래 펼쳐진 아름다운 대지를 음미하며 잠시 서 있었다.

파올로가 그들을 주위로 불러모았다. "8년 안이라면 2004년……. 그때는 송진 채취자들이 600명은 될 거요. 새로 고용된 송진 채취자들이 가비오타스에 잘 적응하고 있고, 또 이곳의 생활방식을 좋아하고 있소. 그들은 독신자 숙소가 아니라 근처 정착지에서 자기 가족들과 함께 살 필요가 있소. 여성들이 일할 수 있는 공장도 필요하오. 음료수와 과일 통조림 그리고 하프를 만드는 공장 말이오. 거기에 대해서는 한 번도 생각해보지 않았는데……. 아마 만들게 될 거요."

파올로는 모자를 벗고서 부드럽고 상쾌한 바람을 들이마시며 잠시 눈을 감았다. "나는 20가구쯤으로 이루어진 마을들을 생각하고 있소. 가비오타스에서 자전거로 20분 정도 걸리는 곳에 자리 잡은 작은 위성마을들 말이오. 각 가정은 가비오타스에서 일하면서 집과 2헥타르 가량의 땅을 소유할 거요. 집을 지을 때는 가비오타스의 아이디어를 이용하고 가비오타스 건축가의 도움을 받아 집주인이 설계할 거요. 건축학과를 나온 사람만 설계하란 법은 없소. 우리에게는 법이 인가한 건축가가 아니라 실제로 제 구실을 하는 건축가가 필요하오. 사람들은 사탕야자나무 숲, 사바나, 삼림,

혹은 이 언덕들 가운데서 자신들이 살고 싶은 터를 선택할 수 있을 것이오."

루가리는 잠시 말을 멈추고 주위를 둘러보았다. 모두 기뻐 어쩔 줄을 몰랐다. "내가 방금 말한 것은 의무가 아니오. 모든 일이 내가 아니라 여러분이 하기에 달려 있소." 누군가가 그의 어깨에 팔을 둘렀다. "여기에 내가 살 집을 지을 것이오. 나는 여러분을 내 이웃으로서 사랑하오. 1970년대에 우리는 가비오타스를 확장하는 문제를 생각한 적이 있긴 했소. 하지만 시기상조였지. 드디어 시기가 무르익었고, 이제 5년 안에 그 첫 번째 단계를 시작할 거요. 그당시 우리는 그것을 '트로피칼리아(Tropicalia)'라고 불렀소. 그것을 부활시켜야겠는데, 여러분의 의견을 듣고 싶소."

일행은 공동체의 미래를 구상하며 한참 동안 주위 경관을 둘러보았다. 뭔가 이름을 생각해냈다가 아니라고 거두어들이기도 하면서 그들은 사탕야자나무 숲을 조사했다. 숲에는 밝은 색깔의 앵무새들과 꽥꽥거리는 원숭이들이 많이 보였고, 껍질이 얇은 시에테쿠에로스 나무의 자홍색 꽃들이 흩뿌려져 있었다. 검은빛 유기질 토양에 서 있는 야자나무는 지하 몇 미터 아래 있을 거라 여겨지는 맑은 샘에서 스며나오는 물을 빨아들이고 있었다. 나무는 공 모양을 한 갈색 열매들의 무게를 이기지 못해 가지가 휘어 있었다. "이는 천연 미네랄 워터요." 루가리가 물웅덩이에 손을 담그면서 말했다. "이 물은 수백 킬로미터나 되는 모래층을 거쳐 여과되었고 근처에 가축이 없으니 오염되지도 않았소. 우리는 이 물을 병에 담아 도시에 내다팔 수 있을 거요. 그것을 도시의 번쩍거리는 광천수 시장에 팔아봅시다."

이제 그들은 언덕 꼭대기에 모였다. 뚝새풀이 엉덩이까지 자라 있었다. 가까운 곳에는 부분적으로 변형된 붉은 사암들이 조금씩 삐져나와 있었다. 곤살로는 바람이 지속적으로 불기 때문에 풍차를 작동시킬 수 있다는 것을 알아차렸다. 그는 저 아래 움푹 팬 땅을 가리켰다. "저기에 축구장을 만들면 되겠습니다."

"좋은 생각이오." 파올로가 맞장구쳤다. "주위에다 자연경관을 이용한 관람석을 만들면 되겠지. 그리스 원형 경기장의 계단식 관람석처럼 말이오. 또, 이 작은 언덕마다 지형에 맞춰 집을 지을 수 있을 거요. 여기서 나오는 돌이나 숲의 나무를 집 짓는 데 사용하면 될 거고." 모두 같은 식으로 생각하고 있는 것 같았다. 원격조종 펌프로 사탕야자나무 숲에서 물을 길어올리고, 언덕 측면에 구멍을 뚫어 집으로 들어가는 천연 냉각 통풍구를 만들 수도 있다. 낮은 지역은 과일나무 숲으로 안성맞춤이겠고, 1킬로미터 밖에 자라는 소나무들이 기후를 선선하게 유지하는 데 도움이 될 것이다. "그것은 천연냉장고요." 하고 파올로가 말했다. "이는 숲과 함께 태어난, 세상에 하나밖에 없는 마을이 될 거요."

그들은 이 새 마을의 이름을 짓느라 고심했다. 트로피칼리아 (Tropicalia)? 쿨투랄리아(Culturalia)? 그런데 누군가가 그 마을이 5년 안에 생긴다면 2001년이 될 터인데 '오디세아(Odisea)'는 어떻겠냐고 제안했다.

"오디세아!" 모두 함께 외쳤다. "나도 마음에 드는군." 루가리가 말했다. "그리스 제국의 천재들은 작은 성들과 도시국가에서 나왔다는 점을 명심하시오. 거기서 그들은 과학과 자연, 유토피아에 대해 명상했소. 이곳은 야노스를 바다로 삼는 하나의 섬이라 볼 수 있소. 앞으로 야노스는 사람들이 자연·기술과 더불어 서로 생산적인 조화를 이루며 사는 작은 섬공동체들로 구성될 거요."

고고학자들은 수백만 명에 달하는 마야 인디언들도 그런 방식으로 1800년을 살았다고 믿고 있다. 즉, 느슨하게 연결된 도시국가들 안에서 그들의 이웃들이나 중앙아메리카 정글들과 자연적 평형을 유지하며 공존했던 것이다. 파올로는 그에 필적하는 비전을 가지고 있었다. 최근에 미주개발은행은 그들에게 20만 헥타르의 숲을 경작하는 데 필요한 실행계획서를 작성해달라고 요청했다. 그것은 가비오타스 경작지의 10배나 되는 넓이이다. 또한 그들은 지속가능한 가족 단위의 공동체 모듈을 구상해보라는 프로젝트와 관련된 자금을 지원받았다. 이 모듈에는 카사바나 고무 같은 장·단기 작물의 혼작 재배가 포함되어 있는데, 그것은 열대우림 주변의 자연적 천이를 흉내 낸 마야인들의 그늘진 정원과 같은 것으로 소나무 그늘 아래서도 자랄 수 있는 작물들이었다.

그 이웃들은 이미 가비오타스가 나누어준 수천 그루의 묘목을 심었으며, 가비오타스는 준비가 되면 그들이 생산한 송진도 사들이겠다고 약속했다. 시장에서 천연 송진을 얼마나 소화해낼 수 있을지 아무도 몰랐지만 그들은 신발, 추잉 껌, 공예작품 등 송진의 새로운 용도를 계속 발굴해가고 있었다. 또한 새로운 가비오타스 약초연구센터에서 일하고 있는 화학자들은 아직 알려지지 않은, 고급 송진의 이용 방법을 반드시 발견해내고 말 것이다. 파올로는 생산적인 데다 산소도 만들어내는 그들의 숲이 이 평원을 정복하지 못할 이유가 없으며, 남아메리카 전체의 2억 5000만 헥타르나 되는 사바나를 정복하지 못할 이유가 없다고 미주개발은행에 말했다.

인도네시아 내각의 한 각료가 자국 내의 한 섬에서 가비오타스를 시작해볼 희망을 품고 방문했다. "아마도 지금은……." 파올로는 환상을 털어버리느라 머리를 가로젓고는 큰 소리로 말했다. "인터넷 같은 새로운 기술 덕분에 사람들은 어디서나 살 수 있고, 또 필요한 것은 뭐든지 배울 수 있습니다. 여기서도 마찬가지이지요."

그때 메뚜기 떼가 그들 위로 날아왔다. 루가리는 공중에서 메뚜기 한 마리를 낚아챘다. "다른 사람들이 문제라고 보는 것을 우리는 해결책이라고 보아야 합니다. 이 메뚜기들을 구우면 아주 좋은 단백질원이 되지요." 그는 꼬리가 두 갈래인 딱새인 티헤리타스가 공중에서 메뚜기들을 게걸스럽게 먹고 있는 모습을 가리켰다. "우리는 그것을 동물 먹이로 줄 겁니다. 웅덩이를 파서 물고기를 기르려고 합니다. 커다란 진공백을 트랙터에 걸고서 달리면 메뚜기를 수천 톤은 잡을 수 있을 겁니다."

군사용 헬리콥터 하나가 머리 위에서 윙윙거리며 길을 따라 날아가고 있었다. 하늘을 올려다보니 날이 어두워지고 있었다. 트럭에 올라타면서 곤살로는 오늘이 보름이라는 사실을 떠올렸다. 사람들과 함께 자전거를 타고 너른 사바나로 달려가 달이 떠오르는 것을 보기로 했는데…….

"늦을 텐데요." 오토니엘이 말했다.

"상관없소. 우리가 없어도 달은 가비오타스 위로 떠오를 거요. 우리는 여기서 보면 되지 않소." 하고 루가리가 말했다.

그로부터 20분 후, 술에 잔뜩 취한 한 야네로가 오리노코 횡단 고속도로를 스쿠터로 질주하고 있었다. 픽업트럭에 기대어 서 있던 여섯 사람이 큰 소리를 지른 덕분에, 다행히도 그는 버려진 도로의 한가운데에 서 있는 트럭을 들이받는 사고를 면할 수 있었다. 브레이크를 걸고 미끄러지면서 거의 떨어질 뻔했지만 제때에 어느 정도 균형을 잡았기 때문에 충돌하지는 않았다. 그는 트럭 위를 물끄러미 올려다보았다. 웃고 있는 사람들은 행복해 보였다. 하지만 그들 사이에 술병이 돌려지는 것 같지는 않았다. 그런데 취하지 않았다면 길 한가운데 차를 세워놓고 무얼 바라보고 있는 걸까?

야네로가 큰 소리로 물어보았다. 그들이 "돌아서 보시오!" 하고 되받아 소리쳤다.

그는 돌아섰다. 그리고 그들이 무엇을 보고 있는지 보기 위해 뒤로 물러섰다. '라 비올렌시아' 때 조상 대대로 살던 산지에서 쫓겨난 야네로들에게, 매달 적도의 사바나에서 어김없이 떠오르는 크고 멋진 보름달은 아주 큰 위로가 되었다. 그것은 동전만하게 줄어들어 안데스 산맥 뒤로 넘어가는 희미한 달이 아니었다. 지구의 횡격막을 둘러싼 두터운 열대의 대기에서 유영하고 있는, 거대하고 풍성한, 아른거리며 반짝이는 심홍색 원이었다. 연인들에게 모든 것이 진실되다고 설득하는 달, 인간들에게 무엇이든 가능하다고 믿게 하는 달이었다. 그것은 또한 야노스를 떠다닐 비행선을 설계해줄 엔지니어들을 안데스 대학교에서 곧 보내줄 거라고 파올로 루가리에게 상기시키는 달이었다. 그 비행선은 그들에게 와서 잡으라는 듯이 하늘 저쪽에서 떠오르는 거대한 붉은 공만큼이나 큰 것이리라.

일행은 달이 10도 정도 올라갈 때까지, 그 붉은 원이 저 멀리 북쪽 지평선에서 넘실거리는 초원의 불처럼 짙은 오렌지색으로 변할 때까지 바라보았다. 한 쌍의 제비갈매기가 이글거리며 타오르는 달 표면을 가로지르자 이제 집으로 돌아가야겠다는 생각이 들었다.

그들은 서로 등을 치면서 돌아갈 준비를 했다. 겸손한 그들은 픽업트럭의 뒷자리에 편안히 앉아 있었다. 대학을 나왔거나 학위를 가진 사람은 반도 안 되었다. 하지만 그날 달빛 아래서 그들은 자신들이 아주 훌륭하고 엄청난 일을 하고 있다고 믿었다. 그들은 삭막하게 비어 있거나 비참하게 병들어 있는 대지 가운데서, 지구 상에 남은 마지막 석유 한 방울이 타 없어진 후에도 오랫동안 살아갈 수 있는 방법과 평화를 만들어냈던 것이다. 그들은 아주 보잘것없었다. 하지만 아무리 동료 인간들이 발아래 돌고 있는 지구를 파괴하는 데 몰두하고 있다 하더라도, 그들이 품고 있는 희망은 지구를 밝게 비추어줄 수 있을 정도로 대단했다. 온갖 회의와 난관에도 불구하고 가비오타스는 장엄하지만 어두운 땅, 아름답지만 전쟁에 물들어 있는 이 세상에 한 줄기 빛을 던져주었다.

파올로는 마지막으로 돌아서서 달을 쳐다보며 말했다. "나는 '고요의 바다'(달 표면의 한 지명 – 옮긴이)를 보고 있소."

카를로스 산체스도 눈을 가늘게 뜨고 밝은 달을 바라보았다. "그게 어디 있습니까?"

"우리 주위에, 아미고(친구여), 우리 주위에 퍼져 있잖소."

가비오타스에 돌아오자 그들은 다른 사람들과 함께 달구경을 하기 위해 자전거를 타고 활주로로 달려갔다. 그들은 풀밭에 누워 그 붉은색 달이 오렌지색으로 바뀌고 또 황토색으로 바뀌었다가 다시 흰색으로 바뀔 때까지, 그리고 달이 높이 떠오르면서 검푸른 소나무 숲이 은빛으로 보일 때까지 바라보고 또 바라보았다. 열대의 따뜻한 밤은 비둘기와 올빼미의 울음소리, 그리고 열대조 포투가 애처롭게 불러대는 신비로운 노랫소리로 가득 찼다. 그날 밤 늦게 보름달이 두둥실 머리 위에 솟아오르자, 후아니타 에슬라바는 숲으로 들어가서 그녀의 소프라노 목소리로 가비오타스의 어린나무들에게 세레나데를 불러주었다. 이제 천사들이 축복의 노래로 화답을 해줄 것이다.

내가 가비오타스를 처음 알게 된 것은 1988년 〈뉴욕타임스 매거진〉에 '콜롬비아의 초상'이란 제목으로 4500자 분량의 글을 쓰게 되면서였다. 그전에 나는 풀브라이트 연구 보조금으로 콜롬비아에 두 달 동안 머문 적이 있었는데, 그 정도면 이 작업이 얼마나 힘들지 충분히 알 수 있는 시간이었다. 마약에 얽힌 폭발 사건, 민병대의 암살극, 게릴라의 복수전 등 피비린내 나는 묵은 이야기를 되풀이한다면 쉬웠을 것이다. 하지만 현재 진행 중인 이 '추악한 전쟁(la guerra suicia)'에서 정말 애석한 점은, 신문기사의 헤드라인에 나오는 것이 콜롬비아의 전부가 아니라는 사실을 모두 잊고 있다는 것이다.

특히 콜롬비아에는 모두 상상하는 것과는 달리 커피와 코카 농장만 있는 것이 아니었다. 제3세계라고 알려진 열악한 나라들과는 달리, 콜롬비아는 천연자원이나 그것을 이용할 수 있는 인적 자원이 아주 풍부했다. 국민들의 문자해독능력은 미국을 포함한 지구상의 대부분 나라들과 견줄 만하거나 오히려 능가하는 수준이었다.

게다가 유수 대학들에서는 뛰어난 과학자, 엔지니어, 작가, 기술자, 사업가들을 배출해냈다. 콜롬비아는 직조에서 책 제본에 이르기까지 경험이 풍부한 산업들, 수백 종의 환금작물들, 석탄·석유·에메랄드 등 방대한 매장량을 자랑하는 광물들, 세계 3위에 해당하는 풍부한 수력자원, 그리고 지구상에서 가장 풍요로운 생태계 등 자랑거리가 무궁무진하다.

이 마지막 요소가 나의 흥미를 끌었다. 그리하여 나는 콜롬비아 국립공원 소장에게 이 나라 생태계의 놀라운 다양성을 가장 잘 볼 수 있는 곳을 추천해달라고 했다. 그는 콜롬비아의 가장 오래된 자연자원 보호구역인 세라니아 데 라 마카레나를 추천해주었다. 직경이 120킬로미터가 넘는 그곳은 지리적으로 융기해 있어, 숲과 강에 지구상의 다른 어느 곳보다도 많은 생물 종이 보존되어 있을 거라고 했다. 그런데 그는 보고타에서 몇 시간밖에 걸리지 않는 그곳은 너무 위험해서 갈 수 없을 거라는 경고도 덧붙였다.

세계 어디에서도 찾을 수 없는 생태학적 보고인 이 정글 속에는 게릴라의 주요 사령부가 숨어 있는 데다, 점점 늘어나는 코카 재배자들에 의해 생태적 에덴동산이 성긴 연회색 덤불로 이루어진 단일 경작지로 바뀌어가고 있다는 것이다. 물론, 나는 가야 했다. 마카레나는 엄청난 혜택을 부여받았으면서도 잔혹하게 저주받기도 한 국가의 완벽한 상징처럼 여겨졌다. 시간이 지나면서 나는 콜롬비아를 풍요로우면서도 괴로운 세상에서 고통과 희망을 동시에 주는, 모든 것의 소우주로 인식하게 되었다.

소련 뉴스 에이전시의 콜롬비아 통신원의 도움을 받아 이루어진 여러 번의 접촉 끝에, 마카레나를 점령하고 있는 마르크스–레닌

주의 콜롬비아무장혁명군과 그 지역을 안전하게 지날 수 있노록 협상을 맺게 되었다. 그들의 인상적인 대나무 기지에 도착하는 데는 버스로 하루, 도보로 이틀 걸렸다. 나는 이틀 동안 반란군 사령관과 정치적인 이념에 대해 정중한 대화를 나눈 후, 게릴라의 안내를 받으며 비할 데 없이 경이로운 생물학적 장관을 뚫고 여행하게 되었다. 도중에 코카 재배지가 정부군의 잠복 공격으로 이따금씩 방해를 받기도 했는데, 그들은 우리를 마주치기 조금 전에 40명의 콜롬비아무장혁명군 부대를 소탕했다고 한다. 내가 마지막으로 본 세라니아 데 라 마카레나의 모습은 정부군의 공격을 피해 도망가면서 어깨 너머로 본 것이다. 그때 헬리콥터에서는 기관단총이 불을 뿜고 있었고, 콜롬비아 공군의 T-33 폭격기 편대는 낙원의 한 귀퉁이를 연기 자욱한 재로 바꾸어놓고 있었다.

나는 기사 작성을 마치고 나서 고국으로 돌아왔다. 나에게 마카레나의 아름다움과 고뇌를 엿볼 수 있는 기회를 준 저널리스트가 말했다. "언젠가 당신은 희망에 찬 환경 이야기를 쓰러 돌아가게 될 겁니다." 나는 방금 목도한 것에 전율하며 이 갈가리 찢어진 나라에서 무엇을 기대할 수 있겠냐고 반문했다. 그때 그녀는 가장 불가능해 보이는 환경, 즉 황량한 동부 평원에서 공동체 하나가 주위의 싸움과는 상관없이 여러 해 동안 번성하고 있다고 말해주었다. 그 놀라운 공동체의 이름은 가비오타스라고 했다.

들어본 이름이었다. 조사를 하던 어느 날, 나는 노란색과 녹색의 가비오타스 로고를 새긴 모자를 쓴 기술자들을 만났는데, 그들은 보고타 슬럼가의 지붕을 수경재배 정원으로 바꾸어놓고 있었다. 몇 년이 지난 후 나는 그들을 다시 볼 수 있었다. 이른바 진보라는 것이 자신들이 밟고 있는 땅을 말 그대로 갈기갈기 찢어놓으면서 전통문화 전체를 말살 위기에 몰아넣을 때가 많다. 나는 1990년 부터 1992년까지 세 명의 저널리스트와 함께 그런 현상을 기록하여 국영 라디오에서 24부작 시리즈로 방송했다. 〈사라지는 고향 (Vanishing Homelands)〉이라는 그 시리즈는 12개의 개발도상국에서 인간이 자신들의 거주지에 위협을 가하고 있는 모습을 담아냈다. 그 작업을 하면서 나는 남극의 오존 구멍을 바라보게 되었고, 모든 사람의 고향인 지구가 이제 위험에 처해 있다는 사실을 깨닫게 되었다.

이렇게 정신이 번쩍 나게 하는 보고들에 힘입어 〈해결책을 찾아서(Searching for Solutions)〉라는 방송 시리즈가 탄생하게 되었는데, 내용인즉 현재 지구가 앓고 있는 병을 치료할 수 있는 해독제가 있는지 탐구하는 것이었다. 우리는 2년에 걸쳐 브라질, 인도, 유럽, 중동, 미국 등지에서 인구 증가에 대비해 식량과 에너지를 충분히 생산해내면서도 자연과 문화를 희생시키지 않고 인간적인 방법으로 인구 성장을 억제하려는 노력들을 기록했다. 대체로 우리는 그 해결책이 아주 복잡할 거라고 생각했다. 그런데 이 시리즈 중에서 가장 감동적인 프로그램이 콜롬비아에서 나왔다.

나는 그 이야기를 기록하기 위해 1994년 2월 어느 날, 16시간에 걸친 여행을 했다. 우리는 보고타에서 가비오타스까지 다이하쓰 지프를 타고 달렸는데, 도중에 정부군의 도로방책과 소속이 불분명한 무장 군인들을 실은 호송대 트럭에 막혀 지체되기도 했다. 그렇게 자동차와 몸을 수색당하는 시간에 우리는 이름뿐인 고속도로 위를 이리저리 엉덩방아를 찧으며 달리느라 지쳐버린 심신을 쉴 수 있었다. 그나마 걷기였기에 망정이지, 그렇지 않았으면 지나갈 수도 없었을 것이다. 온몸이 흙먼지로 뒤덮여 있던 탓에 수색하던 하사관에게서 내 여권에 붙은 사진이 진짜로 내 얼굴이냐는 질문을 받기도 했다.

보고타 출신의 기자 친구가 나와 동행했다. 이제는 없어진 소련 뉴스 에이전시를 위해 일한 적이 있는 사람이었다. 나는 제3세계에 의해, 그리고 제3세계를 위해 창출된 '지속가능한 기술(sustainable technology)'을 보기 위해 가비오타스로 향하고 있었다. 사랑하는 사람들과 동료 기자들이 학살당하는 모습을 본 적이 있는 그 친구는 콜롬비아의 끊임없는 비극 한가운데서 희망의 섬이라고 알려진 가비오타스에 대해 관심이 아주 많았다. 우리는 거기에 어떤 관련성이 있는지 궁금했다.

거기 머무는 동안 그녀는 자기 나라 한가운데 그렇게 평화로운 안식처가 존재한다는 사실에 감동의 눈물을 흘렸다. 그런데 가비오타스의 이야기는 우리 제1세계의 심오한 갈망을 건드린 것 같기도 하다. 나는 국영 라디오 방송을 통해 콜롬비아에 관한 다큐멘터리를 들은 사람들, 혹은 〈로스앤젤레스 타임스 매거진〉에 실린 후속 기사들을 읽은 사람들로부터 가비오타스에 살고 싶다거나 미국에서도 그러한 것을 시작하고 싶다는 소리를 지금도 듣고 있는 것이다.

그 후로도 나는 가비오타스를 두 번 방문했는데, 한 번은 육로를 통해서였고, 다른 한 번은 1996년 8월 페페 고메스의 낡은 싱글 엔진 파이퍼 다코타를 타고서였다. 지금 그 비행기는 이웃 농장주의 소유가 되었다. 우기에는 비가 억수로 쏟아져 길이 잠겨버리기 때문에, 아니면 도정의 일부분, 특히 보고타와 비야비센시오 사이를 게릴라가 점령하고 있기 때문에, 비행기를 타는 게 나았다. 그 뒤에도 콜롬비아의 정치적 상황은 나아지지 않았다.

그럼에도 가비오타스는 계속 발전하고 있었다. 숲에서 추려낸 나무들을 연료로 쓰는 송진 공장의 보일러는 연기가 나지 않도록 설계되었다. 그 폐열 발전용 2기통 증기 엔진은 아주 효과적이어서 오랫동안 써왔던 10킬로와트짜리 소형 수력터빈이 장착된 디젤 발전기를 버리고 마침내 에너지를 자급자족하게 해주었다. 그 결과 가비오타스는 1997년 제로배출연구소(ZERI)에서 주는 세계 배기가스 제로 상(World Prize in Zero Emissions)을 받았다.

그해에 콜롬비아의 유일한 진미인 식용 군서(群棲) 개미의 수요가 점점 늘어나는 바람에 희귀 곤충이 되자, 그에 대응하여 가비오타스에서는 사바나의 일부를 다리 여섯 개 달린 이 개미의 보존구역으로 정했다.

가비오타스는 완전한 지속가능성을 향하여 나아가는 가운데 그들의 젖소들을 팔아버리고 대신 토끼, 닭, 물고기를 키우는 데서 새로운 모듈러 기술을 쓰기로 결정했다. 이 시스템은 평화봉사단이 있었을 때 사용했던 낙농기술보다 훨씬 효과적인 것으로, 가비오타스인들이 사기업으로 운영할 것이었다. 그들은 그곳에서 협동조합적인 임산업과 송진산업을 결합시킨 건강한 경제 체제를 꿈꿀 수 있게 되었다. 파올로 루가리가 나에게 말했다. "그것은 붉은 육고기를 너무 많이 먹으면 몸에 좋지 않으며 너무 많은 목초지는 환경에 해롭고, 지나친 '암부르헤리사시온(Hamburgerización, 햄버거화)'도 세상에 해롭다는 우리의 인식을 보여주는 겁니다."

세계와 소련을 위해 일하던 한 콜롬비아 저널리스트가 있다. 그런데 그녀의 친구들은 내가 CIA 요원이라고 의심하는가 하면, 미국 대사 또한 나더러 공산당 스파이와 동행하지 말라고 경고한 지 오래다. 그런데 냉전이 사라지면서 어느새 더욱 치열하고 장기적인 전투, 즉 종말론적인 자원 전쟁이 20세기 후반 내내 눈에 보이지는 않지만 강도가 더해지고 있다는 사실이 분명해졌다. 사람들이 자연을 온전히 지켜내기 위해 모든 지혜와 의지를 동원하여 지속적으로 애쓰고 있지만, 우리는 여전히 숲을 태우는 불길을 끄고 지나치게 타오르는 우리 욕망을 잠재우기 위해 노력해야 한다.

가비오타스 같은 곳은 어찌할 수 없어 보이는 상황에서도 그것을 바로잡을 수 있는 능력이 우리에게 있다는 사실을 보여주고 있다. 나는 이 글을 쓰면서 내 희망을 새롭게 하기 위해 가비오타스가 구체화한 영감으로 되돌아갔다. 우리 모두는 몇 번이고 그곳으로 돌아가 그 비전과 희망을 가져오고 또 멀리 퍼뜨리기를 바란다.

1998년
앨런 와이즈먼

새로 심은 12그루의 야자수. 키가 겨우 1미터 남짓이나 될까? 깃꼴의 초록색 잎을 단 야자수 대열은 9미터 정도의 간격을 유지하고 있었다. 현재로선 대단치 않게 보였다. 그러나 현장을 살피러 온 파올로 루가리는 밝게 미소 짓고 있었다. 전날 개간된 땅을 지팡이 끝으로 두들기자 붉은 흙먼지가 소용돌이쳤다. "오토, 헥타르당 얼마나 심을 건가?"

"43그루요." 오토니엘 카레뇨가 대답했다. "단작 플랜테이션에서보다 100그루나 적은 것입니다. 묘목이 자랄 수 있는 충분한 공간과 태양빛을 주기 위해서지요. 그리고 나중에 그 공간에 다른 나무들도 심어야 하니까요."

"훌륭해!" 파올로가 큰 소리로 말했다. "미래의 농업은 태양빛을 어떻게 이용하는가에 달려 있지." 그는 주위에 감동적으로 펼쳐진 식물의 파노라마 위로 알루미늄 지팡이를 내두르며 덧붙인다. "그리고 그것은 혼합경작이 될 것이야."

우리는 숲 가운데 서 있었다. 25년 전에 이 숲은 나무 한 그루

없는 평원이었다. 내가 이곳을 방문한 지 벌써 4반세기가 흘렀다. 오토니엘, 그의 구레나룻은 더 희어졌으나 가슴에 황록의 가비오타스 로고가 박힌 흰 셔츠와 청바지를 말쑥하게 차려 입은 모습은 야외활동으로 단련된 건강함 그 자체였다. 60대 중반이 된 파울로는 수년 전 미끄러운 보고타의 길거리에서 발뼈가 부서진 이래 조금은 느려졌지만 여전히 지칠 줄 모르는 사람으로 보였다. 만약 이들이 보통의 속도로 나이를 먹어간다면 가비오타스의 숲은 자연적인 속도로 늘어났을 것이다.

새로 조성된 숲은 내가 마지막으로 보았던 것의 거의 절반 크기였다. 그 사이 3000헥타르가 늘어난 것이다. 무엇보다 인상적인 것은 토종 식물군이 원래의 소나무군을 잠식하고 있다는 것이다. 자카란다, 무화과나무, 요포나무, 멍키포드, 투노 블랑코, 쿠라레, 월계수, 그리고 다양한 양치식물 등이 마구 자라나 그 사이에 있는 카리브산 소나무의 말끔한 대열을 거의 뒤덮고 있었다. 플랜테이션이지만 원시림에 더 가까워 보였다. 그리고 그 사이로 사슴과 개미핥기, 카피바라, 맥 등이 노닐고 있었고, 심지어 퓨마도 간간이 보였다.

지표 아래 은신처를 뚫고 나온 토종 식물들과의 경쟁에서 소나무가 압도당하고 마는 것일까?

"그렇지 않소." 오토니엘이 말했다. "여러 가지 식물이 함께 자람으로써 토질이 더 좋아질 뿐이오. 이 소나무들은 1983년에 심은 것이오. 당신이 마지막으로 여기에 왔을 때 우리는 소나무에서 수지(樹脂)를 뽑아내고 있었지요. 그들은 계속 자라 어떤 것은 키가 30미터에 이르기도 한다오. 소나무들은 몹시 튼튼해서 다시 수지를 채취할 준비가 되어 있소."

수지 담당 직원을 빼고는 모두 몇 킬로미터 떨어진 곳에 있는 다 자란 소나무에서 호박색 액상수지를 채취하고 있었다. 내 기억에 그 나무들은 여기 있는 야자수보다 작은 묘목이었다. 그것들이 새 끼를 쳐서 다시 묘목 구역으로 오려면 몇 년은 더 있어야 한다고 오토니엘이 말했다. 한편, 그들은 여기서 새로운 일을 꾸미고 있었 다. 가비오타스에서 특별히 고안한 날 달린 롤러를 이용하여 야생 의 덤불과 풀들을 잘라 바닥에 깔고 로터리를 친 다음 그 자리에 아프리카 기름야자나무를 심은 것이다. 그들은 카리브산 소나무 가 놀라운 생산성을 보여주었듯이 전 세계의 적도 지역에서 식용 유와 최근에는 바이오연료를 얻기 위해 널리 재배되고 있는 이 상 업작물에 큰 기대를 걸고 있다. 이들은 토양을 비옥하게 하는 다 른 식물들 사이에서 매우 빠른 속도로 성장할 것이다.

그것은 내가 가비오타스로 날아오면서 보았던 화학영농에 의한 집단재배지보다는 확실히 자연친화적이랄 수 있다. 안데스 산맥의 동쪽 산자락에서부터 이전에 목초지였던 어마어마한 면적이 아프 리카 기름야자나무 플랜테이션으로 채워지고 있었다. 그러나 외래 종인 아프리카 야자나무가, 그리고 그것으로 바이오연료를 만드 는 게 과연 적절한 것일까? 인도네시아에서 아프리카, 콜롬비아에 이르기까지 열대우림과 생계를 위한 농지가 외래종 에너지 작물에 의해 급속도로 잠식되고 있지 아니한가?

"그렇소." 파올로가 동의했다. "단 한 뼘의 땅이라도 토종 열대 우림이나 식량생산을 위한 농지가 바이오디젤로 바뀌어서는 안 되지요. 먹을거리가 먼저고 자동차는 나중이니까요. 그러나 우리가 하고 있는 일은 경우가 다릅니다."

다른 점이란 가비오타스가 카리브산 소나무를 심기까지 이곳은 농작물은 고사하고 나무 한 그루 자라지 않는 황량한 사바나였다는 것이다. 오리노코 강줄기를 따라 나 있는 정글로부터 바람과 새와 동물들이 이곳 소나무 그늘에 날라다 놓은 씨앗에서 토종 열대숲이 생겨났다. 원래 그들은 소나무 대열 사이의 되살아나는 토양에 커피와 고무나무를 심으려 했다. 그런데 2003년 파올로가 강연을 위해 볼더에 있는 동안 만난 미국 콜로라도 대학의 엔지니어들로부터 바이오디젤 프로젝트를 제안받게 된 것이다.

그들은 파올로를 바이오디젤 공장으로 데려가 식물성 기름과 레스토랑의 폐식용유로부터 연료가 만들어지는 과정을 보여주었다. 기술은 아주 단순해 보였다. "이걸 열대우림에서도 만들어낼 수 있을 것이다!" 파올로가 장담했다. 콜롬비아의 대지주들은 이미 아프리카 기름야자를 재배하여 그 열매로부터 식용유를 생산하고 있는데 연료라고 해서 안 될 게 있을까?

1년 뒤, 콜로라도 대학에서 자원봉사 팀이 도착했다. 3주 만에 그들과 가비오타스는, 관련자의 말에 의하면 세계 최초로 기름야자를 사용하는 바이오디젤 공장을 세웠다.

그러나 그들은 공장을 가비오타스에 세우지 않았다. 가비오타스가 태양열 집열판과 풍력 발전기, 펌프 등을 만들고 있는 보고타에 공장을 세웠다. 이때는 콜롬비아의 치안상황이 몹시 열악한 시점이었다. 좌익 게릴라나 우익 민병대 가릴 것 없이 납치가 모금활동의 주된 수단인 나라에서 가비오타스 인근의 야노스는 외국인들이 드나들기에 너무도 위험했기 때문이다. 납치한 미국인의 몸값을 어떤 때는 100만 달러까지 부르기도 하는데 만약 이들이 가비오타스에 있을 경우 그렇지 않아도 무방비 상태의 공동체는 더욱 위험해질 것이었다.

무법자들이 떼를 지어 몰려다니는 텅 빈 동부 사바나 지대의 나쁜 평판이야말로 내가 마지막으로 본 이래 가비오타스가 계획한 대로 성장하지 못한 주된 이유였다. 무장집단들이 저마다 자기네들의 정치적 대의를 내걸고 농민들을 집단학살했네, 세금을 걷었네, 혹은 차량을 징발했네 하는 소문이 떠돌았다. 무엇이 과장이고 무엇이 진실인지 알아볼 방도가 없었다. 확인된 가장 끔찍한 폭력 사태들 중 일부는 비차다 북쪽의 유전 지역인 아라우카와 카사나레에서 일어났다. 하지만 야노스 전 지역이 위험하다고 알려졌다.

아마도 가비오타스가 비무장이라는 사실이 잘 알려져 있었기 때문에 전국을 휩쓴 폭력의 소용돌이 속에서도 공동체에서는 한 사람의 희생자도 나오지 않았는지 모르겠다. 그럼에도 불구하고 그들은 소나무 수지를 시장으로 옮기는 데 쓰는 트럭을 팔고 그 일을 운송업자에게 맡겼다. 운송요금은 비차다와 보고타 사이의 길이 얼마나 위험한가에 따라 달랐다.

세기가 바뀌면서 콜롬비아의 지속적인 비극은 다시 한 번 수많은 국민들을 길거리로 내몰았다. 국내 난민만도 200만 명인데 이는 세계에서 아프리카의 수단 다음으로 많은 숫자이다. 그리고 지금까지 적어도 150만 명이 나라를 떠났다. 인권활동가, 저널리스트, 노조일꾼, 그리고 심지어 무고한 TV 방송국 직원들도 암살당하는 상황인지라, 가비오타스는 되도록 낮은 명성을 유지하고자 노력했다. TV 방송국 직원들은 아마도 범죄자들의 요구를 공개적으로 방영했기 때문에 암살당한 듯하다. 가비오타스 인터넷 사이트는 오디세아의 사이트에 딸려 있다. 모두 적게 알려질수록 좋다고 생각하는 것이다.

그러나 살아남기 위해서는 어떻게 해서건 생계를 유지해야만 했는데 사회적 혼란에 따른 재정악화로 가비오타스 수지 고객들이 떨어져나갈 때는 정말 심각했다. "그럴 땐 비상한 상상력이 요구되오." 파올로가 냉담하게 말했다.

가비오타스의 탁월한 특징은 '유연성'이다. 그래서 그들은 바이오디젤 공장을 시작한 것이다. 나는 단발 세스나기를 타고 가비오타스로 오기 전에 보고타에서 5000리터짜리 통들과 파이프, 아연 도금 탱크들로 가득 찬 공장을 둘러보았다. 거기서 인근 지역의 재배농가로부터 구입한 야자유로 고품질 식물성 디젤유를 생산해냈다. 그동안 가비오타스에서 있었던 몇몇 실험들처럼 반드시 수익성이 있는 것은 아니었지만 아주 인상적인 성취였다.

루가리는 낄낄거리며 고개를 흔들었다. "콜로라도 대학에서 사람들이 왔을 때 우리는 톤당 450달러의 야자유를 생산할 수 있었소. 그것은 경화유(硬化油)가 몸에 좋지 않다고 알려지기 전이었지. 그런데 갑자기 식가공산업자들이 트랜스지방이 함유되지 않은 야자유 생산에 뛰어들기 시작했소. 그 결과 지난 3년 동안 식용야자유 가격이 세 배나 올라버렸다오. 경제적으로 보아 야자유로 바이오디젤을 생산하는 것은 터무니없는 짓이지."

그럼에도 불구하고, 루가리와 오토니엘이 내게 말하고 있듯이 대기 중의 이산화탄소로 인해 엄청난 비용이 낭비되고 있는 마당에 아무것도 정상적으로 자랄 수 없는 곳에서 만들어내는 바이오디젤은 일리가 있다. 특히 석유 값이 바이오디젤보다 비싼 곳에서는. 마치 이를 증명이라도 하듯 머리가 회색으로 세어버린 폼필리오 아르시니에가스가 부릉거리며 스쿠터에 오르고 있었다. 정부의 산림관리인 출신으로 가비오타스를 결코 떠나지 않는 그를 보니 정말 반가웠다.

"여기야말로 자전거의 천국이라고 생각하는데." 그에게 손을 흔들며 말했다.

"이렇게 넓은 나무농장에서는 이제 곤란해요." 폼필리오가 대답했다.

그들은 몇 개의 화재감시탑을 만들었는데, 보기에도 날렵한 그 탑은 철제 격자 위에 얇은 천으로 지붕을 씌우고 쇠줄로 고정한 것이었다. 화재감시는 상시적으로 이루어졌지만 이렇게 넓은 숲에서 자전거를 타고 화재에 대응한다는 것은 자살행위나 다름없어 보였다.

"지난 10년 동안 가비오타스의 가장 큰 성공은 수천 헥타르의 나무숲이 화재를 입지 않았다는 것이오." 루가리가 말했다.

그들의 기계화에 대한 요구는 화재방지 차원을 넘어 진행되었다. 가비오타스는 농공협업체가 됨으로써 지속적으로 살아남았다. 공업부문에 스쿠터를 비롯하여 트랙터, 멀칭기계, 쟁기, 로터리 등이 있었다. 보고타에 있는 그들의 바이오디젤 공장은 이 기계들을 모두 작동할 수 있을 만큼 충분한 연료를 생산한다. 그러나 값비싼 야자유 원유를 계속 사들이는 것은 무리였다. 그들은 소나무 대열 사이의 비옥한 토지에 심어놓은 30헥타르 정도의 속성 아프리카 야자수가 몇 년 후면 연료 문제를 해결해줄 수 있을 것으로 기대하고 있었다. 파올로가 자신에 차서 말했다. "우리는 연료를 완전히 자급자족할 것이오. 그것도 재생가능한 무공해 연료로. 그렇게 해서 쓰고 남은 것들로 요리도 충분히 할 수 있을 것이오."

실로 야심 찬 계획이었다. 그리고 그로부터 이미 더 큰 일들이 벌어지고 있었다. 1997년 가비오타스에 세계 배기가스 제로 상을 수여한 제로배출연구소가 콜롬비아 정부와 교섭을 시작한 것이다. 비차다와 메타 지역 인근에는 가비오타스 주변과 흡사한 토지가 수백만 헥타르나 널려 있다. 거기에 소나무와 야자나무를 심고 그밖에 자연적으로 자라는 식생이 더해진다면 이산화탄소도 줄이고 온 나라가 쓰고도 남을 바이오디젤을 생산할 수 있다.

콜롬비아 정부로서는 구미가 당겼다. 얼마 안 있어 제로배출연구소의 설립자이자 젊었을 적에 로마클럽 회장 아우렐리오 페체이가 가비오타스를 방문했을 때 동행하기도 했던 군터 파울리와 그의 스태프, 그리고 주요 초청인사들이 콜롬비아 공군 장교의 안내로 가비오타스가 벌인 일들을 보러 왔다. 거기서 그들은 마란두아 지역을 돌아다니며 조사를 했다. 마란두아는 베네수엘라 국경으로 가는 도중의 토모 강 유역에 있는 7만 헥타르의 군사보호 지역이다. 그곳은 한때 전 대통령인 벨리사리오 베탕쿠르가 가비오타스 숲을 시작하려고 꿈꾸었던 장소이다. 그곳에 수많은 도시난민들을 이주시켜 일하게 함으로써 새로이 평원의 콜롬비아 수도를 건설하고자 했다.

콜롬비아처럼 정치상황이 복잡한 나라에서 그러한 꿈이 실현될 수 있는지는 여러 가지 복합적인 요인에 달려 있다. 그 가운데 세계에서 가장 규모가 큰 지속가능성 프로젝트일 이 사업을 감당할 수 있는 자금조달이 큰 문제이다. 그러나 무엇보다도 20년 전에 있었던 끔찍한 국가적 비극 속에서도 그 꿈이 죽지 않았다는 것이 나를 감동시켰다. 파올로 루가리가 가비오타스에서 내게 보여준 것은 꿈을 오랫동안 붙들고 있으면 언젠가는 이루어지고 만다는 것이다.

"믿어지지가 않소. 당신은 정말로 해내고 말았소!"

우리는 가비오타스 수지공장에 붙어 있는 일종의 캔버스 퀸셋인 높은 접시형 텐트로 들어섰다. 그 안에는 이제껏 본 적이 없는 거대한 은빛 탄환이 나일론 밧줄에 매달려 있었다. 가비오타스 비행선이었다.

"어떻소, 맘에 드오? 우리는 이것을 외부의 도움 없이 우리 손으로 만들었다오."

매끄럽고 거대한 비행선은 폭이 3미터에 길이가 20미터나 되었다. 그들은 유엔과 콜롬비아 정부의 기금에서 나온 돈 5만 달러로 강화폴리에스테르 필름과 폴리우레탄, 폴리에틸렌 등을 구입하여 이를 만들었다. 그러나 비행선은 가솔린을 소비하는 육로 대신 대평원의 하늘을 가로질러 소나무 수지 제품을 나른다는 원래의 계획대로 사용되고 있지 않았다.

"우리는 많은 양의 화물과 승무원을 실어나를 수 있는 큰 비행선의 기술적 어려움과 비용을 제대로 파악하질 못했소." 비행선에는 적외선 비디오카메라가 장착되어 있어 원격조종을 통해 숲 속의 발화지점을 발견하여 그것이 큰 화재로 번지기 전에 미리 탐지하는 임무를 수행하고 있었다. 그것은 하늘 높이 떠서 4000헥타르의 숲을 한눈에 감시할 수 있다.

물에서 수소를 뽑아 기구를 채우려던 계획도 정부의 기상관측소가 가비오타스에 설치했던 기구용 전기분해기를 옮기는 바람에 무산되고 말았다. "우리는 헬륨을 쓰고 있소. 언젠가는 우리 공장에서 나오는 배출가스를 이용해 열기구를 채울 수 있는 날이 올 거요."

우리는 이미 열병합 보일러를 둘러본 바 있다. 그것은 가비오타스 숲에서 나온 부산물로 불을 때어 소나무 수지를 가공하고 거기서 나온 폐열로 터빈을 돌려 마을 전체에 전력을 공급한다. 수지 가공공장에서는 여전히 책임자로 일하고 있는 에르난 란다에타를 볼 수 있었다. 그는 갓 수확한 수지가 가득 담긴 자루를 운반하는 10여 명의 인부들을 지휘하고 있었다. 그윽한 송진 냄새가 진동했다. 그는 나를 가비오타스의 새로운 창작품으로 안내했다.

그것은 복잡하게 얽힌 쇠파이프 다발이었다. 란다에타의 설명에 의하면 석유 정유탑과 같은 기능을 한단다. 원유를 농도에 따라 정유하여 타르에서 가솔린, 천연가스 등으로 만드는 것처럼 그것은 정유된 소나무 수지를 분류해서 추잉 껌 원료에서부터 니스, 수지살균제 등 18개의 새로운 제품으로 만들어낸다.

새로운 관련제품들은 필요에 의해 생겨났다. 2007년까지 콜롬비아의 페인트 산업은 가비오타스의 연간 수지생산물을 전량 구매했었다. 그러다가 중국이 특유의 대규모 물량공세로 시장에 개입하자 상황이 급변하기 시작했다. 중국은 동부 지역의 급속한 성장에 발맞추어 수지산업에 보조금을 퍼부은 결과 서부 오지의 소나무 숲에서 연간 50만 톤의 수지를 생산할 수 있게 되었다. 비록 가비오타스의 고품질 수지에는 못 미치지만 중국산으로 페인트를 만드는 데는 아무런 문제가 없었다. 그 결과 수지 가격이 급락하고 말았다.

"어쩔 수 없이 우리는 제품의 다양화를 꾀할 수밖에 없었소." 파올로는 수지기름이 든 플라스크 병을 굵은 손가락으로 들어올려 흔들면서 말했다. "우리는 가비오타스 이름으로 무설탕 껌을 만들려고 하오. 이름하여 '치클가비오테로'. 어떻소?"

내가 다음에 본 것을 따른다면 그것은 가능한 이야기였다. 전에 가비오타스의 병원으로 썼던 건물은 약초연구센터로 전면 개편되었다. 그러나 콜롬비아 평원 지대를 휩쓴 폭력사태로 인해 그 프로젝트는 지연되었고, 따라서 10년 전에 세웠던 계획은 뜻대로 이루어질 수 없었다. 하지만 그 무렵에 논의되었던 또 다른 아이디어가 가비오타스를 먹여살린 펌프와 풍차, 태양열 집열기, 소나무 수지의 대열에 합류하고 있었다.

예전의 병원은 현재 가비오타스 광천수 공장이 되었다. 도쿄에 있는 한 유명한 연구소에서 행해진 일련의 실험에 의하면 가비오타스 광천수는 예외적으로 우수하다고 한다. 공장의 젊은 책임자인 안드레아 벨트란이 전에 병원의 분만실이었으나 지금은 생수병 세척실이 된 방으로 안내했다. 나는 그녀를 아브람 벨트란의 수줍음 잘 타던 어린 딸로 기억하고 있다. 그녀는 도시로 유학을 갔다가 졸업하자마자 다시 가비오타스로 돌아왔다.

과이보 원주민들이 초가지붕 아래에서 해먹에 누워 병든 몸을 회복했던 말로카는 없어졌다. 안드레아의 설명에 의하면 유기물 오염원을 가능한 최소화하기 위해서였다고 한다.

가비오타스 물을 먹고 누구도 탈이 난 적이 없다. 그러나 이것은 시장의 요구이기도 하다. 가비오타스 생수회사(Gaviotas Agua Natural Tropical)는 제품이 레스토랑으로 나가기 때문에 연방에서 규정한 위생적 생산규칙을 따라야 한다. 전에 수술실로 쓰였던 방에서는 한 무리의 여인들이 '웍(Wok)'이라고 쓴 상표를 생수병에 붙이고 있었다. '웍'은 아시아 음식을 파는 인기 있는 보고타의 식당 체인이다. 더 정교한 병 작업과 상표 부착이 가능한 기계가 도입 중이라고 한다. 그들은 최근에 콜롬비아에서 가장 유명한 브랜드와 계약을 맺었다. 콜롬비아를 상징하는 커피업자의 제품인 '후안 발데스(Juan Valdez)'이다.

시애틀 원산의 '스타벅스'를 연상시키는, 하지만 콜롬비아 최고의 커피만을 취급하는 전국 체인점에서 이제 가비오타스 생수를 맛볼 수 있게 되었다. 파올로는 내게 밀짚모자와 당나귀, 콧수염 난 커피농부가 그려진 후안 발데스 로고가 부착된 생수병을 하나 건넸다.

"이 물로 말할 것 같으면 근처 어디에고 농약이라곤 찾아볼 수 없고 주위는 온통 숲으로 둘러싸인 곳, 수백 킬로미터의 모래층을 흐르면서 정화된 것을 40미터 깊이의 땅속에서 길어올린 것이오!" 물을 두 모금에 꿀꺽 삼키면서 파올로가 자랑스레 말했다. "이보다 더 맛있는 물을 먹어본 적이 있소?"

생수병 자체가 또 다른 발명품이었다. 그것은 전형적인 원통형 대신에 사각 통 모양을 취했는데 한쪽 면에 두 개의 둥근 함몰이 있고 다른 쪽 면에는 두 개의 둥근 돌출 부분이 있어 병을 붙여놓으면 서로 맞물리게 되어 있었다. 이 아이디어는 파올로가 어느 날 아침 그의 집 가정부의 아들이 레고블록을 가지고 노는 것을 보고

떠올린 것이라 한다. 쌓고 운반하기 편한 것 외에 이 생수병은 쓰고 나서 버려지기는커녕 아이들의 수집 대상이 된다고 한다.

"그들은 이것을 레고스 데 로스 포브레스, 즉 '가난한 사람들의 레고'라고 부른다오."

천재적인 발상이었다. 그러나 그것은 여전히 플라스틱이지 않은가?

"우리는 재활용이 가능한 폴리에틸렌을 사용한다오."

"어느 정도나 재활용되는데요?"

"그것은 후안 발데스 레스토랑과 맺은 계약의 일부라오. 한 번 배달 나갈 때마다 빈병을 전량 수거해 옵니다. 사람들은 아이를 위해 빈병을 가져가지 못하는 거지요."

멋진 시도다. 내버려두면 쓰레기가 될 것을 장난감으로 쓸 수 있게 한 것은 정말 생각만 해도 즐겁다. 그러나 플라스틱은 여전히 석유제품이다. 자연 상태에서 썩지도 않을뿐더러 언젠가는 대부분 더 이상 흘러갈 데가 없는 쓰레기 더미에 처박히게 될 것이다.

"그렇소," 파올로가 말했다. "만약에……" 나는 순간 그의 눈 속에서 반짝이는 아이디어의 섬광을 보았다. "만약에 무어요?"

"만약에 우리가 재생가능한 야자유에서 썩는 플라스틱을 만들 수 있다면 말이오."

"그게 계획이오?"

"계획은 일단 해봐야 아오. 보시오, 만약 당신이 25년 동안 매일 2병의 생수를 마신다고 합시다. 그러면 당신이 쓴 돈으로 우리는 9헥타르의 숲을 조성해서 165톤의 이산화탄소를 흡수할 수 있소. 설사 야자유로부터 그것을 만들어내지 못한다 하더라도 우리가 심은 모든 나무들은 폐기된 플라스틱의 영향을 수천 배로 갚고도 남을 것이오."

그럴 것이다. 날로 불안정해지는 세계화의 와중에서 친생태적으로 살아남고 심지어 번영까지 하려고 애쓰는 가비오타스에게 미식가용 생수를 파는 것이 재정적으로 큰 도움이 되는 것은 분명했다. 적절한 시점에 교사인 테레사 발렌시아가 끼어들어 우리를 점심식사 하는 곳으로 안내했다.

가비오타스의 중심부를 향해 난 길은 우거진 정글회랑이 감싸고 있었다. 초록 앵무새와 노란 배딱새가 습기를 잔뜩 머금은 공기를 가로지르는 것으로 보아 머지않아 비가 올 것 같았다. 우리미카 강을 가로지르는 작은 다리를 지나자 두 명의 가비오타스 주민이 얕은 개울에서 아이들을 목욕시키고 있었다. 그 옆에 휘파람소리를 내는 왜가리 한 쌍이 서 있다가 우리가 지나가자 긴 목을 잠망경처럼 돌렸다. 수풀 위 어디선가 원숭이들이 뛰어노는 소리도 들렸다.

테레사에 의하면 알론소 구티에레스는 노동허가가 떨어지자 가비오타스로 돌아와서 여전히 커피농장에서 일하고 있다고 한다. 때때로 그들은 딸 나탈리아가 중학교를 다니고 있는 비야비센시오에서 만난다.

"그 애가 그때는 아주 어린아이였는데……."

"알아요. 당신이 볼 수 있으면 좋으련만. 걔는 진짜 가비오타스인이에요."

"엄마를 닮았군요."

몇 년 전 조정자였던 후안 다비드 베르날이 반복되는 건강 문제로 가족들을 데리고 보고타로 돌아가자 테레사가 그 자리에 앉는 것이 최선의 선택이라고 여겨졌다. 사실, 그녀도 지적하듯이 조정자가 반드시 있어야 할 필요는 없었다. 모두 무슨 일을 해야 할지 알았고 또 각자가 맡은 일을 열심히 했다. 여전히 마을행정에 관한 많은 자질구레한 일들이 그녀의 몫이었고, 초등학교를 운영하기 위해 카르타헤나에서 새로운 선생들이 왔다. 테레사는 지금도 같은 학교에서 가르치고 있었다. 점심시간이 되자 여남은 명의 아이들이 오전에 내준 미술숙제를 보고하기 위해 그녀 주위에 모여들었다.

우리는 그곳의 토종 물고기인 카차마로 만든 생선샐러드를 먹었다. 가비오타스의 연못에서 기르고 있는 것이라고 한다. 나는 식탁에 나온 채소들이 수경재배로 생산된 것이 아니라는 것을 알고 놀랐다. 근래에 있었던 최악의 사회적 혼란기 동안 나라 전체의 재정이 휘청거리는 속에서 그들은 수경재배에 드는 비용을 포기하기로 결정했다. 대신에 이웃농가로부터 상추와 당근, 토마토, 리크 등을 구입했다. 농부들은 부엌에서 나온 재와 가축분뇨 등으로 사바나 토양을 부숙시켜 각종 채소를 키워낼 줄 알았다.

가비오타스에 수경재배가 없다는 것은 생각하기 어려웠다. 나만 그렇게 생각하는 게 아닌 것 같았다. 모두 언제든 뽑아 먹을 수 있는 시금치와 무, 고수, 파슬리, 양파, 비트 등을 그리워했다. 그것들은 지역의 채소밭에서는 잘 되지 않았다. 파올로가 말했다. "우리의 새 제품이 수익을 내면 다시 시작할 거요. 우리는 인공적인 화학물질을 사용하지 않는 유기농 수경재배를 연구하고 있소. 숲에서 토양도 만들어냈는데 우리 손으로 유기 영양제를 못 만들 이유가 뭐 있겠소? 그것은 우리가 이웃과 나눌 수 있는 또 하나의 기술이 될 것이오."

가비오타스에서 제기된 아이디어는, 그것이 아무리 실현 불가능한 것으로 보일지라도, 심각하게 받아들여야 한다는 것을 알았다. 실패한 시도가 때로는 잘 작동하는 다른 어떤 것으로 발전하기도 한다. 커뮤니티센터 옆의 잔디밭에서 폼필리오가 최근의 사례를 보여주었다. 한 이웃이 자기 집 마당의 얕은 지층수를 퍼올리는 데 쓸 아주 싸고 간단한 펌프가 없냐고 요구했단다. 그들은 직경 20센티미터의 PVC파이프를 4미터 깊이의 땅속에 박고 밖으로 나온 파이프 구멍 끝에 뚜껑을 달아 손잡이로 들었다 놓았다 할 수 있게 했다. 폼필리오가 펌프질을 할 때마다 물이 파이프 끝에서 부글거리다가 마침내 쏟아져 나왔다. 그것은 소다수 빨대를 크게 확대한 것과 같다. 작동원리도 기본적으로 같다.

가비오타스의 인구는 200명 정도이다. 내가 마지막으로 방문했을 때와 별 차이가 없다. 그러나 가비오타스 경제는 과이보 원주민이 다수인 인근 지역의 2000여 명을 먹여 살리고 있었다. 지역 주민들은 여전히 아이들을 가비오타스 학교로 보낸다. 어떤 아이들은 졸업하고 지역에 머무는가 하면 어떤 아이들은 도시로 나간다. 그 가운데 일부는 보고타의 가비오타스 공장에 취직하여 풍차와 펌프, 태양열 집열판, 바이오디젤 등을 만들기도 한다. 비록 벨리사리오 베탕쿠르 전 대통령이 재임 중에 그의 집무실에 설치한 태양열 히터를 후임 대통령이 철거해버렸지만, (이 일은 지미 카터 대통령이 백악관 지붕에 설치한 태양열 집열판을 후임인 로널드 레이건이 뜯어낸 일을 생각나게 한다.) 루가리는 보고타에서 가장 최근의 태양

에너지 고객이 미국대사관이었다는 사실에 크게 고무되어 있다.

태양열 히터의 의무화, 자전거 도로 네트워크, 대중교통 시설의 확대, 옥상농장, 식물성 플라스틱, 도보거리에서 이루어지는 도시 서비스, 그리고 어디든 식목이 가능한 곳에 나무심기……. 그는 현재의 도시들도 생태적으로 지속가능한 곳이 될 수 있다는 믿음을 포기하지 않았다. 그러나 이렇게 비어 있는 거대한 사바나를 무대로 처음부터 새로 시작하는 모험은 분명 파올로 루가리의 열정이 아니면 설명할 도리가 없다.

"나는 아직 오디세아 건설에 대한 꿈을 가지고 있습니다." 자전거를 탄 한 무리의 가비오타스인들의 호송을 받으며 활주로로 가는 길에서 그가 말했다. "사람들은 여기로 이주하는 것을 두려워하고 있소. 그들은 유전에서 돈을 벌 궁리로 아라우카와 카사나레로 갑니다. 혹은 그들이 처음 발견한 빈 땅에 정착하기도 하고. 그런 땅은 가비오타스로 오는 길에도 여전히 많소. 그렇지만 오디세아 건설은 반드시 이루어질 거요. 이제 우리는 수지생산을 위해 심은 소나무 숲에서 힘을 기르기 시작했소. 만약 우리가 이 일을 할 수 있다면 식량도 생산할 수 있소. 어떤 벼 종자는 관개수로 없이도 잘 자란다오. 카사바나 옥수수, 바나나도 그런 품종이 있소. 심지어 콩도. 그리고 바이오디젤 공장에서 나오는 부산물로 퇴비를 만들 것이오. 우리는 균근(菌根)에 영양을 공급할 것이고, 균근은 여기에서 모든 것을 자라게 할 것이오."

우리는 비행기를 타고 넓게 펼쳐진 가비오타스 숲 위를 크게 한 바퀴 돌았다. 아직 어린 모리체 야자수 주위의 소나무는 내가 마지막으로 보았을 때의 작은 관목이 아니었다. 이미 다 큰 나무로 자라 있었다. 그 사이로 말라서 노래진 평원의 풀들이 토종 식생의 진녹색 수풀 아래로 사라졌다. 우리는 마지막으로 마을 상공을 지나면서 손을 흔드는 자전거 탄 사람들에게 날개를 기울여 인사를 하고 곧 안데스 산맥을 향해 기수를 돌렸다. 우리 앞에 펼쳐진 사바나는 마치 드넓은 바다 같았다. 단, 바다는 불에 타지 않지만 사바나는 희뿌연 연기를 하늘에 뿜어내며 불에 탄다.

부조종석에 앉아 있던 루가리가 내게 고개를 돌리며 말했다. "매년 비가 오기 전에 사람들은 야노스 평원에 불을 지른다오. 얼마 안 되는 앙상한 젖소들에게 칼륨이 함유된 사바나 풀을 먹이기 위해서지요. 100헥타르에 소 한 마리를 유지하기 위해 수천 톤의 이산화탄소를 방출하는 거요."

연기 사이로 카리마구아의 큰 강가를 따라 오렌지색 라인이 꾸불꾸불 기어가는 것이 보였다. 나는 불타고 있는 모리체 나무와 세헤 야자수를 손끝으로 가리켰다.

"저런 바보 같은……." 파올로는 숯검정이 된 평원을 내려다보며 딱한 표정을 지었다. "내가 준 기사를 읽어보았소?"

물론 읽었다. 〈디네로(Dinero)〉라는 콜롬비아 비즈니스 잡지에서 추측하길 아프리카 야자수 100만 헥타르만 있으면 콜롬비아는 나라의 모든 디젤 수요를 충족시킬 수 있다고 한다.

"저 아래 불타고 있는 평원에 적어도 600만 헥타르가 있소. 콜롬비아에는 야자수와 소나무 그리고 온갖 작물을 기를 수 있는 놀고 있는 땅이 4000만 헥타르나 더 있소. 만약 사람들이 가축을 원한다면 우리는 환경에 덜 위협적인 아프리카 양을 수입할 수 있소. 그들은 염소처럼 식물의 뿌리까지 갉아먹지는 않소. 만약 우리가 모든 열대 사바나에 나무를 심는다면 이산화탄소를 현저하게 줄일 수 있소. 그리고 야자유에서 연료를 뽑아 쓰면 더 줄일 수도 있소."

"야자유로 바이오디젤을 만드는 것은 터무니없이 비용이 많이 든다고 생각하는데요."

"현재의 가격대로라면 그렇소. 하지만 우리처럼 버려진 땅에 혼작을 하는 경우라면 터무니없는 게 아니오. 오히려 현명한 선택이지. 연료를 얻기 위해 아프리카의 열대우림을 밀어버리는 것은 범죄행위나 다름없소. 유럽이나 미국에서 바이오디젤을 만든다고 옥수수나 사탕수수, 해바라기 같은 식용작물을 희생하는 것도 어리석은 짓이오. 그러나 라틴아메리카의 사바나는 세계에서 가장 개발되지 않은 땅이오. 만약 건강하고 종다양성이 풍부한 생태계가 회복된다면 우리는 1년 내내 갖가지 작물들을 심고 수확할 수 있을 것이오."

주변의 연기가 더욱 짙어졌다. 안데스 산에 가까이 가자 안개가 산을 삼키고 인간의 문명이 산자락을 기어오르고 있었다. 1시간 전만 해도 나는 향기롭고 깨끗한 숲 가운데 서 있었다. 아직 30년이 채 안 되었지만 키가 크고 종류도 다양한 수백만 그루의 나무들로 이루어진 그 숲은 내게 너무도 거대하게 느껴졌다. 가비오타스는 주위를 둘러싼 혼탁한 세상과 비교하면 보잘것없어 보였다. 그것은 진정 이 세상을 어떻게 재창조할 수 있는지를 보여주는 표본일까? 아니면 단지 달콤하고 비현실적인 돌연변이, 깊은 산속에 자신의 지혜를 감추고 있는 성자처럼 세상으로부터 고립되어 있기 때문에 비로소 온전할 수 있는 섬은 아닐까?

조종사가 활주로에서 비행기를 몰다가 멈춰선 뒤 엔진을 껐다.

다시 아스팔트와 매연 냄새가 압도적인 문명세계로 돌아왔다.

파올로가 한숨을 쉬며 말했다. "나는 가비오타스가 일종의 생태전시관이나 시범사업 또는 NGO들의 장난감처럼 되는 것을 결코 바라지 않소. 나는 가비오타스를 통해 세상 사람들에게 어떻게 하면 생태계를 건강하게 할 수 있는지를 보여주고 싶을 뿐이오. 때때로 나는 바이오디젤이야말로 우리가 가진 가장 소중한 기회일지도 모른다는 생각을 하오. 앞으로 사람들은 에너지자원을 땅에서 파내는 것이 아니라 땅에 심을 것이고, 그리함으로써 지구의 피부를 되살려낼 것이오. 대기의 평형은 지구의 생물자원(biomass)에 달려 있소. 바이오연료야말로 대기의 화학적 균형을 유지하고 지구온난화를 방지하는 유일한 방법일 거요."

그가 꿈을 꾸고 있는 것일까? 과연 우리도 그런 수단과 그런 세상을 가지고 있는가?

"우리는 계속 꿈을 꾸어야 하오." 파올로가 말했다. "만약 꿈을 꾸지 않는다면 당신은 잠들어 있는 것이오. 진정한 위기는 자원의 부족이 아니라 상상력의 부족이오."

그의 눈에 다시 광채가 감돌았다. "한번 상상해보시오." 은빛 수염 사이로 미소를 지으며 그가 말했다. "만약에 지구상의 모든 사람이 의무적으로 한 사람당 적어도 세 그루의 나무를 심는다면……."

2008년 5월
앨런 와이즈먼

　"2001년 7월 8일 오후 2시 40분. 콜롬비아 서북쪽 정글지대에 있는 유니온 마을. 두건을 쓴 정체불명의 남자들이 중무장을 한 채 마을에 들어선다. 그들은 집집마다 돌아다니며 눈에 보이는 모든 사람들을 마을 공터에 집결시켜놓고, 그 가운데 남자들만 끌어내어 앞에 세운다. 노인과 여자, 어린이들을 빼고 6명이 끌려나왔다. 무리의 우두머리인 듯한 남자가 위협적인 목소리로 '게릴라에게 협조'를 하면 어떻게 되는지 보여주겠다며 이들을 공터 한구석에 세워놓고 무차별 총격을 가한다. 무장괴한들은 남아 있는 마을 사람들에게 앞으로 3주 내에 그곳을 뜨라고 경고하고는 유유히 마을을 빠져나간다."

　50년 전 한반도가 좌우의 대립으로 열전의 상태에 놓여 있을 때 자주 목격되던 일이 지금 남미의 콜롬비아에서는 예사로 벌어지고 있다. 그것도 최근에 시작된 것이 아니라 50년째 이 같은 내전이 계속되고 있는 것이다. 1948년부터 10년 동안 자유당과 보수당 사이의 갈등이 내전으로 번져 20만 명 이상이 희생된 '폭력의 시대

(라 비올렌시아)'를 거쳐 1960년대 초반에 결성된 좌익 무장반군과의 전쟁 아닌 전쟁이 지금까지 계속되고 있으니, 콜롬비아 국민들은 벌써 반세기가 넘는 세월을 폭력의 악순환 속에서 살고 있는 셈이다.

콜롬비아 내전의 주된 사상자는 물론 정부군과 좌익반군이다. 좌익반군은 사회주의권 몰락 이후 오히려 그 영향력이 강화되어 한때 한반도의 5배나 되는 콜롬비아 영토의 40퍼센트 이상을 지배하고 있었다. 반군세력이 이토록 성하게 된 배경에는 물론 콜롬비아 사회의 극심한 부의 편중과 부정부패가 있지만, 남미 최대의 생산량을 자랑하는 마약거래와 거의 기업 수준으로까지 발달한 '납치산업(Kidnapping & Ransom Business)'의 영향도 적지 않다. 최대의 반군조직인 콜롬비아무장혁명군은 자신들이 지배하는 지역에서 유통되는 모든 마약에 대해 20퍼센트의 세금을 징수하고 있다고 한다.

내전의 당사자들은 이들만이 아니다. 정부의 공권력이 제대로 미치지 못하는 지방의 토호들과 주민들이 자위권 행사 차원에서 결성한 민병대와 좌익단체에 대항하여 만들어진 각종 우익테러단체 그리고 막강한 자금력을 가지고 있는 마약조직들이 만든 무장단체, 그 밖에 사회의 혼란을 틈타 독버섯처럼 번성하는 각양각색의 범죄조직 등이 서로 어우러져 콜롬비아를 '서부활극 시대'로 되돌려놓고 있다.

이 와중에서 가장 큰 피해를 당하는 사람들은 무고한 시민들과 농민들이다. 국제사면위원회(Amnesty International)가 발표한 2001년도 콜롬비아 인권보고서에 의하면, 2000년도에만 내전으로 인하여

4000명이 사망하고 300명이 실종되었으며 3000건의 납치 사건과 30만 명의 난민이 발생했다고 한다. 이 수치는 2002년 우리베 대통령이 집권하고부터 미국의 지원 아래 강력한 반군 소탕전을 편 결과 상당히 낮아 졌으나 여전히 치안상태는 불안하기만 하다.

콜롬비아 내전의 가장 큰 피해자는 분쟁지역에 사는 농민들이다. 이들은 정부군과 민병대, 좌익반군들로부터 서로 상대편에 협조했다는 혐의로 툭하면 살해당하고 살던 곳에서 쫓겨난다. 그리고 일반 시민들, 인권활동가, 저널리스트, 법조인, 교사, 노조지도자들의 살상빈도가 세계에서 가장 높은 곳이 콜롬비아다. 예컨대 노조활동가의 경우 2008년 4월에 발표된 '인권감시(Human Right Watch)'의 보고에 의하면 지난 20년 동안 2500건의 살인사건이 보고되었지만, 그 가운데 유죄판결을 받은 것은 68건에 지나지 않았다고 한다. 이들 대부분은 우익 준군사조직에 의해 살해된 것으로 추정된다.

서두에 소개한 유니온 마을의 참사는 그저 흔한 예 중의 하나로 든 것이 아니다. 이곳은 국제적인 인권·평화단체들과 콜롬비아 정부의 협약하에 마을 주민들이 좌우 어느 쪽에도 협력하지 않는다는 조건 아래 1997년 '평화 공동체(Peace Community)'로 선포된 마을이다. 이 마을의 입구에는 다음과 같은 게시판이 세워져 있다.

"이 공동체는 마을 공동의 이익을 위해 일을 합니다. 우리는 불의와 부당한 처사에 대해 '아니오'라고 말합니다. 우리는 직접적으로든 간접적으로든 전쟁의 어느 편도 들지 않습니다. 어느 편을 위해서도 무기를 운반하거나 정보를 제공하지 않습니다."

일종의 중립 지대인 셈이다. 그런데도 이 마을은 좌우 양 세력으로부터 번번이 짐탈당하여 손닙 자체가 위태로운 시경에 처해 있다. 중립이 선포된 이후 18개월 만에 벌써 50명의 마을 사람들이 살해되었다.

이와 같은 정황에서 콜롬비아 동쪽의 황량한 초원 지대에 자리 잡은 가비오타스 생태공동체가 좌우 어느 쪽으로부터도 침탈받지 않고 30년이 넘게 번창하고 있다는 사실은 거의 기적에 가까운 일이 아닐 수 없다. 여기에는 물론 여러 가지 이유가 있겠지만, 생태공동체라는 것이 좌우의 대립을 넘어서는 어떤 것을 가지고 있기 때문이 아닌가 하는 생각이 든다.

역자가 이 책을 처음 접한 것은 2000년 5월 영국의 슈마허 대학에서 생태학 관련 강의를 들을 때였다. 여러 측면에서 위기에 처한 현대사회를 생태학적 원리에 입각해서 어떻게 재구성할 것이냐 하는 주제를 가지고 강의를 듣고 토론하는 과정에서 알게 된 책이다. 원래 대학원에서 제3세계학을 전공했기 때문에 서구에서 한창 논의가 진행 중인 생태공동체가 제3세계의 상황에서는 어떻게 전개될 수 있는지 늘 궁금하던 차에 이 책은 내게 복음처럼 다가왔다. 책을 집어들자마자 거의 감전된 듯이 꼼짝 않고 읽어내려 갔다. 사건의 전개과정과 등장인물 하나하나가 흥미와 경이 그 자체였다. 20년 전 체 게바라의 혁명일지를 읽은 이래 이토록 흥분하여 읽은 책은 없었던 것 같다. 이 흥분은 단순히 취향이라기보다 지금까지와는 다른 새로운 사회의 건설이 가능하다는 기대감에서 오는 것이었으리라.

'가비오타스'는 오늘날 제3세계의 현실에서 생태주의에 입각한 공동체의 건설이 어떻게 가능한지를 서사적으로 보여주고 있다.

일군의 이상주의적 지식인과 과학자들이 황량한 오지에서 벌이는 '자연과의 싸움'은 마치 북아메리카의 서부개척사를 보는 듯하다. 그러나 대자연 속에 들어가 사람이 살 만한 환경을 만들기 위해 개척한다는 점에서는 같지만, 미국인들은 자연을(이들에겐 원주민도 자연의 일부로 간주된다.) 정복의 대상으로 보고 그 위에 배타적인 자본주의 문명을 건설한 반면, 가비오타스에서는 자연과 원주민과 이주민들이 생태적으로 공존하는 새로운 문명을 건설했다는 점에서 근본적으로 다르다. 오늘날 서구사회는 자신들이 건설한 문명이 더 이상 지속가능하지 않다는 사실을 깨닫고는 지속가능한 사회를 찾아 전 세계를 돌아다니며 자료를 수집하는가 하면, 자신들이 파괴해버린 인디언 원주민 문화에서 새로운 가능성을 찾아보기도 한다. 그런 점에서 이 책의 저자가 미국의 진보적 저널리스트라는 사실은 전혀 놀라운 일이 아니다.

가비오타스가 특히 한국의 독자들에게 중요한 이유는 한국사회 역시 콜롬비아처럼 좌우의 대립이 심각한 나라라는 점이다. 좌익과 우익의 대립은 계급적 대립에서 출발한다. 세상을 보는 잣대는 여러 가지가 있다. 계급은 그중 하나이면서도 사람의 사회적 조건과 의식을 결정짓는 가장 중요한 잣대로 간주되어 이를 중심으로 온갖 분열과 갈등이 벌어지고 있다. 참으로 지난 20세기는 계급갈등으로 인한 전쟁과 혁명의 시대였다고 해도 과언이 아니다.

그렇다면 인간이라는 사회적 동물은 영원히 이 굴레에서 벗어날 수 없는 것일까? 혹자는 "계급이 존재하는 한 계급전쟁은 피할 수 없다."라고 말하기도 하는데, 이는 사회를 투쟁과 경쟁의 장으로 보기에 하는 말이다. 그런가 하면 의식혁명과 정신주의를 이야기하는 사람들은, 우리의 의식만 바뀌면 그 순간부터 세상이 달라진 다고 말하기도 한다. 둘 다 일리가 있는 말이기는 하다. 그러나 전 자는 끝없는 갈등의 악순환만을 가져올 뿐이고, 후자는 개인주의 적 혹은 고립주의적 컬트운동에 머무를 가능성이 많다. 의식의 변 화는 그에 상응하는 '사회적 행동'이 뒤따라주어야 현실적인 힘을 갖게 된다. 계급으로 나뉘어 서로 싸움질하게 부추기는 경쟁적 사 회관에서 사회성원 모두가 우주적 일체감 속에서 자기존재를 실 현해가도록 돕는 협동적 세계관으로의 전환이 가능한 사회적 행 동이 있다. '생태공동체 운동'이 바로 그것이다. 생태공동체라고 하면 의식 있는 몇몇 사람들이 모여 자기들끼리 이상주의적 공동 체를 만드는 일로만 알고 있는 사람이 많은데, 이것은 생태공동체 운동에 대한 아주 부분적인 인식에 지나지 않는다. 생태주의에서 는 인간사회 역시 자연계를 관통하는 조화, 협력, 공생, 순환의 원 리에 의해 조직되고 운영되어야 한다고 본다. 이 운동의 궁극적 목 표는 이 세상을 생태적으로 지속가능한 하나의 공동체로 만드는 것이다.

여기에는 두 가지 길이 있다. 하나는 기존 사회구조를 생태주의 에 기반을 둔 공동체 구조로 점차 바꾸어가는 것이고, 다른 하나 는 기존 사회의 외곽에 계획적인 생태공동체를 만들어서 그 영향 력을 점차 확대시켜나가는 것이다. 전자의 예로는 우리 마을 만들 기 운동, 공동주거 운동, 아파트공동체 운동, 생활협동조합 운동, 생산자협동조합 운동, 지역통화 운동, 도시농업 운동, 녹색자본 운 동, 직접민주주의 운동과 그 밖의 다양한 지역공동체 운동 등이 있 다. 후자의 예로는 계획공동체 운동, 생태농업 운동, 영성공동체 운동 등이 있다. 세계적으로 볼 때 스페인의 몬드라곤 공동체는 전자의 대표적인 예이고, 영국의 핀드혼 공동체와 콜롬비아의 가비오타스 공동체는 후자의 대표적인 예라 할 수 있다.

가비오타스는 서구식 근대화가 조국과 세계에 저지른 일을 보고 실망한 한 무리의 이상주의자들이 콜롬비아에서도 가장 척박하고 황량한 초원 지대에 건설한 계획공동체이다.

그들은 1970년대 초반에 선진국에서조차 아직 걸음마 단계에 있던 태양열시대를 콜롬비아에서 활짝 열어젖힌 선구자들로, 고립무원의 오지에서 태양력과 풍력 같은 대체에너지만을 이용하여 새로운 사회를 만들고자 했다. 그들은 콜롬비아 유수의 공과대학과 연계하여 젊은 공학도들에게 자신의 아이디어를 마음껏 펼쳐 보일 수 있는 자리를 마련해주었으며, 그 결과 가비오타스형 풍력발전기, 슬리브 펌프, 태양열 냉장고, 태양열 주방 등과 같은 세계에 자랑할 만한 많은 대안기술 발명품들을 만들어냈다. 이는 이른바 '산학협동'이 대안사회 건설에 성공적으로 적용된 사례라 할 만하다.

가비오타스가 무주공산에 새로 만들어지는 사회이다 보니, 기존 사회에서 볼 수 있는 고질적인 문제들 대신에 하나의 공동체가 만들어지는 과정에서 생기는 수많은 새로운 문제들과 마주치게 되는데, 이것들을 하나하나 논의하고 극복해가는 모습에서 우리는 많은 시사점을 발견할 수 있다. 가령 대체에너지 사업에서 재료와 운송수단의 대부분이 석유에너지를 이용하는 기존 산업체계에서 만들어진 것이라는 모순을 어떻게 받아들여야 하는지, 또는 무한경쟁의 자본주의 시장에서 같은 조건으로 경쟁을 벌이다 보면 공동체 자체가 하나의 회사로 전락하는 것은 아닌지 하는 문제 등이 그것이다. 아무튼 비록 콜롬비아의 오지에 있다고는 하지만, 가비오타스는 지속가능한 사회를 위한 하나의 모델로서 콜롬비아는 물론이고 전 세계의 주목을 받고 있다.

1990년대 이후에 가비오타스는 독창적인 방법으로 아마존의 열대우림을 되살리고 있다는 점에서 또 다른 중요성을 부여받게 되었다. 좌와 우로 갈라져 폭력이 난무하는 콜롬비아에서 가비오타스가 어느 쪽으로부터도 침탈받지 않고 성장할 수 있었던 데에는 지정학적 요인도 물론 작용했겠지만(만약 게릴라들이 준동하기 쉬운 밀림지역에 있었더라면 서두에 소개한 유니온 마을과 같은 비극을 피하기는 어려웠을 것이다.), 반군 측이나 정부군 측이나 모두 가비오타스가 콜롬비아의 미래라고 인식하고 있다는 점도 중요한 요인으로 작용했다. 재미있게도, 가비오타스의 성공을 보러 온 사람들은 저마다 다른 관점에서 바라보고 판단을 한다. 중국에서 온 한 외교관은 가비오타스를 "사회주의 천국"으로 보는가 하면, 콜롬비아의 한 우익 정치가는 가비오타스가 "심오한 보수주의 원칙"을 구현하고 있다고 말하기도 한다(본문 215쪽).

이 책은 어떻게 보면 이야기의 전개와 배경이 장 지오노의 《나무를 심은 사람》(도서출판 두레, 1995)과 비슷하다. 모든 사람이 잘못된 문명관에 사로잡혀 서로 죽고 죽이며 자연환경을 파괴하고 있는 가운데 묵묵히 나무를 심으며 세상을 변화시켜나가는 아름다운 인간 군상이 역동적으로 그려져 있다. 생태공동체에 관심이 있는 독자들을 위해 몇 가지 체크리스트를 첨부한다. 다음과 같은 점들이 이 책에서 어떻게 다루어지고 있는지를 염두에 두고 읽으면 훨씬 깊이 있는 읽기가 되리라 믿는다.

- 정부의 정책과 NGO 사업(혹은 공동체 프로젝트)의 관계
- 이데올로기 싸움에서 NGO의 처신, 반정부 세력과 NGO의 관계
- 자립적 지역경제구조의 문제-전체 산업 시스템과의 연관, 소유 문제(사실 이 책의 약점은 경제구조에 대한 설명이 빈약하다는 것이다.)
- 적정기술 · 토착기술의 문제-하나의 기술과 그 기술을 떠받치고 있는 전체 시스템의 관계, 새로 도입된 기술과 전통문화의 충돌현상, 기술자와 주변인의 관계
- 공동체 내부의 의사결정 과정
- 기존 사회의 계급갈등, 이념갈등이 공동체에 어떻게 투영되는가
- 대안교육 문제
- 생태공동체에서 농업의 지위와 역할
- 대안사회 운동에서 폭력에 대한 태도
- 공동체 내 노동관계-작업조직, 협력, 역할분담, 보수
- 원주민과의 관계
- 공동체에서 축제와 노동의 의미와 역할
- 한 개인의 인생항로가 공동체를 통하여 어떻게 변모하는가

앞에 예시한 문항들에 대해서 지은이는 어떤 것은 아주 상세하게, 또 어떤 것은 그 중요성에 비해 아주 간략하게 서술하고 있다. 그러나 서술의 길고 짧음에 관계없이 충분한 문제의식만 가지고 있다면 독자들은 가비오타스의 경험을 통하여 많은 정보를 얻을 수 있을 것이다. 결국 얼마나 준비된 독자이냐에 따라 수확의 양

은 달라지는 것이니까.

　날이 갈수록 치열해지는 세계화의 소용돌이 속에서, 우리 국민은 일등국가의 환상을 품고 생태적으로 결코 지속가능하지 않은 서구식 근대화의 완성을 향하여 일로 매진하고 있다. 그 결과에 대하여 숱한 경고가 있건마는, 당장의 이익에 눈멀고 무자비한 경제논리에 등 떠밀려 무작정 앞으로만 달려가고 있다. 과연 이러한 비인간적인 세계화에 맞서는 길은 없는 것인가? 여기, 마약과 내전으로 갈가리 찢긴 콜롬비아의 오지에서 인간의 참된 삶을 위하여, 새로운 문명의 건설을 위하여 분투하는 이들의 아름다운 모습을 지켜보시기 바란다.

바우 황대권 손모음

참고문헌

• Avellaneda, Mario, et al. *La Macarena, Reserva Biológica de la Humanidad, Territorios en Conflicto*. Bogotá: Universidad Nacional de Colombia, 1989.

• Bergquist, Charles, Ricardo Peñaranda, and Gonzalo Sánchez. *Violence in Colombia*. Wilmington: Scholarly Resources, Inc., 1992.

• Berman, Daniel M., and John T. O'Connor. *Who Owns the Sun? People, Politics, and the Struggle for a Solar Economy*. White River Junction, Vermont: Chelsea Green Publishing Company, 1996.

• Bernal, Gonzalo L. *La Sonrisa de Los Bosques*. Obra inédita, 1995.

• Duviols, Jean-Paul, and Rubén Bareiro Saguier. *Tentación de la Utopía: Las Misiones Jesuíticas del Paraguay*. Barcelona: Tusquets/Círculo, 1991.

• Hilty, Steven L., and William L. Brown. *Birds of Colombia*. Princeton, N.J.: Princeton University Press, 1986.

• Johansson, Thomas B., et al. *Renewable Energy*. Washington, D.C.: Island Press, 1993.

• Martín, Miguel Angel. *Del Folclor Llanero*. Bogotá: Ediciones Marsala, 1993.

• Meadows, Donella H., et al. *The Limits to Growth*. New York: Universe Books, 1972.

• Meadows, Donella H., Dennis L. Meadows, and Jørgen Randers. *Beyond the Limits: Confronting Global Collapse, Envisioning a Sustainable Future*. White

River Junction, Vermont: Chelsea Green Publishing Company, 1992. McNish, Thomas. *Aves del Llano*. Bogotá: Villegas Editores, 1992.

- Olivares, Antonio. *Aves de la Orinoquia*. Bogotá: Universidad Nacional de Colombia/Centro Las Gaviotas, 1982.

- Pauli, Gunter A. *Crusader for the Future: A Portrait of Aurelio Peccei, Founder of the Club of Rome*. New York: Pergamon Press, 1987.

- Peccei, Aurelio, et al. *Development in a World of Peace: Club of Rome Bogotá Conference*. Bogotá: Club of Rome/Banco Hipotecario Central, 1984.

- Philipson, W. R. *The Immaculate Forest*. New York: Philosophical Library, 1952.

- Rubio Recio, J. M. *El Orinoco y Los Llanos*. Madrid: Ediciones Anaya, S.A., 1988.

- Sánchez, Gonzalo, ed. *Colombia, Violencia y Democracia*. Bogotá: Universidad Nacional de Colombia/COLCIENCIAS, 1988.

- *Tecnologías en la Erradicación de la Pobreza, Vols. I-III*. Bogotá: Programa de Las Naciones Unidas para el Desarrollo, 1989.

- Thais, Luis, et al. *Development Without Poverty*. Bogotá: United Nations Development Programme, 1991.

- Uribe Hurtado, Cristina. *Anfibios y Reptiles del Llano*. Bogotá: Cristina Uribe Editores, 1994.

- Zapp, Jorge. *Cultivos Sin Tierra*. Bogotá: Programa de Las Naciones Unidas para el Desarrollo, 1991.

- Zapp, Jorge. *Empresas Virtuales Populaes*. Bogotá: Programa de Las Naciones Unidas para el Desarrollo, 1994.

- Zethelius, Magnus, and Michael J. Balick. "Modern Medicine and Shamanistic Ritual: A Case of Positive Synergistic Response in the Treatment of a Snakebite." *Jounal of Ethnopharmaclogy*(Lausanne) 5 (1982): 181-85.

생태공동체 가비오타스 이야기

1판 1쇄 발행 2008년 10월 21일
1판 2쇄 발행 2010년 10월 15일
2판 1쇄 인쇄 2015년 2월 27일
2판 1쇄 발행 2015년 3월 6일

지은이 앨런 와이즈먼
옮긴이 황대권

발행인 양원석
본부장 송명주
편집장 김정옥
책임편집 최일규
해외저작권 황지현, 지소연
제작 문태일, 김수진
영업마케팅 김경만, 정재만, 곽희은, 임충진, 이영인, 장현기, 김민수,
        임우열, 윤기봉, 송기현, 우지연, 정미진, 이선미, 최경민

펴낸 곳 ㈜알에이치코리아
주소 서울시 금천구 가산디지털2로 53, 20층 (가산동, 한라시그마밸리)
편집문의 02-6443-8851   **구입문의** 02-6443-8838
홈페이지 http://rhk.co.kr
등록 2004년 1월 15일 제2-3726호

ISBN 978-89-255-5538-6 (03300)

GAVIOTAS :

A Village to
Reinvent the World